ちくま学芸文庫

着眼と考え方
現代文解釈の基礎〔新訂版〕

遠藤嘉基　渡辺 実

筑摩書房

本文デザイン　宇那木孝俊

新訂版にあたって

〈解釈〉とは何か。それは、単語の意味にこだわって辞書をひいたり、文法を気にしたりして、内容的意味をつかむことだけを目標とするものではない。全体の構成をつかんで、ことばを通して、その表現的意味を把握することである。そのためには、〈考える力〉がないとできない。その点では、古文も現代文も変わらない。ところが、古文の場合は、今の人たちには外国語のようなものであるところから、現代語に言い換えることが解釈だ、と受け取られている傾向が強い。そして、その影響が現代文の解釈にも及んでいる、と言うのは言いすぎであろうか。そこで、日常のことばで書かれた現代文を手がかりにして、解釈力を養成することをねらいとし、そのために、先に『現代文解釈の方法』で好評をえた渡辺実博士を煩わし、氏が京都大学での〈現代文〉の演習で得た経験と反省に基づき、〈指導要領〉をも参照して、できるだけその方針に従って述べたのが、本書である。解説の材料とした例題は、本書の読者を考慮して、教科書にある教材を取りあげたが、本書を精読される方には、いわゆる〈現代文の解釈〉だけにとどまらず、おそらくは古文をも含めて、広く文章一般の解釈にも役だつであろう、と信じる。

そこで、本書では、大きく〈文学的な文章〉と〈論理的な文章〉の二つにわけ、それぞれの文章の把握にあたっては、注目すべき点を項目別にして、具体的にことばを通して考えることとした。この点では、初版以来変わっていない。しかし、改版ごとに、利用者の意向を汲み入れて、例題や練習問題の取り換えをしたり、コラム欄を設けるなどの試みはしてきた。このたびの新訂版にあたっては、〈文学的な文章〉・〈論理的な文章〉の、それぞれの例題に若干の入れ換えを行ったが、練習問題では、最近の入試問題の中から精選して、全面的に組み替えるとともに、〈着眼点〉や〈読解のポイント〉なども付け加えて、従来よりもくわしい解説をし、さらにコラム欄も全部書き直すこととした。

さいごに、このたびの新訂版にあたっては、本書執筆者の渡辺実博士を始め、高校現場の多くの方々の御協力のあったことを記して、心からの謝意を表したい。

遠藤嘉基

この本を使う人に

◆この本は、現代文解釈の基礎的な力を養おうとする人のための、ガイドブックです。したがって高等学校の初学年の諸君が利用するのに最も適します。

◆現代文をいわゆる受験のために勉強する人があるようです。現代文を読む力は、あくまで教養のために必要であり、教養としてたいせつだからこそ、入学試験にもこれが重要な科目になっているのです。平素から現代文を読む力を養う心がけが必要です。この本が、国語のきらいな人、現代文なんか勉強しなくてもよくわかっていると思っている人、の役に立つことを念願しています。

◆この本は、文学的な文章（前半）と論理的な文章（後半）との二部から成り立っています。どちらから読んでもらってもかまいません。

◆文学的な文章の方も論理的な文章の方も、まず「I解釈の基本」を第一章とし、以下IIIIIIVの四章を立ててあります。その四つの章は、あとになるほど程度が高くなるようにしくまれています。

◆どの章でも、解釈上のポイントを数項とり上げて、各項ごとに解釈にあたっての「とらえ方（目のつけどころ）」を簡単に整理し、その方法を実際の例題に即して実践する形をとっています。

この本に採り上げた例題は、現在の高等学校国語の教科書にのっている文章です。現代文解釈の基礎的な力を養うには、何も特別な文章を必要としない、むしろ身近な教材に即して考えていくのが適切だろう、と思ったからです。

◆解釈の実践は、例題本文の下に考え方として示してありますが、そこでは、わかりやすく考えていくのにつとめてあります。けれどもそれは程度を低くした、という意味ではけっしてありません。Ⅲ章Ⅳ章などは、つとめてわかりやすく書いたつもりですが、むしろかなり程度が高いと思われるかもしれません。

◆そういう意味では文学的な文章の部と論理的な文章の部とを、併行して読み進めるのが便利かもしれません。たとえば、初歩的な段階ではそれぞれのⅠを、ついでⅡⅢを、その上でさらにⅣへ進む、というのも、この本の一つの利用法かと考えます。

◆例題の後には、解釈の実践で示したことを応用するための練習問題を添えました。上欄の「演習」は例題での解釈の実践の応用練習問題、下欄の「参考問題」は問題文に関連した多角的な設問です。設問を解くに当たっての「考え方」や注意を〈着眼点〉として下欄に示してあります。

◆最後に、この本を使う人にぜひとも守ってほしいことを一つだけ述べておきます。それは例題を、その解説にあたる考え方の部分を離れて、一度必ず読み通して、自分で考えてみて、その後で考え方の部分を読んでほしい、という点です。これを守ってもらわないと、この本の価値は半減すると思うのです。

目次

文学的な文章

Ⅰ　解釈の基本

1　主人公の輪郭　―主人公はどのような人物であるか―　18

解釈上のポイント・〈主人公の輪郭のとらえ方〉

【実践例題一】　羅生門（その1）　芥川龍之介　20

練習問題［1］　ぼんぼん　今江祥智　24

2　主人公をめぐる人間関係　―お互いに相手をどのように意識しているか―　29

解釈上のポイント・〈主人公をめぐる人間関係のとらえ方〉

【実践例題二】　羅生門（その2）　芥川龍之介　31

練習問題［2］　ハタハタ　吉村昭　35

3　構成を調べる　―事件の中で最も大きく変化したものは何か―　38

解釈上のポイント・〈構成の調べ方〉

【実践例題三】　羅生門（その3）　芥川龍之介　40

練習問題［3］　コマ……坪田譲治　45
4　全体の主題―全体から訴えてくるもの―　50
解釈上のポイント・〈全体の主題のとらえ方〉
【実践例題四】　羅生門（その4）……芥川龍之介　52
練習問題［4］　地の音……小檜山博　55

Ⅱ　登場人物について

1　人物の性格―登場人物の発言や行動から性格を読む―　59
解釈上のポイント・〈人物の性格のとらえ方〉
【実践例題五】　投網……井上靖　61
練習問題［5］　田園の憂鬱……佐藤春夫　71
2　人物の心理―登場人物の心理の起伏を追求する―　74
解釈上のポイント・〈人物の心理のとらえ方〉
【実践例題六】　山月記……中島敦　76
練習問題［6］　正義派……志賀直哉　85

3 人物の思想 ―登場人物の思想を知る― 89
解釈上のポイント・〈人物の思想のとらえ方〉
【実践例題七】俘虜記 大岡 昇平 92
練習問題【7】冬の花 立原 正秋 101

Ⅲ 構成・表現について

1 主題をつかむ ―「どんなことが」書かれているか― 104
解釈上のポイント・〈主題のとらえ方〉
【実践例題八】走れメロス 太宰 治 107
練習問題【8】秀吉と利休 野上 弥生子 115

2 意図を解釈する ―「どのようなものとして」書かれているか― 120
解釈上のポイント・〈意図のとらえ方〉
【実践例題九】こころ 夏目 漱石 122
練習問題【9】浄瑠璃寺の春 堀 辰雄 133
練習問題【10】春は馬車に乗って 横光 利一 136

3 文体を解釈する―「どのように」表現されているか― 139
解釈上のポイント・〈文体のとらえ方〉
【実践例題一〇】 こぶしの花 堀 辰雄 142
練習問題【11】 雛 幸田 文 150

Ⅳ 作者について

1 発 想―作者が書くときにとった根本的な態度― 154
解釈上のポイント・〈作者の発想のとらえ方〉
【実践例題一一】 城の崎にて 志賀 直哉 156
練習問題【12】 牡丹寺 芝木 好子 166
練習問題【13】 九月の空 高橋 三千綱 169
2 想像力―作者の想像力のはたらき― 172
解釈上のポイント・〈作者の想像力のとらえ方〉
【実践例題一二】 最後の一句 森 鷗外 174
練習問題【14】 弟子 中島 敦 188

3 感覚 ―作者の感覚のはたらき― 192
解釈上のポイント・〈作者の感覚のとらえ方〉
【実践例題一三】伊豆の踊り子 川端 康成 195
練習問題［15］沈黙 遠藤 周作 204

〈付〉近代・現代の詩について
解釈上のポイント・〈詩の読み方〉 207
【実践例題一四】乳母車 三好 達治 210
【実践例題一五】ぼろぼろな駝鳥 高村 光太郎 212
【実践例題一六】永訣の朝 宮澤 賢治 215
練習問題［16］反響 伊東 静雄 221

論理的な文章

Ⅰ 解釈の基本
1 一語一語の内容 ―難解な語を理解する― 226

解釈上のポイント・〈一語一語の内容のとらえ方〉
【実践例題一七】文学と青春（その1）……亀井勝一郎 228
練習問題［17］混沌からの表現……山崎正和 233
▼休憩室▲ 亀井勝一郎と青春……236
2 一文一文の内容 ―一文一文の内容をおさえていく― 237
解釈上のポイント・〈一文一文の内容のとらえ方〉
【実践例題一八】文学と青春（その2）……亀井勝一郎 240
練習問題［18］ものの見方について……笠信太郎 245
3 段落の要旨 ―段落の要旨を一つ一つおさえていく― 248
解釈上のポイント・〈段落の要旨のとらえ方〉
【実践例題一九】文学と青春（その3）……亀井勝一郎 251
練習問題［19］捨ててこそ……栗田勇 255
4 全体の論旨 ―全体としてどういうことが論じられているか― 259
解釈上のポイント・〈全体の論旨のつかみ方〉

【実践例題二〇】文学と青春（その4）……亀井勝一郎 261
練習問題［20］鏡の中の世界……朝永振一郎 267
練習問題［21］もたれあいの中の競争……木村尚三郎 269

Ⅱ 論の重点について

1 指示詞の実質内容 ―コソアドの指し示すものの内容を正しくつかむ― 273
解釈上のポイント・〈コソアド（指示詞）の実質内容のとらえ方〉
【実践例題二一】青春について……伊藤整 275
練習問題［22］新しい個人主義の予兆……山崎正和 281
練習問題［23］思想の運命……林達夫 285

2 具体的事例と抽象的見解 ―引き合いに出された実例― 288
解釈上のポイント・〈具体的な事例と抽象的な見解のとらえ方〉
【実践例題二二】失われた両腕……清岡卓行 291
練習問題［24］刻意と卒意……山本健吉 301
練習問題［25］日本人の精神史……亀井勝一郎 305

3 語句の照応 ―繰り返されているもの・対比されているもの― 309
解釈上のポイント・〈語句の照応のとらえ方〉
〔実践例題二三〕 読書の方法 三木 清 312
練習問題〔26〕 精神史的考察 藤田 省三 321
練習問題〔27〕 いのちとかたち 山本 健吉 325

Ⅲ 論の構成について

1 段落の設定 ―接続詞をつかまえるだけでは不十分― 330
解釈上のポイント・〈段落の句切り方〉
〔実践例題二四〕 手首の問題 寺田 寅彦 333
練習問題〔28〕 ことばの生態 入谷 敏男 341
練習問題〔29〕 科学技術は人間をどう変えるか 石井 威望 344

2 判断の論拠㈠帰納を中心に ―わかりきったこととして書かれていない判断に注意― 348
解釈上のポイント・〈判断の論拠㈠―帰納―のとらえ方〉
〔実践例題二五〕 ことばとは何か 服部 四郎 351

練習問題［30］　現代の偶像……新島正……365
▼休憩室▲　日本語の学習……369
3　判断の論拠㈡演繹を中心に―前提から結論が導き出されるときの法則を知る―……370
解釈上のポイント・〈判断の論拠㈡―演繹―のとらえ方〉
〔実践例題二六〕「である」ことと「する」こと……丸山眞男……372
練習問題［31］　学問への旅……森本哲郎……380
練習問題［32］　社説……朝日新聞……384

Ⅳ　論者について

1　価値の置き方―論者がどういうものに価値を置こうとしているか―……388
解釈上のポイント・〈論者の価値の置き方のとらえ方〉
〔実践例題二七〕幸福について……田中美知太郎……391
練習問題［33］　手仕事の日本……柳宗悦……401
練習問題［34］　日本詩歌読本……大岡信……405

2 考え方 ―論者の根本的な考え方を理解する― 409
解釈上のポイント・〈論者の考え方のとらえ方〉
〖実践例題二八〗 美を求める心 小林 秀雄 412
練習問題 [35] 物語は伝説と日常をつなぐ 長田 弘 421
3 物の見方 ―論者の世界観・人生観を探る― 427
解釈上のポイント・〈論者の物の見方のつかみ方〉
〖実践例題二九〗 西洋文学の魅力 桑原 武夫 430
練習問題 [36] 昭和の精神史 竹山 道雄 440
索 引 444
練習問題〈考え方〉・解答 449
解説（読書猿） 468

文学的な文章

Ⅰ 解釈の基本

■文学的な文章■

1 主人公の輪郭

―主人公はどのような人物であるか―

文学的な文章、とりわけ小説を読む場合、最もたいせつなことの一つは、主人公はどのような人物であるか（だれかではありません）を、できるだけ具体的につかんでおくことだ、と言えるでしょう。

主人公が「どのような人物」であるか、をつかむには、その主人公の年齢や容貌など、つまりその主人公の外面は、多くの場合あまりたいせつではありません。たいせつなのはその主人公の内面、つまり性格・生き方・考え方などです。もちろん人間の年齢や容貌や身分その他の外面的な条件は、その人間の内面に深い関係をもつことは否定できませんから、主人公の外面条件によく注意する必要がありますけれども、**主人公の内面が直接に語られていることばを見つけること**が、主人公のアウトラインをつかむ最短距離であることは否定できません。

［例］彼はだらしない人間であった。

と書いてあれば、もう問題はないわけです。けれどもすべての小説がこのように親切に主人公の性格を直接に語ってくれるとはかぎりません。そういう場合は、主人公の描かれた外面を通して内面をつかむより仕方がなくなります。これは慣れるまでは困難なことかもしれませんが、**主人公の平素の様子について述べたことば**は主人公の内面をつかむ重要な手がかりとして、けっして見すごしてはいけません。

［例］ 彼はいつも汚れたハンカチを持っていた。

と書いてあれば、それはその時かぎりのことではなくて平素のことであるがゆえに、彼が「だらしない人間」であったことを語るに十分です。そしてこの手法はだらしなさを具体的に描く手法であるだけに、小説などでは好んでとられる手法だと言ってよいでしょう。**年齢・容貌・身分などの外面**の重要さは、それの次ぐらいでしょうか。

［例］ 彼は四十の坂をこえて、ようやく係長に昇進した。

と書いてあれば、年齢の高さと地位の低さとから推して、彼が「要領の悪い、才能にめぐまれない、そして多分気の弱い性格である」と考えて、まず間違いないのです。年齢や地位や、それに容貌や財産といった外面的条件が、人の内面とどのような関係をもち、それにどのような影響を与えるものであるかを、常に考えながら主人公の外面的条件を整理してみることがたいせつです。そして最後に**主人公の一つ一つの発言や行動**が、主人公の内面の具体的肉付けとなります。

［例］ 課長から握手を求められた時、彼は思わず汚れたハンカチで顔の汗をぬぐった。

と書いてあれば、それは一回の行動

にすぎませんが、最も具体的な行動の一つを通して気の弱い人間の姿を描いたものにほかならない、ということは明瞭《めいりょう》でしょう。

小説の中には、このような一つ一つの発言や行動を通してしか、主人公の内面を描かないものも少なくありません。そしてこの一つ一つの発言や行動は、小説自体の話の筋を構成する一こま一こまでもあるわけで、こうして話の筋をたどっていきながら、発言や行動に肉付けされた主人公の内面、つまり主人公の人間像を、しっかりとつかんでいく、というのが小説を読むということになるのです。

主人公の輪郭のとらえ方

1 主人公の内面を直接に語ることばを見いだす。
2 主人公の平素の様子を述べた部分を整理し、それが主人公の内面にどう関係するかを考える。
3 主人公の年齢・身分・容貌・財産などの外面的条件を整理し、それから推して主人公の内面のあらましを考える。
4 主人公のひとつひとつの発言や行動をとらえ、そこに現れている内面的性格をとらえる。

【例題一】

羅《ら》生《しょう》門《もん》　芥《あくた》川《がわ》龍《りゅう》之《の》介《すけ》　—その1—

1 この小説の主人公は、だれだと思いますか。

考え方 この小説の主人公は、どうやら「下人」と書かれて

(この段までのあらすじ)(平安時代の)ある日の暮れ方のこと。うちつづく災害(地震・辻風《つじかぜ》・火事・飢饉《ききん》)ですっかり荒れ果てた都の羅生門の下で、一人の下人《げにん》がぼんやり雨のやむのを待っていた。下人は、四、五日前に主人から暇を出され、さしあたり明日の暮らしをどうにかしなければならないと途方にくれていた。

設問

主人公はどんな人物であるか、簡単にまとめてみなさい。

雨は、①羅生門を包んで、遠くから、ざあっという音を集めてくる。夕やみはしだいに空を低くして、見上げると、門の屋根が、斜めに突き出した甍《いらか》の先に、重たく薄暗い雲を支えている。

どうにもならないことを、どう

いる人物のようです。「下人」だけではもう一つはっきりとイメージが浮かばないかもしれませんが、それでよいのです。それでよいというより、そういう程度のイメージでこの作品を読みはじめる以外に方法がない、と言った方がよいかもしれません。

2 ではどうして作者は、そのような主人公を登場させるのでしょうか。

考え方 平安時代はいわゆる貴族中心社会であり、宮廷に出入りする一部の貴族のほかは、格別の注意も払われないような存在でした。もちろん彼らにも名前はあり、作者は主人公を固有名詞で呼んでもよかったのですが、名前で呼ばれず、ただ「下人」と言うことによって、社会的に格別の注意を払われないような、どこの街角にでもいそうな、ごく平凡な人物、という性質を与えようとしているのです。「雨のやむのを待っていた(あらすじ)」という紹介が示すように、たまたま平安京の一隅で、作者の目にとまった男、という扱いで始めようとしているのです。

にかするためには、手段を選んでいるいとまはない。選んでいれば、築土《ついじ》の下か、道ばたの土の上で、飢え死にをするばかりである。そうして、この門の上へ持って来て、犬のように捨てられてしまうばかりである。選ばないとすれば――下人の考えは、何度も同じ道を低《てい》徊《かい》したあげくに、やっとこの局所へ逢着《ほうちゃく》した。しかしこの「すれば」は、いつまでたっても、けっきょく「すれば」であった。下人は、手段を選ばないということを肯定しながらも、この「すれば」のかたをつけるために、当然、その後に来《きた》るべき「盗人になるよりほかにしかたがない。」ということを、積極的に肯定するだけの、勇気が出ずにいたのである。

3 したがって、作者の関心は、早速に主人公の内面に向かいます。

考え方 先に「途方にくれていた(あらすじ)」とあるように、主人公は、「明日の暮らしをどうにかしなければならない(あらすじ)」ほどの、窮地に陥っているのです。そして明日からの暮らしのあては全くなく、

どうにもならないことを、どうにかするためには、手段を選んでいるいとまはない(7~9行)

という、のっぴきならない事態に直面しているのです。このような事態に陥った人間が、どのような態度に出るかは、その人その人の心によっていろいろでしょう。つまり作者は、平安時代の名もなき男を借りて、こうした状況下における人間の心の動き一つのあり方を、追求しようとしているのだと思われます。

4 その心の動きが以下に展開するはずですが、この「例題一」の範囲で、どれだけのことが理解されるでしょうか。

考え方 「どうにもならないことを、どうにかするためには、

（読解補注）

①羅生門―羅城門《らしょうもん》とも書く。平安京の正門にあたる市内最大の門。朱雀《すざく》大路《おおじ》の南端にあった。

手段を選んでいるいとまはない」という、かなり単純な理屈について、

何度も同じ道を低徊したあげくに（15〜16行）

と書かれているのは、主人公の輪郭をつかむのに、注意しておいてよい点かと思われます。これは頭が悪いということではありません。「手段を選んでいるいとまはない」ということを認めることを、この主人公は何とか避けたくて、何度もスタートから考えなおした、ということに違いありません。「手段を選んでいるいとまはない」と認めれば、次が大変なことになるからです。

5 そこまで来ていながら「盗人になるよりほかにしかたがない（23〜24行）」という結論を下すことができない、という状態がそれをよく示しています。

考え方 実は「手段を選んでいるいとまはない」という認識の中には、「盗みをしよう」という決心が、すでに含まれている、と言ってもよいのです。普通なら、そうでしょう。だが「下人」は、認識から決心へのひとまたぎが出来ない。「勇気（25〜26行）」がないのです。この主人公は、とても良心的で、むしろ小心だ、と言ってよいでしょう。

《解答》 明日からの暮らしの目あてもない追いつめられた状態になりながら、悪へのひとまたぎができない、小心なぐらい良心的な人物である。

《例題一～四の作品と作者》

羅生門 短編小説。大正4（一九一五）年発表。『今昔物語集』に素材をとっている。原典の素朴で簡略な記述から、当時の場面を再現する想像力と描写力がみごとである。

芥川龍之介 明治25（一八九二）年～昭和2（一九二七）年。小説家。東京大学英文科在学中に久米《くめ》正雄《まさお》・菊池《きくち》寛《ひろし》などとともに『新思潮』の同人となり、創作活動に入った。『鼻』（大5）を漱石《そうせき》に激賞され文壇に出た。「人生を銀のピンセットで弄《もてあそ》んでゐるやう」だと菊池寛が評しているように、知的に現実を裁断し、技巧的に表現する巧妙さは「新理知派」「新技巧派」ともよばれた。小説『芋粥《いもがゆ》』『地獄変』『奉教人《ほうきょうにん》の死』『秋』『戯作三昧《げさくざんまい》』『河童《かっぱ》』『或阿呆《あるあほう》の一生』、随想『侏儒《しゅじゅ》の言葉』、評論『文芸的な、余りに文芸的な』などがある。

練習問題 1

洋次郎《ようじろう》がえらんだ場所は、別荘のすぐ下のいちばん深いところだった。こんな深《ふこ》うて流れもはやいとこ……と尻《しり》ごみする洋《ひろし》に知らん顔で、洋次郎はさっと脱ぎ、ゲートル(注1)をまくみたいに手早くまっ赤なふんどしをしめた。小さいときから泳ぐのが好きで、中学校ではむろん水泳部にはいり、上級生とでも充分競いあえる洋次郎は、水の中にはいるのがうれしくてたまらないらしい。自分だけ準備してから初めて、なんや洋、お前用意してへんのンか、とあきれ顔になった。そやかてにいちゃん、ぼく用のふんどしなんかあらへんわい。洋が抗弁するようにいうと、

【出典】 今江祥智《いまえよしとも》「ぼんぼん」〈一九四一年夏〉

今江祥智〈昭和7～平成27（一九三二～二〇一五）〉は児童文学作家。「兄貴」「わらいねこ」「ぱるちぎん」「子どもの国からの挨拶」など。

――よっしゃ。パンツのままでええ。そこの岩から舟へのりこむんや。

岩かげにもやって(注2)ある舟の一つを指さした。へっぴり腰でのりこむ洋のあとから、洋次郎は手荒くとびのり、洋はもう少しでそのままおっこちるところだった。

――あぶないなあ、にいちゃ……。

あとはことばにならなかった。洋次郎がいきなり洋を川の中につきおとしたのである。もがくと、水中でとにかく一回転した。はなと口から水が流れこみ、洋は目もあけられずに、ただもがいた。すると、やっと顔が水面にでた。水といきを一気にはきだすと、洋はにいちゃんをさがした。

にいちゃんは、すぐま上で洋を見つめていた。もう一度しずむまえに、洋は声をふりしぼった。

――たすけて、にいちゃ……。

こんどもおしまいまでつづかなかった。けれどこんどは洋にもわかっている。とにかくもがけばいいのだ。また頭だけ出せた。にいちゃんはまだ上だ。つまり、洋は同じところで浮き沈みしているだけなのである。洋はそれでも顔をだすたびに、にいちゃんがすぐま上にいることに、とにかく安心した。
十回ばかり沈没と浮上をくり返しているうちに、洋の力が消えてきた。動作がゆっくりしてきて、文字どおり〝おぼれる〟かたちになった。にいちゃんは、それでも手をさしのべてくれなかった。洋も、二度とにいちゃんと呼ばなかった。そして、もうあかん、と思った。おしまいのつもりで手をさしのべた。するとにいちゃんは、舟からのりだしてきて、いきなり思いきり力をいれて、洋の頭を川の中におしこんだのだ。

（こ、ころされる！）

残っていないはずの力がわいてきて、①洋は舟から遠ざかろうと、必死で体を動かした。と、――浮いたのだ。体ごとちゃんと浮いて、進んだのである。

――よーし、洋。それが犬かきや。はよ、こっちへ泳いでこい。

早くといっても、体のむきをかえるのが一仕事だった。

②こんどはすぐに手をさしのべ、舟へひきあげてくれた。どや、泳げるようにするには、さっきの手がいちばんや。死にものぐるいにさせるちゅうやつ……洋、おい洋……。

あとは、③ぷっと吹きだしてしまった。

【参考問題】

1 傍線部①「洋は舟から遠ざかろうと」の「から」と同じ意味・用法のものを次の中から選び、記号で答えよ。

ア 妹は、学校から帰ったところです。
イ みそは、大豆から作られています。
ウ 大事故は、小さな失敗から起こります。
エ きょうは、寒いから外出をやめます。

2 空欄に当てはまる会話文として、最も適当なものを次の中から選び、記号で答えよ。

ア あかんな、にいちゃん
イ ずるいな、にいちゃん

洋次郎の視線を追っていって、洋も、吹きだした。吹きだしながら、殺生やなあ、にいちゃん……。べそをかいていた。素裸になっていたのであった。

——あそこを流れとるわ、よっしゃ……。

洋次郎はあざやかにとびこむと、抜き手をきって、あっというまに流れゆくパンツにおいついて、もち帰ってくれた。

——[ ]……。

受け取りながら洋はいい、そやけど、こうなったらもう同じこっちゃ、このままでいこ……。

初めて泳げたうれしさに、いつもに似ず洋は大胆になったようであった。

（注1）ゲートル＝小幅の長い布を足に巻きつけて、歩きやすくするもの。

（注2）もやってある舟＝くいやさんばしにつないである舟。

【演習】

一　傍線部②「こんどはすぐに手をさしのべ、舟へひきあげてくれた」とあるが、なぜこんどは、洋を舟へひきあげたのか、その理由を十五字以内で書け。

ウ　へんやに、にいちゃん

エ　おおきに、にいちゃん

3　傍線部③「ぷっと吹きだしてしまった」のはどうしてか。二十字以内で答えよ。

〈着眼点〉

参考問題　**1**「舟から」の「から」は、動きの発する位置（場所）を示す格助詞である。**2**流されたパンツをもち帰ってくれたのである。**3**水から上がった洋の姿はどうだったか。

二 この文章において、弟の洋に対する行動から考えて、兄である洋次郎はどのような人物として描かれているか、最も適当なものを次の中から選び、記号で答えよ。

ア 決心したら、自分のために最後までやり遂げる自信にみちた兄。

イ 方法は乱暴だが、思いやりの心を持っている頼もしい兄。

ウ 性格が暗く、おぼれている様子を黙って見ている冷たい兄。

エ 思いやりもあるが、自分の弱さを隠したがるみえっぱりの兄。

三 この文章の評として、最も適当なものを次の中から選び、記号で答えよ。

ア 方言と長文を多く用いて、広々とした田舎の光景を巧みに描いている。

イ 長文を多く用いて、田舎の光景や登場人物の心情を重々しく描いている。

ウ 短文や方言を巧みに用いて、登場人物の行動や心情を生き生きと描いている。

エ 短文や長文を効果的に用いて、ゆっくりした川の流れを巧みに描いている。

【演習】一 なぜ、いじわるをしていたのか理由を考えると、すぐ直後の文に書いてある。二 泳げない洋の頭をいきなり川の中におしこむ一方では、流れゆく洋のパンツをすぐにもち帰ってくれる兄であることに着目する。三 特徴の強いところから押さえると、短文と方言に気付く。

2 主人公をめぐる人間関係

―お互いに相手をどのように意識しているか―

登場人物が主人公ただ一人、という小説はきわめてまれです。ほとんどの場合、主人公のまわりに何人かの人物が登場します。人間が二人以上集まれば、それぞれの人物の間に、特殊な人間関係ができ上がります。そして、その人間関係が事件を生み、展開させる基礎となります。また事件が人間関係をいろいろに変える、という場合があることも見のがしてはなりません。主人公を中心とした人間関係の把握《はあく》、これは主人公の輪郭の把握にまさるとも劣らぬ、小説解釈の重点です。

小説の中の人間関係をつかむには、人物の間の身分関係などの外面的条件は、やはりそれほどたいせつなものではありません。たいせつなのは登場人物がお互いに相手をどのような相手とうけとっているか、という内面的な関係です。たとえば、同級生であるという外面関係は、直接にはそれほど重大でなく、お互いがクラスでの競争相手であると意識しあっている、という内面的関係がたいせつなのです。このような人間関係を把握しようとするとき、やはり**相手に対する感情を直接に語ることば**ほど決定的な手がかりはありません。

[例] 彼は彼女を憎んでいた。

と書いてあれば、もう何も苦労はいらないわけで、あとはその憎悪の感情が小説の展開につれて具体的に肉づけされてゆく様子を理解すればよいのです。けれどもすべての小説が登場人物の人間関係を、このように親切に説明してくれるとはかぎりません。そういう場合に第二の目のつけどころとなるのは、やはり**相手の人間に対する平素の態度**でしょう。

〔例〕彼女に対して彼の方から口をきいたことは一度もない。

と書いてあれば、それは一時的のことではなくて平素のことであるゆえに、彼が彼女を「口をきくのもいやな奴《やつ》」と思っているという人間関係を語るのに十分です。そして**登場人物の間の外面的関係**も、目のつけどころとして忘れてはなりません。もちろん、たとえば、財産の多い少ないという外面的な関係が、内面的な人間関係にどう影響するか、を考えてのことです。

〔例〕彼は彼女の一年後輩であるために、出納責任者である彼女の下で長らく帳簿係を務めてきた。

と書いてあれば、一年という経験差の短さと役職のひらきの大きさから推して、たぶん、彼は彼女の存在を憎んでいるであろう、と想像してよいでしょう。そして、最後に**相手に対する一つ一つの発言や態度**が、人間関係の最も具体的な肉づけとなります。

〔例〕彼女は「もう帰ってもいいわよ。」と言った。彼は思わず帳簿を彼女にたたきつけた。

という表現は、その時一回の態度にすぎませんが、その具体的な態度によって、憎悪の人間関係を肉づけしたものにほかなりません。相手との人間関係をこのような一回一回の態度だけで描いていく小説もけっして少なくありません。この種の一回一回の態度は小説の筋を構成する一こま一こまでもあり、したがって、小説の展開とともにこの種の一回一回の態度によって肉づけされた人間関係をつかんでいくことが、小説を読むということにほかならない、と言えましょう。

主人公をめぐる人間関係のとらえ方

1 相手に対する感情を直接に語ることばを見いだす。
2 相手に対する平素の態度を述べた部分に注意し、それがどのような人間関係を示すものであるかを考える。
3 相手との外面的な関係を整理し、それが内面的な人間関係にどう影響するかを考えてみる。
4 相手に対する一回一回の発言や態度をとらえ、そこに現れている人間関係を把握する。

【例題二】

羅生門

芥川《あくたがわ》龍之介《りゅうのすけ》
―その2―

（前段からこの段までのあらすじ） やがて、下人は、寝る場所を求めて、羅生門の楼上へと、はしごを上ってい

1 この「例題二」の部分にきて、「下人」以外の人物が登場します。その第二の人物に出会うときの「下人」の気持ちをまず整理しておこう。

考え方 主人公「下人」は、「寝る場所を求めて」羅生門の二階へ上って行ったのです。その二階に、「裸の死骸や着物を

く。楼上に上ると、あやしい火の下に、裸の死骸《しがい》や着物を着た死骸がいくつか捨てられてあるのを見る。

設問 この段に、新しい登場人物「老婆」が現れるが、この段の範囲内で、その老婆に対する「下人」の気持ちを、わかりやすく説明しなさい。

下人は、それらの死骸の腐爛《ふらん》した臭気に、思わず、鼻をおおった。しかし、その手は、次の瞬間には、もう鼻をおおうことを忘れていた。ある強い感情が、ほとんどことごとくこの男の嗅覚《きゅうかく》を奪ってしまったからである。

下人の目は、その時、はじめてその死骸のなかにうずくまっている人間を見た。檜皮《ひわだ》色の着物を着た、背の低い、やせた、白髪《しらが》頭の、

着た死骸（あらすじ）」があるに違いないことは、「下人」も承知の上であることは、言うまでもありません。（あらすじ）にまとめる部分で省いたのですが、作者はこの小説のはじめの方で、

> 引取り手のない死人を、この門へ持って来て、捨てて行くという習慣さえ出来た。そこで、日の目が見えなくなると、だれでも気味を悪がって、この門の近所へは足踏みをしないことになってしまったのである。

と書いています。

2 ということは、どういう意味を含んでいるのでしょうか。

考え方 それは、死骸はあるだろうが、生きている人間は、羅生門の二階などにはいない、という暗黙の了解です。だれもいるはずのない、気味は悪いが安全な場所、といったつもりで、「下人」は階段を上っていったに違いないと思います。ところがそこに人がいた、ギョッとした気持ち、それが「下人」を襲った最初の感情でしょう。

さるのような老婆である。その老婆は、右の手に火をともした松の木切れを持って、その死骸の一つの顔をのぞきこむようにながめていた。髪の毛の長いところを見ると、たぶん女の死骸であろう。

　下人は、六分の恐怖と四分の好奇心とに動かされて、暫時は息をするのさえ忘れていた。旧記の記者の語を借りれば、「頭身の毛も太る」ように感じたのである。すると、老婆は、松の木切れを、床板の間にさして、それから、今までながめていた死骸の首に両手をかけると、ちょうど、さるの親がさるの子のしらみを取るように、その長い髪の毛を一本ずつ抜きはじめた。髪は手に従って抜けるらしい。

3 作者はそれを「ある強い感情（5行）」ということばで表します。ではその「ある強い感情」とは、ギョッとした、というだけの感情でしょうか。

考え方 まず「下人」を襲った感情が、ギョッとするような驚きであり不気味さであることは、言うまでもありません。だがそれが「老婆（12行）」であるとわかり、しかもその老婆が、こちらの存在に気づかずに、「右の手に火をともした松の木切れを持って（13〜14行）」、何かしているのを見て、気づかれずに相手を見ている者の、安心と優越感が、「下人」を落ち着かせます。老婆が「のぞきこむようにながめていた（15〜16行）」ものも、「たぶん女の死骸（17行）」だ、とわかるぐらいまで、「下人」は落ち着いてきたわけです。

4 このあたりの「下人」の気持ちをまとめてみよう。

考え方 読者がまとめるまでもなく、作者が自分でうまくまとめてくれています。

　六分の恐怖と四分の好奇心（18〜19行）

というのがそれです。「六分の恐怖」は、最初のギョッとした気持ちの延長です。そして「四分の好奇心」は、落ち着きの心のあらわれであることは言うまでもありません。

この小説の作者である芥川龍之介は、登場人物の心理を説明するのに熱心で、時にはそれが芥川心理学の講義を聞かされているような感じがするほどですが、この場合の「六分の恐怖・四分の好奇心」も、まさにその一例と言えるでしょう。

5 このあと「老婆」の奇怪な行動が描写されます。それを「下人」はどう見たか、想像してみよう。

考え方 老婆は死骸から「長い髪の毛を一本ずつ抜きはじめた（28〜29行）」のです。これは死者に対する冒瀆《ぼうとく》です。死者に何らかの力を及ぼすことが、すでに冒瀆ですが、この老婆は、今は死者となった若い女性が、おそらくは命と同じぐらいに大切にしたであろう黒髪を、抜きとろうとしているのです。盗人になる決心がつかないほど良心的な（例題一）「下人」ですから、こういう行為に対する感情は一つしかありません。それは悪への怒りです。

《解答》 人がいないはずの所に老婆がいるのを見てギョッとするが、やがて老婆の不可解な行動に好奇心がわき、死体から髪を抜こうとしているのだとわかって憤りを感じる。

2

本当にハタハタは、もう永久に村落へはこないのだろうか。

時枝の祖母の言葉だけに、異様な重みが感じられる。

俊一は、①膝頭《ひざがしら》がくず折れるような気落ちを感じていた。

村落に入ると、俊一たちは、無言のまま別れた。

湾には凪《な》いだ海面に輪壁網(注1)がおだやかにならんでいるが、俊一の眼にはそれらが［A］ものに感じられた。

家に入ると、俊一は、土間で竈《かまど》の火をうかがっている母に近寄った。母は臨月で、身をかがめるのも大儀そうだった。

「時枝の婆が……」

俊一は、ためらいがちに口をひらいた。②胸の中にわだかまっているものを、抑えておく気にはなれなかった。

母が、腰をのばした。

「婆は、もうハタハタは決してここへはこないって」

俊一が［B］言うと、母の顔が俊一に向けられた。

「本当にこないんだろうか」

不安そうにそこまで言った時、③母の眼に鋭い光が凝結すると同時に、その掌《てのひら》が俊一の頰《ほお》に強くたたきつけられた。

「あの婆がなんといったか知らねえ。ハタハタはくるかどうかもわ

【出典】
吉村《よしむら》 昭《あきら》「ハタハタ」
吉村 昭〈昭和2～平成18（一九二七～二〇〇六）〉は小説家。「星への旅」「戦艦武蔵」「ふぉん・しいほるとの娘」「破獄」「冷い夏、熱い夏」「長英逃亡」など。

【参考問題】

1 傍線部①は、どのような心情か。次の中から最も適当なものを選び、記号で答えよ。
ア 困惑　イ 悲哀
ウ 後悔　エ 絶望

2 空欄Aには、どのような言葉が入るか。次の中から最も適当なものを選び、記号で答えよ。
ア ゆゆしい　イ めめしい

からねえ。でも、こなくても網は張るんだ。こなくても網は張るんだ」

母の言葉は、ふるえていた。

俊一は、頬をおさえたまま立ちすくんだ。母の憤りが、かれにも素直に理解できた。来るかこないかは、だれにもわからない。婆にもわからないし、神や仏にもわからないのだ。

俊一は、ふと、ハタハタの幻影をみた。

ハタハタは、卵を腹いっぱいはらんだ雌とそれを追う雄の大群にわかれ、壮大な集団となって沖合を遊泳している。それは草原に陣を布《し》く大軍のように、一斉に殺到する機会をねらっている。海岸の十数個所《かしょ》の村落は、その到来を心からねがい網を張って待ちかまえているが、やってくる湾の選択はハタハタの側にある。

俊一には、ハタハタの存在がきわめて尊大(注2)なものとして意識され、その動きに一喜一憂する人間そのものが、ひどく心許《こころもと》ないものに感じられた。

かれは、④頬の熱い痛みに涙を眼ににじませながら、竈の中の火を見つめていた。

(注1) 輪壁網＝ハタハタ漁に用いる網の一種。
(注2) 尊大＝おごりたかぶって、おうへいなこと。

ウ むなしい　エ うれしい

3 空欄Bには、どのような言葉が入るか。次の中から最も適当なものを選び、記号で答えよ。

ア おずおず　イ せかせか
ウ はきはき　エ しぶしぶ

〈着眼点〉

参考問題 **1**力が抜けてがっかりする時に使われる表現である。**2**ハタハタが来ないのにそれを捕らえるために網を張っていることを形容した表現を見つける。**3**否定的な言葉を口に出すことは、遠慮される雰囲気にあることは明らかである。それでも口から出さずにはいられないのである。

【演習】

一　傍線部②「胸の中にわだかまっているもの」とは何か。その内容を具体的に述べている部分を本文中から抜き出し、二十七字（句読点を含む）で書け。

二　傍線部③に「母の眼に鋭い光が凝結する」とあるが、このとき、母はどのような心情であったか。それをしめす言葉を本文中から抜き出し、一語（二字）で答えよ。

三　傍線部④において、俊一に訪れていた思いはどのようなものであったか。次の中から最も適当なものを選び、記号で答えよ。

ア　しかられて初めて母の愛を素直に理解できたうれしさ
イ　ハタハタの動きに左右される人間たちへのもどかしさ
ウ　湾内に殺到するハタハタの大群を心に描くたのしさ
エ　婆の言葉を伝えただけで母にしかられたやり切れなさ

【演習】一「わだかまる」とは「心の中に不快な状態で留まっていてすっきりしない状態にある」ことを表す。俊一はハタハタが来ることを願い続けているが、来ないかもしれないとも思っていることをつかむ。二　俊一をたたいた母の気持ちは、俊一の言葉の内容をとがめているだけでなく、いらいらしていることもつかむ。母の言葉の後に「母の憤りが、かれにも素直に理解できた」とある。三　ハタハタの動きに「一喜一憂する人間」を「ひどく心許ない」と俊一が感じていることに着目する。

3 構成を調べる

——事件の中で最も大きく変化したものは何か——

主人公があって、主人公をめぐる人間関係があり、その上に小説の事件は展開します。そして、主人公の人間像、主人公を中心とする人間関係は、事件という具体的なものの中で明瞭な肉づけを持つことになります。登場人物の数が多くなれば事情はもっと複雑になりますが、事件と人物との関係に根本的な差はありません。一人がひきおこした事件は周囲の人物に影響を及ぼし、影響を受ける人はそれぞれの性格や生き方に応じて反応し、また、一つの事件が今までの人間関係をさまざまに変え、こうして錯綜《さくそう》する事件とその中で生きる人々の人間像とが、複雑で具体的な人間模様を浮きぼりにしていく、というわけです。

したがって、小説の事件は、ただその筋だけを読んではならず、常に事件が持つ意味に注意をしなければなりません。もちろん小説全体から訴えてくる意味をつかむことが最もたいせつですが、そのためには小説全体を構成する一つ一つの部分、いわば小説の中の一つ一つの事件をとらえ、それがもつ意味を一つ一つ確かめながら進む訓練もたいせつです。

一つ一つの事件の範囲を限ること、つまり小説の事件の流れに段落を設けること、それは比較的に容易かもしれませんが、事件のもつ意味を的確につかむことは多少困難なことだと言えそうです。けれども今までの事件のあらすじをまとめてみると、それをうけて進んできた今の事件の意味がわかりやすくなります。まずだれがどうしたか、そしてそのためにだれがどうなったか、というような事件の外面的な展開をまとめてみるのが有効です。

事件の外面的な展開の中には、いろいろの変化があるはずです。年月の変化、場所の変化、主人公の生活の変化など、実にさまざまの変化があって、話の筋を構成しているはずです。それらの変化の中で**一番大きな変化と言えるものは何か**を考えてみると、ただの話の筋の中に、一本の太い筋がみえてくるでしょう。それは小説の構成を考えようとするときに、最もたいせつなものだと言ってよいのです。

このような一本の太い筋がみつかれば、それにあわせて**一つ一つの事件の役割を確かめる**ことができます。第一の事件は主人公の成功、第二の事件は主人公の失敗、第三の事件は主人公の堕落、第四の事件は主人公が救われること、というふうに。このようにして事件と事件との役割のからみ合いがつかめれば、小説の構成はほぼ把握《はあく》できたと言えましょう。

小説の構成は、ほんとうはその小説全体を読んでしまってからしか調べられません。けれども小説の中の一つ一つの事件が、必ずこの一本の太い筋の一部分として今までの事件をうけて描かれているように、実はこの次の（まだ読んでいない）事件も、いま読んでいる事件をうけてそれからの展開として描かれるはずです。つまり次の事件まで読んでふりかえれば、次の事件を予告するような何かが、今の事件の描写の中にひそんでいたことに気がつく、ということが少なくありません。いわゆる「伏線」というのがそれです。そのような**次の事件の展開のための伏線を発見する**ことに努めてみるのもよいでしょう。次はこうなるのではないか、と見当をつけながら読むことは、それが的中するときはもちろん、的中しないときも、一本の太い筋を探すことに役立つに違いありません。

構成の調べ方

1 今までの事件の展開をまとめてみる。
2 事件の展開の中からとくに大きな変化と思われるものを発見し、小説を貫く一本の太い筋を見いだす。
3 その太い筋を基準として一つ一つの事件の意味を考え、事件と事件との関係を考える。
4 次は事件がどの方向に発展するかについて予想してみる。

【例題三】

羅生門

芥川《あくたがわ》龍《りゅう》之《の》介《すけ》
—その3—

（前段からこの段までのあらすじ）老婆の行動を見ているうちに、下人の心は、恐怖から悪に対する憎悪の念

1 「例題三」をざっと読んで、「例題一」からここまでのあらすじを、ざっとまとめてみよう。

考え方

第一段（例題一）——平安時代のある日、主人から暇を出されて、明日の暮らしの目あてもつかなくなっていながら、それでも盗人になる決心のつかない「下人」がいた。

に変わっていく。下人ははしごから飛び上がり、つかみあいの末老婆をねじ倒す。そして、何をしていたかを問いただす。

設問

傍線をつけた「勇気」（36行）の内容は何か。また、なぜそれを「勇気」というのか、説明しなさい。

「なるほどな、死人《しびと》の髪の毛を抜くということは、なんぼう悪いことかもしれぬ。じゃが、ここにいる死人どもは、皆、そのくらいなことを、されてもいい人間ばかりだぞよ。現に、わしが今、髪を抜いた女などはな、へびを四寸ばかりずつに切って干したのを、干し魚だと言うて、①太刀帯《たてわき》の陣へ売りに往《い》んだわ。②疫病《えやみ》にかかって死な

第二段（例題二）——下人は羅生門の下で雨やどりをしていたが、死骸の置いてあるに違いない羅生門の二階を、その夜の宿にしようと上っていく。だがだれもいないと思っていた二階には、白髪の老婆がいて、若い女の死骸から髪を引き抜いていた。

第三段（例題三）——下人は死者を冒瀆する老婆に怒りを感じ、老婆をねじ伏せる。すると老婆は、生きる為には、悪をおかすことも許されるべきだ。現にこの若い女も悪いことをした女だ、と言い立てる。下人はそれを聞いているうちに、「ある勇気（36行）」が生まれ、「飢え死にをするか盗人になるかに、迷わな（43〜44行）」くなる。

2 では右のような出来事、ないし下人の心の動きの奥に流れている太い筋は何か。今までで大きな変化と言えるものは何か、を考えてみよう。

考え方 第一段では、「下人」だけが登場人物として現れます。それに対して第二段では、もう一人「老婆」が登場します。登場人物が複雑になって、出来事も複雑に変化してきました。また、第一段は羅生門の下、第二段は羅生門の二階で

なんだら、今でも売りに往んでいたことであろ。それもよ、この女の売る干し魚は、味がよいと言うて、太刀帯どもが、欠かさず③菜料に買っていたそうな。わしは、この女のしたことが悪いとは思うていぬ。せねば、飢え死にをするのじゃて、しかたがなくしたことであろ。されば、今また、わしのしていたことも悪いこととは思わぬぞよ。これとてもやはりせねば、飢え死にをするじゃて、しかたがなくすることじゃわいの。じゃて、そのしかたがないことを、よく知っていたこの女は、おおかたわしのすることも大目に見てくれるであろ。」

老婆は、だいたいこんな意味のことを言った。

下人は、太刀を鞘《さや》に収めて、その

す。場所が変化している、と言ってもよいかもしれません。けれどもこんな変化はこの小説にとって、とるにたらない変化であることは、だれの目にも明らかでしょう。

重要なのは、言うまでもなく、「下人」の心の変化です。第一段で下人は、

「盗人になるよりほかにしかたがない（23〜26行）」ということを、積極的に肯定するだけの、勇気が出ずにいたのである。

という状態でした。それがこの第三段では、

ある勇気が生まれてきた。（36〜37行）

というふうに、すっかり変わってしまいました。この小説の中の変化で最も重要なもの、それは「勇気」のなかった下人に、「勇気」がわいてきた、という心理的な変化でなければなりません。

3 この小説を一貫して流れている太い筋が、右のように「下人の勇気」であるならば、各段はこの太い筋に対して、それぞれどのような役割を果たしているでしょうか。

考え方 第一段は、明日の暮らしのあてもない下人が、それ

の太刀の柄《つか》を左の手で押さえながら、冷然として、この話を聞いていた。もちろん、右の手では、赤くほおにうみを持った大きなにきびを気にしながら、聞いているのである。しかし、これを聞いているうちに、下人の心には、ある勇気が生まれてきた。それは、さっき門の下で、この男には欠けていた勇気である。そうして、またさっきこの門の上へ上がって、この老婆を捕らえた時の勇気とは、全然、反対な方向に動こうとする勇気である。下人は、飢え死にをするか盗人になるかに、迷わなかったばかりではない。その時の、この男の心持ちから言えば、飢え死になどということは、ほとんど、考えることさえ出来ないほど、意識の

でも彼の良心のために、「盗人になろう」という「勇気」を持たないでいることの、説明にあてられていました。第二段はこの下人の心の変化に直接の関係はないように見えますが、決してそうではありません。人のいるはずのない死骸の中で、異様な老婆が異様なことをしているのを見て、ギョッとなったその恐怖心によって、ひとまず下人の頭を空にするという、たいせつな役割が第二段にはあるのです。一度頭が空になっているからこそ、老婆の言い立てる理屈によって、「勇気」がわいてくる結果となったわけです。その老婆の理屈を中心に、下人の「勇気」のわいてくる有様を、描いているのがこの第三段なのです。

4 したがって、当面の検討を、老婆の理屈にしぼってみましょう。

考え方 老婆の言い分は、

○死人の髪を抜くのは確かに悪いことだ。（1～3行）
○だがこの死人達も皆悪いものばかりだ。（3～6行）
○現にこの若い女も生きるために悪を犯した。（6～15行）
○だが生きるための必要悪は本当は悪でない。（15～19行）
○だから自分の犯す悪も悪ではないのだ。（19～23行）

外に追い出されていた。

（読解補注）
①太刀帯の陣―太刀帯は、平安時代、春宮坊《とうぐうぼう》（皇太子に奉仕してその事務を執る役所）を護衛した警備員をいう。陣はその詰所。
②疫病―流行病。
③菜料―おかずの材料。

○だから被害者も文句を言うべきではない。（23〜26行）

というふうに筋立てることができるでしょう。つまり、普通なら憎むべき悪でも、生きるということのためならば、許されてしかるべきである。それを悪事だと言ってとがめる権利が、どこのだれにあるか、という理屈です。

5 この老婆の理屈によって、下人に「ある勇気が生まれる」のですが、その「勇気」がどういう勇気であるのか、念のために確かめておきましょう。

考え方 文脈の流れから言って、この「勇気」の内容は、あらためていうまでもないのかもしれません。作者は、

それは、さっき門の下で、この男には欠けていた勇気である。（37〜39行）

と説明し、さらにつけ加えて、

この老婆を捕らえた時の勇気とは、全然、反対な方向に動こうとする勇気である。（40〜43行）

と、まことに丁寧《ていねい》に説明しているのですから。この中の後者、「老婆を捕らえた時の勇気」が、悪への憤りであることを思い出せば、ちょっとくどいくらいの心境説明と言えるように思われます。

6 このあと下人はどうするでしょう。

考え方 これはいうまでもありますまい。だからその答えは次の「例題四」にまかせるとして、こ

こでは、最後の４行に注目をしておきましょう。

飢え死になどということは、ほとんど、考えることさえ出来ないほど、意識の外に追い出されていた。（46～49行）

というのは、新しい行動への意欲で心の満ちた人間が、今までのいきさつを気にもとめなくなることの一例です。だからこそ作者は「勇気」ということばを使うのです。

《解答》盗人をしてでも生きよう、という決心。生きることへの意欲が心を満たしている状態だから。

練習問題

3 若葉の柿の樹の下で、正太はコマを廻《まわ》していた。鉄の厚縁《あつぶち》のコマである。

正太は小さいながら、コマ廻しは得意であった。だから、麻緒《あさお》のコマ糸を巻いている首をかしげた姿にも、サッと、それを地上に投げつける素早い手つきにも、子供らしい自信が見えていた。

正太に投げつけられたコマはブンブンうなって、①夕日のさしている土の上をあちらこちらとほつき廻りながら、一人で何か不平をこぼしていた。そして近くで彼を見ているものでもあろうものなら、

[出典] 坪田譲治《つぼたじょうじ》「コマ」

坪田譲治〈明治23～昭和57（一八九〇～一九八二）〉は児童文学作家。「お化けの世界」「魔法」「風の中の子供」「かっぱとドンコツ」「ねずみのいびき」など。

グングンかまわず近寄っていって、身体をぶっつけてけし飛ばした。かなたで飛ばなければ、こちらでけし飛んだ。

正太はこれを見て微笑んだ。

正太のコマはそんな子供で――まったく彼は子供であった――ありながら、廻さないでおくと②いかにも無器用で、黒い顔をして、いつまでも縁側などにねころんでいた。

正太とても、またこのコマのような子供であった。

正太が亡くなってから五六日たった時、小野夫婦は正太の机の中からコマを見つけだした。それには麻緒が巻かれていた。二人は、泣いた後ムッツリして隠れていた正太自身を見つけたように、アかわいさに打たれて涙を流した。

[A]

二人はそれを机の上に置いて、イ手のさわるも大切なもののようにうち眺めていた。巻いた緒の端が上下の心棒に懸けられて、解けないように結んであった。

[B]

二人はこんなことにも、ウ正太の子供らしい心を見ることができた。それればかりでなしに、小野にはこの巻いてある緒の中に、正太の小

【参考問題】

1 傍線部①、②で共通して用いられている表現技法は何か、漢字で答えよ。

2 空欄AからCに入る最も適当な会話文を、次の中からそれぞれ選び、記号で答えよ。

ア「ねえ、あなたこんなことまでしていますよ。」

イ「見ているのはつらいから、もう忘れてしまおうよ。」

ウ「まあ、あの子はこれを捨てようと思っていたんですよ。」

エ「ね、これはこのままソッとしまっといてやろうよ。」

オ「あなた、あの子はこん

さな生命が入っているように感じられた。

[C]

二人は、ボール箱の底に綿を敷いて、その上にコマを入れた。そして戸棚の奥深くしまった。しかし、こうはしたものの、小野にはこの巻かれた緒の中から、いつとなく、正太の生命が煙のように淡く空中にうすれていくように思えてならなかった。実際、それを出して見ると、その度に、いつとなく正太の感じがそのコマの中からあせていくのが感じられた。

一年ばかり経った後、小野は久しぶりでコマの入っている箱を戸棚の奥から取りだした。すると、どうだろう。箱の上には大きな穴が開いている。見ると、中にはまだ目のあかない鼠の子が五匹も六匹も盲滅法《めくらめっぽう》に歩き廻って、たがいに重なりあっては団子のように、コロコロところげていた。鼠は実にあつらえむきの巣を見つけたのだ。そこで巻きつけてあったコマの緒をかみ切って、綿の上にまるく輪形《わがた》にならべていた。その上邪魔になるコマは箱の隅にあおむけにしてころがしていた。

これを見ると、小野は正太にすまないという心持ちから、[D]として、手をつかねた。しかしまたそれらの小さな鼠の子を見ては、

なコマまで持っていたんですよ。」

カ「まあ、あなたこれをまた明日廻そうと思っていたんですよ。」

3 空欄Dに入る最も適当な語を、次の中から選び、記号で答えよ。

ア 啞然　イ 暗然
ウ 悠然　エ 平然
オ 決然

〈着眼点〉

参考問題 **1**「コマ」が、主語であることを押さえたうえで、「ほつき廻る」「不平をこぼす」「ねころんでいた」という表現に着目する。

2 Aは麻緒が巻かれたままになっているコマを、正太

手荒なこともできなかった。で、それらの鼠の子をまた箱の中に入れたまま、ソッと戸棚の奥に入れてやった。するとその夜のことである。チューチューという鼠の声がしきりに聞こえていたが、翌日はもうそこには一匹の鼠もいなかった。それからまた一月とたたないうち、それらの鼠の子が大きくなったのか、天井をドロドロと、うちそろって、マラソンのように駆けめぐった。

③それから間もなく正太の弟が、また柿の樹の下で、あのコマをもって遊んでいた。コマは土の上をうろつきながら、一人で何か不平をこぼしていた。

【演習】

一 次の文章は、傍線部③があることによって生じる効果について解説したものである。後の(1)から(3)の問いに答えよ。

傍線部③は、初めの場面の「若葉の柿の樹の下で、正太はコマを廻していた。」や「a」という文に照応している。これによって、正太のイメージが正太の弟のイメージに重なってくる。つまり、b小野夫婦がいつくしみ愛した正太はほんとうは死んでしまったのだが、心の中では生き続けているように思われるのである。肉体は滅びても、なお流れ続ける

の机の中から見つけ出した時の会話である。Bは巻いた緒の端が上下の心棒に懸けられて、解けないように結んであったことに対する感想である。Cの緒が巻かれたままになっているコマは、小野夫婦にとって正太の生命が入っているように感じられたのである。**3**どうしていいか、わからない気持ちが「手をつかねた」ということ。その気持ちの表れているものをさがす。

「c」といったものが感じられ、余情のある結末となっている。

(1)空欄aに入る一文を本文中から見つけ、その初めと終わりの五文字(句読点を含む)を抜き出して答えよ。

(2)傍線部bのように、小野夫婦が正太をいつくしみ愛した様子が、直喩を用いて描かれている箇所を、本文中の波線部アからオの中から選び、記号で答えよ。

(3)空欄cに入るべき語句を、次の甲群・乙群から一語ずつ選び組み合わせることによって答えよ。

甲群（美しい・はかない・永遠の・一瞬の・強力な）

乙群（魂・力・体・誓い・光）

二 この話を四つの段落に分けるとしたらどこで句切ればよいか。第二段落、第三段落、第四段落の初めの五文字をそれぞれ答えよ。

【演習】一 (1)正太の弟の廻したコマも、正太が廻したときと同じに「一人で何か不平をこぼしていた」のだ。そこに正太の弟と正太との「イメージの重なり」がある。(2)「直喩」は、「…のような」という表現。(3)「肉体は滅びても、なお流れ続ける」という直前の表現に着目する。**二** 時間的な経過を示す表現に注意すれば、比較的容易である。

4 全体の主題

—全体から訴えてくるもの—

小説の部分部分がどのように重大な意味をもっているにしても、小説を読むときの最大の眼目は、その小説全体から訴えてくるものを正しく把握《はあく》する、ということ以外にはありません。部分部分は小説全体のためにそれぞれの役割を果たしているのであって、全体の中で部分をとらえないかぎり、部分の意味そのものも、本当に正しく理解したことにはなりません。

小説全体から訴えてくるものを正確に把握するのにはどういう点に注意したらよいか、という問いに答えることは容易なことではありません。一つ一つの作品に応じて、注意しなければならないことは千差万別だからです。けれどもおそらくどんな作品を読むときでも、その作品の構成を確かめることを怠るべきではないでしょう。前の章で述べたように、小説を読み進めている途中から、構成については常に注意していなければなりませんが、作品を読み終わってから、もう一度全体をふり返ってみるのです。自分の読み方を確かめてみるのです。

ところが作品の構成を確かめるだけでは不十分な場合があります。たとえば、貧しい平和な農村があった、そこへ工場が建ち、工場からの廃液が農業に打撃を与えた、怒った農民は工場へ抗議するが、工場主は土地の有力者と結んで被害の少ない一部の農民を買収する、農民の団結は乱れ、二派に別れた農民の対立は、今まで平和であった農村をむちゃくちゃにする。——こういう構成の作品があるとしましょう。この小説では、作者はこういう構成を通して、資本の横暴を訴えようとしているかもしれません。あるいは農民たちの政治的意識の低さへのじれったさを書きたかったのかもしれません。このようにその構成を通して作者の思想や主張が語られていはしないかを慎重に考えてみる必要があるのです。

けれども思想や主張が小説のすべてである、と考えてはなりません。思想や主張を語ろうとすることよりも、人物の生き方や社会の動きや、あるいは風景の美しさなどを、ありありと描き上げることに力点を置く作品もあります。平和な農村が利害の対立に陥るという構成をただの筋立てとして、その筋立ての中で悪賢く立ちまわる者と、善良で無力な者と、そして、人の不幸を冷然と見おろしている資本家と、こういう種々の人間の姿を描くことに力を入れる作品もあるわけです。一口に言えば作者がとくに力を入れて描写しているものは何かを考えることですが、これは非常に微妙なむずかしい所で、小説を読んだあとに強く印象に残っているものをよくつかまえて、あくまでそれに即して考えていくことがたいせつです。

最後にもう一つ、一番むずかしいことが残っています。それは作者がどういう態度でその作品を書いているかということです。たとえば、作者が作中の人物とほとんど一体となって書いている作品もあります。全く反対に作者が作中人物を全くの第三者のように観察して書いている作品もあります。作中人物を温かく見ている作品もありますし、作中人物を冷たく扱っているような作品もあります。悲しみや怒りをこめて書かれた作品もありますし、甘い叙情をただよわせた作品もあります。読み終わった後に残る、グロテスクな作品だとか、ユーモラスな作品だとか、さわやかな作品だとか、ひょうひょうたる作品だとかの、印象は、多くは作者の態度に由来するものです。やはり読後感をたいせつにして、それに即して考えるよりほかはありません。

全体の主題のとらえ方

1 作品全体の構成を確かめる。
2 その構成を通して、思想や主張が語られていはしないかを検討する。
3 その構成の中で、とくに作者が力を入れて描写しているものは何か、を考える。
4 読後感をたいせつにして、作者がどのような態度でその作品を書いているか、を考えてみる。

【例題四】

羅生門

芥川《あくたがわ》龍之介《りゅうのすけ》

―その4―

この「例題四」は「例題三」からの、すぐの続きです。「例題三」の最後では、下人のとる行動についての予測をしたはずですが、だれでもこの「例題四」のような行動を予測したと思います。

設問

作者はこの小説で、何を言いたいのだろうか、説明しなさい。

「きっと、そうか。」

　老婆の話が終わると、下人はあざけるような声で念を押した。そうして、一足前へ出ると、不意に右の手をにきびから離して、老婆のえりがみをつかみながら、かみつくようにこう言った。

「では、おれが引剝《ひはぎ》をしようと恨むまいな。おれもそうしなければ、飢え死にをする体なのだ。」

　下人は、すばやく、老婆の着物をはぎ取った。それから、足にしがみつこうとする老婆を、手荒く死骸の上へ蹴《け》倒《たお》した。はしごの口までは、わずかに五歩を数えるばかりである。下人は、はぎ取った

1 下人が老婆から着物をはぎ取るのに至った、その心の動きを整理しておこう。

考え方 これは今さらいうに及ばないことなのですが、第三段の老婆の理屈をそのまま下人の立場に転移すれば、それがそっくり「引剝」をする下人の理屈（57～59行）になることに注意しておきたいのです。上に老婆の理屈を、下に下人への転移を書いて、対比してみましょう。

〔老婆の理屈〕	〔下人への転移〕
死者の髪を抜くのは確かに悪いことだ	お前の着物を剝ぐのは確かに悪いことだが
だがこの死人達も皆悪い者ばかりだ 現にこの若い女も生きるために悪を犯した	お前も実に悪いやつだ 現にお前は死骸から髪を抜いて売ろうとした
だが生きるための必要悪は本当は悪ではない	（上段のまま）
だから自分の犯す悪も悪ではないのだ	（上段のまま）
だから被害者も文句を言うべきではない	おれが引剝をしようとも恨むまいな（57～58行）

ということになります。

檜皮色の着物をわきにかかえて、またたくまに急なはしごを夜の底へ駆けおりた。

しばらく、死んだように倒れていた老婆が、死骸のなかから、その裸の体を起こしたのは、それからまもなくのことである。老婆は、つぶやくような、うめくような声をたてながら、まだ燃えている火の光をたよりに、はしごの口まで、はって行った。そうして、そこから、短い白髪《しらが》をさかさまにして、門の下をのぞきこんだ。外には、ただ、黒洞々《こくとうとう》たる夜があるばかりである。

下人のゆくえは、誰も知らない。

2 この二つの理屈の対比の中に、この作品の構成や、そこに盛られた主張が、浮かんではいませんか。

考え方 老婆の場合と下人の場合と、全く変わらないものが二か条あります。

その二か条をさらに圧縮すれば、

　生きるための必要悪は本当は悪でない

ということになるでしょう。この「主張」を中心として、

第一段　この主張にふみ切れず、悪は悪だと考える

第二段　この主張から生まれた老婆の悪を憎む

第三段　この主張の筋道を老婆から聞く

第四段　この主張にふみ切り、悪を犯して生き始める

という、下人の変化が、この作品を構成する柱だてとなっているわけです。

3 では、この主張をするために、作者はこの作品を書いたのでしょうか。

考え方 とんでもないことです。作者が力を入れて描写しているのは、もっとほかのところにある

ということでしょう。それはいうまでもなく、こうして変わっていく下人の心理の追求です。この段では直接の心理説明は、

あざけるような声で念を押した（51～52行）

のところぐらいですが、今までの各段で、くどいと思われるほど熱心に、作中人物の心の微妙なひだを、めくるような描写があったのを思い出してほしいものです。

生きるための必要悪は本当は悪でない

という主張めいたものは、作者の主張でも何でもなく、作者が下人の心理説《と》きをするために必要な、話の筋立ての軸であるにすぎないのです。

《解答》生きるための必要悪というものは、小説の筋立ての軸として設けられたものにすぎず、作者は下人が「勇気」をもつに至る、心の曲折を描こうとしたのである。

練習問題 **4**

相変わらず父ちゃんは歩くたびに膝《ひざ》をバネみたいに曲げ、革靴の底をペタンペタン鳴らした。はじめに靴の踵《かかと》を地面につけ、それからいきなり靴底を打ちつけるために出る音だ。いかにもいなかっぽくていやだった。

ぼくは父ちゃんとの距離をはかるようにして歩いた。もう少し離れたかったが、そうするのも父ちゃんに申し訳ない気がした。（中略）

［出典］小檜山博《こひやまはく》「地の音」

小檜山博〈昭和12（一九三七）～〉は小説家。「出刃」「黯《くら》い足音」「生きものたち」「地吹雪」「荒海」「光る女」など。

あとは駅まで黙ったままだった。駅前の食堂へ入って卵ドンブリを食べるあいだも、ほとんどしゃべらなかった。話すことがなかった。食べ終わったあと父ちゃんはしわだらけの札を何枚か出して折りたたみ、ぼくによこした。

――いまこんだけしか置いてけんけど、近いうちにまた何とかして送っから。

父ちゃんは壁の献立表を見て言った。恥ずかしそうな眼をしていた。ぼくは大きくうなずいておカネを受け取り、汽車賃あるの？と聞いた。まわりに客はいなかった。父ちゃんが、大丈夫だ、と言ってテーブルの上にある伝票をのぞき込んだ。ぼくは父ちゃんからもらったおカネを丸めるようにして手のひらの中に握り、その手をしばらくテーブルの上へ置いたままにした。ポケットへしまうのがつらかった。

食堂を出たところで、父ちゃんが思いついたように腕時計をはずしてぼくに差し出してきた。

――ないと不便だべ。父ちゃんが時計を見て言った。

――いらん、父ちゃん困るべさ。ぼくも時計へ視線をやって首を横に振った。革バンドの穴が破れている。しかし父ちゃんは、いい

【参考問題】

1 「父ちゃん」の人物像として最も適当なものを次の中から選び、記号で答えよ。

ア 小心だが強情

イ 粗野だが用心深い

ウ 素朴で情が深い

エ 繊細で涙もろい

2 空欄アからウのどこかに次の一文が入る。最も適当な箇所を選び、記号で答えよ。

耳たぶが赤かった。

3 この文章で、「父ちゃん」に対する「ぼく」の気持ちは、どのように変化しているか。その順序をAからDの記号で示せ。

から持ってろ、と言って時計をぼくの手へ押しつけてきた。ア

駅の改札がはじまり、父ちゃんが人の列の後ろへ並ぶ。ぼくもわきについていっしょに歩く。父ちゃんとぼくの背丈は、もうほとんど同じだった。眼が何度も腕時計をした左の手首へ行く。そこの皮膚が熱っぽかった。腕時計を持つのは初めてだった。イ

父ちゃんに向かって何か言うことがある気がするのに、言葉がわからなかった。それで改札をしている駅員の顔ばかり見つめる。父ちゃんの顔もそのほうへ向いていた。あと五、六人で父ちゃんの番がくるところでぼくは、母ちゃんに元気でやるからって、とだけ言った。かすれ声になった。父ちゃんがぼくを見、からだ気いつけてな、と言った。言っている途中から父ちゃんの唇が細かく震えてゆがんだ。父ちゃんはすぐに顔を隠すようにして前を向いてしまった。

ウ

ぼくはそこで立ちどまった。改札口を通ってホームへ出た父ちゃんが人波にもまれながら一度、ぼくを振り返った。口が小さくあいたのが見えたが声は聞こえなかった。眼が光っていた。ぼくは下唇をきつくかんで父ちゃんを見ていた。父ちゃん、と呼ぼうとしたが喉《のど》が詰まったみたいに声が出なかった。一瞬、走って行っていっし

A 父の苦労に対する思いやり
B よそよそしくしたい気持ち
C こみあげてくる衝動
D 父へのせつない思い

〈着眼点〉

参考問題 **1** ぼくに、おカネや腕時計を手渡してくれる時の「父ちゃん」の言葉に着目する。**2** 耳たぶが赤くなるのはどういう心理状態か。「父ちゃん」の耳が容易に「ぼく」の目に入る状態であることがヒント。**3** 各段落ごとの「ぼく」の心情を表す語句を押さえる。「父ちゃんとの距離をはかるようにして歩いた」＝B、おカネをもらって、「ポケッ

ょに汽車に乗りたいと思う。父ちゃんの姿はすぐ人混《ひとご》みに押されて消えてしまった。

【演習】

一 次の文章は、右の場面をまとめた文章である。後の(1)から(3)の問いに答えよ。

ぼくは父ちゃんのいなかっぽいところがいやだった。しかし、駅前の食堂で（ A ）をもらい、革バンドの穴の破れた腕時計を受け取ったときには、父ちゃんの愛情を痛いほどに感じた。改札口で、その気持ちを伝えようと思ったが、（ B ）。ホームへ出た父ちゃんと別れるときには、ぼくの気持ちは父ちゃんの気持ちと（ C ）。別れが迫るにつれて高まってくる二人の心情は、特に（ D ）によって印象深く描かれている。

(1) 空欄A、Bに右の文章中から適切な部分をそのまま抜き出して答えよ。

(2) 空欄Cに入れる適切な言葉を考えて書け。

(3) 空欄Dに次の中から最も適当なものを選び、記号で答えよ。

ア 人の動きに焦点を合わせた表現
イ 体の細部の描写に留意した表現
ウ 背景の描写に十分配慮した表現
エ 会話文を効果的に配慮した表現

トへしまうのがつらかった」＝A、と押さえていく。

【演習】一 (1)A＝食堂で何をもらったか？ B＝「伝えようと思ったが」と逆接になっているから否定する表現がくるはずである。(2)Cでは初めの4行で描かれている気持ちが「走って行っていっしょに汽車に乗りたいと思う」気持ちに変わっている。(3)「そこの皮膚が熱っぽかった。」「父ちゃんの唇が細かく震えてゆがんだ。」「眼が光っていた。」「ぼくは下唇をきつくかんで」「喉が詰まったみたいに」といった描写に注意する。

Ⅱ　登場人物について

1　人物の性格

―登場人物の発言や行動から性格を読む―

登場人物がどのような性格の人間として描かれているかは、現代文における解釈の要点の一つです。もしも登場人物の性格が、「ロマンチスト」だとか「押しの強い男」だとかのことばで、はっきりと作者によって設定されていれば、ことさらに、登場人物の性格を追求する必要はなさそうですが、そんな場合でも解釈上のたいせつな問題があることを見のがしてはなりません。

なぜかと言うと小説は、ある人物を「ロマンチスト」だとか「押しの強い男」だとか言い定めることによって成り立つものではなく、その人物がいかに「ロマンチック」であり、あるいはいかに「押しが強い」かを、その人物の発言や行動に具体化して描くことによって、初めて成り立つものです。ある「ロマンチック」な人物の像を描くとして、それをいかに具体化するかが、小説の生命です。したがって作者がはっきりと「ロマンチスト」だと説明しているような場合でも、**その性格がどのように発言や行動に具体化されているか**、を読みとることが、小説を読む者の課題となるのです。

作者が登場人物の性格をはっきりと説明していない時は、ちょうどこれと逆のことをまずしなければなりません。つまり作品の中に登場人物の具体的な発言や行動ばかりが書かれている場合は、その発言や行動はある性格の具体化にほかならないわけですから、その具体的な発言や行動から抽象して、その発言や行動の源泉である性格を追求することが、まず必要な課題となります。それは言い換えれば**それらの発言や行動からどのような性格が抽象されうるか**を考えることにほかなりません。

作中人物の発言や行動を一つの性格の具体化として解釈すること、そして発言や行動から一つの性格を抽象化すること、この二つは全く正反対のことのように見えるかもしれませんが、けっしてそうではありません。われわれは小説を読みながらこのような**抽象化と具体化とを、交互にあるいは同時に行うことによって、人物の性格に次第に接近する**のです。一つの具体的な発言や行動から、一つの性格を抽象するとしましょう。その時同時にわれわれは、その発言や行動をその性格の具体化として解釈したことになりましょう。そして、こうして得た解釈の成果は、次の発言や行動を解釈することによって、いっそう確かめられたり、また修正されたりするでしょう。人間の性格は複雑で、「ロマンチックである一方なかなか押しが強いところもある」などと、矛盾するような面をもつことが多いものですが、登場人物の性格も、右に述べたような**抽象化と具体化との繰り返し**を通して、初めて立体的に、つまり明瞭な人間像として、把握することが可能になる、と言えるのです。

しかも人間の性格は固定したものではありません。「気の弱い」人間の中に眠っていた勇猛心が、何かの事件をきっかけとして引き出され、人が変わったように「気丈な」人間になる、などということはよくあるものです。長い小説の場合には、登場人物のそういう性格の変化が描かれていることがあるに違いありません。もちろんそのような性格の変化についても、右の抽象化と具体化とによって、正確に解釈していかねばなりません。その注意を怠らなければ登場人物の**性格形成のあとをつかみ**、成長する生きた人間として登場人物に接することができると考えられます。

人物の性格のとらえ方

1 人物の発言や行動を、性格の具体化として解釈する。——具体化
2 人物の発言や行動から、抽象化して性格を解釈する。——抽象化
3 この具体化の解釈・抽象化の解釈を重ね合わせて、人物の立体的な性格に接近する。
4 性格も変化することがあるということを考え、人物の性格形成のあとを追求する。

投《と》網《あみ》　井上《いのうえ》靖《やすし》

【例題五】

1 まず（この段までのあらすじ）の範囲内で「私」の友人である「巽辰吉」の人間像について、あらましの輪郭を描いてみよう。

（この段までのあらすじ）一年ぶりで郷里の伊豆《いず》の山村に帰省した「私」は、小学校時代の上級生巽《たつみ》辰吉《たつきち》が、山くずれにあって死んだことを知った。辰吉は鍛冶《かじ》屋の息子だったが幾つかの職業を転じながら蓄財し、戦後はわさび沢を持つ資産家にまでのし上がった。そのため辰吉は村人たちから羨望《せんぼう》と怒りをもたれていた。辰吉はわさび沢の見回りに行って、その奇禍にあったのだが、掘り出された辰吉は突っ立ったままだったという。「私」はその話から仁王像のように足を踏んばり両ひじを張った彼の死の姿を想像する。小学校卒業と同時に村を出た「私」は、以後たまにしか帰省しなかったので、村人への関心はなかったが、辰吉のことだけはときどき思い出していた。変なときに、不意にこの男の精悍《せいかん》な眼差《まなざ》しが思い出され、妙に気にかかる。「私」は彼をこの世における

考え方 巽辰吉という人物を、「私」は「この世における一人の敵として憎んでいた（あらすじ）」、と書かれています。どうして「敵」なのかそれは具体的には書かれていませんが、よく読んでみると、（あらすじ）の内部だけからでも、その理由がぼんやりとでも浮かんでくるでしょう。

辰吉は生まれは貧しかったが、戦後は「わさび沢」を持つ資産家にまで「のし上がった」とあるあたりから、一つのイメージが浮かぶでしょう。実行力の持ち主、そしておそらくはその成功の過程で、多くの人を踏み台にして「のし上がった」であろう強引さ。それで「村人」たちは「羨望と怒り」をもって見るわけです。

2 だが「私」の敵愾《がい》心は、村人の怒りと同じものでしょうか。

考え方 おそらくそうではないでしょう。「私」は「仁王像のように足を踏んばり両ひじを張った彼の死の姿（あらすじ）」に象徴されるような「精悍な眼差し（あらすじ）」に、敵愾心を感じるのです。「のし上がった」というそのことよりも、「のし上がる」ことを可能にした辰吉の生活力と行動力に、「私は」一種の圧力を感じて、それと戦っているのです。それを

一人の敵として憎んでいたのである。

小学校時代の辰吉の印象は、たくましい体格と優れた腕力の持ち主という程度だった。「私」に決定的な印象を与えたのは、中学二年の夏休みに帰省したとき、投網を打つ辰吉の姿を見てからである。

設問

「私」が「辰吉」の性格に対して抱く感情を、わかりやすくまとめてみなさい。

洋服姿の男の一人は役場の吏員で、他の二人は農林省か何かの役人らしく、この土地の①御料林でも視察に来たといった風体の男たちであった。

辰吉は投網の技術を彼らに見せることを依頼されているらしく、傲慢《ごうまん》と言っていい態度で投網について説明をしていた。私も彼らの

辰吉の側から言えば、「私」に敵愾心を起こさせるような、一種の圧力を感じさせる人物、ということになるでしょう。

3 (あらすじ)に、「決定的な印象」を与えた、と書かれていた事件が、「例題五」の事件なのです。その「決定的な印象」は、もちろん「私」の敵愾心にとって決定的なのだ、ということを頭において、事件の具体的展開を追ってみましょう。

考え方 まず、この場合の状況が、

投網の技術を彼らに見せることを依頼されているらしく(6〜7行)

ということである点から始めましょう。ここに「彼ら」と書かれているのは、直前に紹介された人物三人です。

役場の吏員（1行）

農林省か何かの役人らしく（2〜3行）

という紹介は、中央政府から派遣されて来た役人を、土地の役場の吏員が案内してきた、ということでしょう。言わばえらい人達の前で、まだ年もゆかない辰吉が、投網の実演をしてみせる、という場面です。こんな場合、実演するものの態度は大きく二つのタイプにわかれるでしょう。緊

仲間入りをして、それを聞いた。

　辰吉は、網の鉛の沈子《ちんし》②のくっついている部分をひとかたまりにして左腕に載せ、網を打つ姿勢をとってから、

「普通の者だと、網が重いので、左腕の方がどうしても下がるんだ。少しでも下がると、投げたとき網は輪を描くように飛んでゆく。そうすると、網のすそは水平に広がらないで、どこか一方が先に水の中へ落ちてしまう。そんなことじゃあ魚はとれない。網は水平に飛んでいって、水の上でぱあっとすそが全部いっせいに広がらなきゃあだめなんだ。」

　一応は説明するが、とうていおまえらには出来ないんだ、辰吉はそう言っているようであった。そ

張するタイプと得意になるタイプと、そして辰吉は8〜9行に書かれているように、

　傲慢と言っていい態度で投網について説明をしていた。

のです。この作品の舞台となった時代や場所から考えると、この年齢の少年なら緊張する方が自然と思われますが、辰吉は緊張どころか、得意を通りこして傲慢な態度だったと言うのです。腕に自信があればこそでしょうが、人を人とも思わぬ気性がうかがわれます。「私」が「敵」と感ずるのは、そういう気質に対してなのです。

4 辰吉の発言（15〜25行）を、辰吉の「傲慢」な性格の具体化として解釈してみよう。

考え方 この辰吉の発言が、まず敬語抜きであることに注意することから始めましょう。辰吉が、農林省の役人たちから見れば、まだ子供の部類だ、ということは繰り返し言いました。だから普通なら、もう少し丁寧《ていねい》な言葉づかいをしてもよいところなのですが、辰吉は平等、というより自分が目上のような言い方をしています。文末を

　〜下がるんだ。（16行）

れから彼は、網を一人ずつ聴講者の左腕に掛けて、その重さを知らせた。

　私も辰吉の手によって、いきなり左腕へ網を載せられた。なるほど石のような重さだった。

「投網を十年二十年やった人でも左腕は下がってしまう。下がらないのは、このK川沿いの村ではおれ以外には一人か二人しかないんだ。」

　辰吉は言った。人を人とも思わぬ不遜《ふそん》な調子の話し方だった。それから、

「おれが打つから見ていな。」

　そう言って、一同を河原に待たせておくと、彼は自分だけ流れの中へ入っていった。

　今度は近いので、このまえのと

～飛んでゆく。（18行）
～落ちてしまう。（21行）
～とれない。（22行）
～だめなんだ。（25行）

というように、全部無敬語で言っているのは、やはり傲慢さのあらわれでしょう。

　それだけではなく、「普通の者だと（15行）」「そんなことじゃあ（21～22行）」という言い方は、とうていおまえらには出来ないんだ（26～27行）という響きを持っています。そしてそれを十分に納得させるように「彼は、網を一人ずつ聴講者の左腕に掛けて、その重さを知らせ（29～31行）」るのです。作者が「聴講者」という言葉をここで使っていることを、ぜひ見逃さないように。辰吉の傲慢さは、ここでも十分に具体化されている、と言ってよいでしょう。

5 その次の辰吉の発言（35～39行）以下、辰吉の行動から抽象して、辰吉の性格がやはり「傲慢」という一点にしぼられるかどうか、検討してみよう。

きとは違って、私はよく彼の投網のフォームを目にすることが出来た。

辰吉はひざまで流れの中へ入れて、網をいつでも投げられるようにして、流れの上手をにらんでいたが、やがて瞬間口をきつくひん曲げると、腕を大きくふるった。

網は空中に舞うといった感じではなく、まるで水面に向かってたたきつけられでもするようなかっこうだった。そして水面間近で、網のすそは大きい輪に広がり、それはそのまま水中に落ちた。

やがて網が手もとに繰られ、河原の上であけられると、何匹かの鮎《あゆ》が飛びだした。

「もう二、三回打ってみよう。」

辰吉はそう言って、さっさと河

考え方 ここでも辰吉は、「十年二十年やった人でも（35行）」とか、「おれ以外には一人か二人（37〜38行）」とか、ずいぶん横柄な口をきいています。作者（「私」）が、

　人を人とも思わぬ不遜な調子の話し方（40〜41行）

と言っているとおりです。

ですが、それに続いて、いよいよ辰吉が「一同を河原に待たせ（44〜45行）」、その目の前で網をうつ時の

　……流れの上手をにらんでいたが、やがて瞬間口をきつくひん曲げると、腕を大きくふるった。（53〜55行）

という描写が伝えているものに、特に注意してほしいと思います。これは、傲慢で不遜な口をきく辰吉が、やはりそれだけの実力をもっていることの描写なのです。自分の仕事、この場合は投網に、自分の腕一本で立ち向かって、十分の自信を持っている者、そういう者だけが持っている気迫の描写なのです。傲慢で不遜な、嫌な奴だけれども、実力は認めぬわけにはゆかぬ、そのことからくる圧迫があるからこそ、「私」は辰吉を「敵」と思うのです。

原を上流へとさかのぼっていった。私たちも彼に従った。

三十分ほどの間に、彼は何回かつぎつぎにかっこうな瀬を求めていっては、そこで網を打った。

時には一匹も入らないことがあった。そんなとき、一度私が、

「逃げちゃったのかな。」

と言うと、彼はじろりと私の方を見て、

「おれが打ってかからないんだから、ここには一匹もいないんだよ。」

と言った。

私はそのとき何回か辰吉が網を打つのを見ていたが、あとで考えてみるに、彼に対する憎しみのようなものが、私のからだに入り込んできたとすれば、このときではなかったかと思う。

6 辰吉の傲慢さと、それを与えている実力とを、続く本文（56～68行）のあたりで確認しておこう。

考え方 辰吉の投げた網は、「水面間近で、網のすそは大きい輪に広がり、それはそのまま水中に落ち（59～61行）」ます。それは辰吉が、

網は水平に飛んでいって、水の上でぱあっとすそが全部いっせいに広がらなきゃあだめなんだ。（22～25行）

と、「聴講者」に向かって講義をしていた、そのとおりの腕前を見せた、ということです。そして、

何匹かの鮎が飛びだした（63～64行）

という、辰吉が自慢しても仕方のない結果が生まれます。

7 辰吉の「もう二、三回打ってみよう（65行）」という発言も、やはり彼の傲慢さにつながるのだろうか。

考え方 いうまでもありません。辰吉は一回の実演で、たちまち彼の実力を一同の前に示したのですが、それが決してまぐれあたりではないことを、示そうとしているのです。

何度やっても、「水面間近で、網のすそは大きい輪に広が

網を左腕に掛け、少しからだをねじったまま、水面をにらんでいる姿態はたくましいの一語に尽きた。そしてその目は意欲的というか自信に満ちているというか血走った光を帯びていた。ほんとうに水中に一匹の魚でもいれば、それは彼の目をのがれることは出来ないであろうと思われた。

私は河原に腰を掛けたまま、巽辰吉のたくましい肉体の一部にはめ込まれた二つの目を、何かたまらなくいやなものとして、そのとき感じていたようである。

（読解補注）
①御料林―皇室所有の森林。
②沈子―魚網のすそにつけて網を適当な位置に沈めるおもり。

って、輪の形のまま「水中に落ち」るような腕を、俺は持っているぞと言うのです。彼は自分で決めて

さっさと河原を上流へとさかのぼって（66～67行）

行きます。農林省の役人も、まことに従順に、

彼に従った。（68行）

のです。大人が子供に子供扱いされているのです。

8 もう辰吉の人間像は、十分すぎるほど十分につかめたことと思います。以下は表現に即して、その人間像を確かめておきましょう。

考え方 いくら辰吉が名手だと言っても、そしてまぐれあたりで魚がとれたわけではないとはわかっていても、「時には一匹も入らないことがあ（72行）」ります。だがそれを見た「私」が、「逃げちゃったのかな（74行）」と言うと、辰吉は、

じろりと私の方を見て（75～76行）

という態度を示し、

おれが打ってかからないんだから、ここには一匹もいないんだよ。（77～78行）

という、断言的な言い方で応じます。何もわからぬお前な

んか、黙っていろ、という態度です。

9 この直後に「私」の「彼に対する憎しみ（82行）」のことが書かれています。ここをしっかりと押さえることがたいせつです。

考え方 作者はそれを、

彼に対する憎しみのようなものが、私のからだに入り込んできたとすれば、（82〜84行）

と柔らかく言っていますが、その憎しみの実質が、すでに指摘しておいたように、傲慢、不遜な態度をするということだけに対するものでなく、それを支えている実力への肯定を含めてのものであることを、正しくつかんでおく必要があるでしょう。

10 その「私」の「憎しみ」を具体化したのが続く部分（86〜94行）です。

考え方 作者はここで、幾つもの言葉を連ね、重ねあわせて、「私」が辰吉から受けた印象を具体的に描きます。

たくましいの一語に尽きた。（88〜89行）

その目は意欲的というか自信に満ちているというか血走った光を帯びていた。（89〜91行）

というのがそれです。「たくましい」→「意欲的」→「自信に満ちて」→「血走った」、という言葉の連ね方は、実力の故に冷静さを失っている人間の姿が、憎らしいものと感じられる理由を、よく描いているではありませんか。

11 最後のパラグラフ（95〜99行）は、「私」の、辰吉に対する印象の総括です。

考え方 作者は「私」が辰吉に対して抱く印象を、特に「たくましい肉体の一部にはめ込まれた二つの目（96〜97行）」に即して述べている点に注意する必要があるでしょう。「目」は心の窓だ、と言います。心の窓である辰吉の目は、「意欲的」というより「血走って」いる、と「私」には映っていました。「私」がそれを

何かたまらなくいやなもの（97〜98行）

と総括する理由は、いうまでもないことと思います。

《解答》 傲慢・不遜な態度を裏付ける、人を圧倒する実力を持った男だが、その冷静さを失ったような自信に嫌悪を感じている。

《例題五の作品と作者》

投網 短編小説。昭和29（一九五四）年雑誌『知性』に発表。「あらすじ」および本文で描かれた辰吉の「血走って」いる目と同じような目に何回かぶつかった私は、その後、辰吉の目が悪かったことを聞かされて、長い間いったい彼の何と戦っていたのか、ぶぜんたる思いにひたるのだった。

井上靖 明治40（一九〇七）年〜平成3（一九九一）年。小説家。北海道旭川市に生まれた。京都大学卒。はじめは毎日新聞記者として活躍。昭和25年2月、『闘牛』によって芥川賞を受賞し、中年から文壇に登場、詩情あふれる文体が特色。小説に『氷壁』『天平の甍《いらか》』、詩集に『北国』など。

5

ある夜、彼のランプの、紙で出来た笠へ、がさと音を立てて飛んで来たものがあった。

見るとそれは一疋《ぴき》の馬追いである。その青い、すっきりとした虫は、その縁を紅《あか》くぼかして染め出したランプの笠の上へとまって、それらの紅と青との対照がまず彼の目をそれに吸いつけたが、その姿と動作とが、さらにおもむろに彼の興味を呼んだ。その虫は、それ自身の体の半分ほどもあるような長い触角を、自分自身の上の方でゆるやかに動かしながら、ランプの円《まる》い笠の紅い場所を、ぐるぐると青く動いて進んで行った。それは円く造られた庭園の外側に沿うて漫歩する人のような気どった足どりのようにさえ、彼には思えた。この青い細長い形の優雅な虫は、そのきゃしゃな背中の頂のところだけ赤茶けた色をしていた。彼は蛍の首すじの赤いことを初めて知り得て、それを歌った(注1)松尾桃青の心持を感ずることができた。この虫は、しばらくその円いところをぐるぐると歩いた。そうして時々、不意に、壁の長押《なげし》や、障子の桟や、取り散らした書棚や、あるいは夜更かしをしすぎて何時になれば寝るものともきまらない夫を勝手にさせて自分だけまず眠っている彼の妻の蚊帳の上のどこかなどへ、身軽に飛び渡っては鳴いて見せた。「人間に生まれること

【出典】 佐藤春夫《さとうはるお》「田園の憂鬱《ゆううつ》」

佐藤春夫〈明治25～昭和39（一八九二～一九六四）〉は詩人・小説家・評論家。「都会の憂鬱」「殉情詩集」「退屈読本」など。

【参考問題】

1 傍線部「松尾桃青の心持を感」じたとき「彼」の中にあったものは何か。次の中から最も適当なものを選び、記号で答えよ。

ア 小動物の優雅な姿態を発見した驚き。

イ 有名な詩人と一体化しえた心の昂揚。

ウ 秋の夜の静寂がもたらす詩的な感興。

エ 小動物でさえもつ色彩の妙への感嘆。

ばかりが、必ずしも幸福ではない」と、草雲雀(注2)についてそんなことをある詩人が言った。「今度生まれ変わる時にはこんな虫になるのもいい」ある時、彼はそれと同じようなことを考えながらその虫を見ているうちに、ふと、シルクハットの上へ薄羽《うすば》蜉蝣《かげろう》のとまっている小さな世界の場面を空想した。あの透明な大きな翅《はね》を背負うた青い小娘の息のようにふわふわした小さな虫が、漆黒なぴかぴかした多少怪奇な形を具えた帽子の真角《まっかく》なかどの上へ、頼りなげにしかしはっきりととまって、その角の表面をそれの線に沿うてのろのろと這《は》って行く……。それを明るい電灯が黙って上から照らしていた……。彼は突然、彼の目を上げて光を覗《のぞ》いた。それは電灯ではない。ランプの光である。彼はそのランプの光を自分の空想と混同して、自分も今電灯の下に居るように思ったからである。

何故に彼がシルクハットと薄羽蜉蝣というような対照をひょっくり思い出したか、それは彼自身でも解らなかった。ただ、そういう風な、奇妙な、繊細な、無駄なほど微小な形の美の世界が、何となく今の彼の神経には親しみが多かった。

(注1) 松尾桃青＝松尾芭蕉のこと。
(注2) 草雲雀＝こおろぎの一種。

2 前問1のようなことを感じた「彼」は、次にどのような思いに達しているか。それを最も簡潔に示す語句を本文中から十字前後で抜き出して記せ。

〈着眼点〉

参考問題 **1**「彼」は馬追いの「背中の頂」の「赤茶けた色」を、松尾桃青は「蛍の首すじの赤」を「初めて知り得」たことに感動している。**2**馬追いという小さな虫への親近感を「彼」はどのような言葉で語っているか。

【演習】

一 波線部について。

(1)「今の彼の神経」はどんな状態にあると想像されるか。次から最も適当なものを選べ。

ア 非常に昂揚している。　イ 傷つき疲れている。

ウ 現実離れの夢想状態にある。　エ 探求心が豊かになっている。

(2)「微小な形の美の世界」をいうのに「無駄なほど」という形容を使ったのは、その「美の世界」に対して一方で「彼」がどのような意識をもっていることを示しているか。二十五字以内で説明せよ。

二 全体を読んで「彼」とはどのような人物と思われるか。次の中から最も適当なものを選び、記号で答えよ。

ア 昔の詩人を思い出しては自分も詩的雰囲気にひたろうとする浪漫的人物。

イ 生活を犠牲にしても自己の美的世界を追求しようとする審美的人物。

ウ 生物の微細な生の営みに自己を重ね合わせてみる空想的な人物。

エ 実利を離れたものにも価値を見いだしうる詩人的資質をもつ人物。

【演習】一 (1)「無駄なほど微小」な「美の世界」が「彼の神経」にとって慕わしいものであったということは、逆に言えば、現実の人間界の活動的な営みから、「彼」がはじき出されていることを示唆している。(2)その「美の世界」は、現実では何の役にも立たない、「無駄な」ものなんだ、という観点からまとめる。二〈現実〉からみれば「無駄」と思われるものに心を奪われ、「親しみ」を感じる「彼」の様子が終始述べられていることに注意。

2 人物の心理

——登場人物の心理の起伏を追求する——

登場人物の発言や行動が、その人物の具体化であることは前の節で述べました。けれども発言や行動にもっと密着したものに、人物の心理があります。ある人物の発言や行動は、結局はその人物の性格から発するものではありますが、直接にはその時の心理によって規定されるものだと言わねばなりません。「性格」は今の発言・行動にも、また次の発言・行動にも、繰り返し現れるものであるのに対して、「心理」の方は、一回一回の発言・行動を、そのつど規定するもの、と考えてよいでしょう。

たとえばここに一人の「悪賢い」道具屋がいるとしましょう。「悪賢い」はその男の性格です。その男がある善良そうな金持ちを見て、「この男をだまして金もうけをしてやろう」と思うとしましょう。これがその男のその時の心理です。その結果道具屋は、自分の店のガラクタを古美術品だとだまして売りつける、としましょう。これが具体的な行動です。つまり最も具体的な発言・行動と、最も抽象的な性格との間にあって、発言・行動と性格とを媒介するのが心理です。同じ男が、いったん売ると約束した壺《つぼ》を、うっかり割ってしまった、と嘘《うそ》をつけば、その嘘の発言は「もっと高く売ってもうけを多くしたい」という心理のあらわれです。そしてその心理もやはり「悪賢い」性格から発するものです。

したがって、登場人物の心理は、性格の具体化として解釈されるべきものであると同時に、発言・行動から抽象して解釈されるべきでしょう。具体的な描写を読みながら抽象化して奥のものをつかみ、抽象的なものをつかみつつそれの具体化として一つ一つの描写を解釈する、ということがことばの解釈には常にたいせつですが、人物の心理もまた、**性格からの具体化、発言や行動からの抽象化**によって、表現に即して追求すべきものだと考えます。

登場人物のその時の心理を解釈するために忘れてならないのは、その人物が置かれたその時の状況です。悪賢い男であっても、「善良そうな金持ち」が現れるという状況がなければ、「だまして儲《もう》けてやろう」という気持ちを抱かないでしょう。また自分の店にちょうど都合のよいような品物があった、という状況もこの時の心理の条件となっています。だから登場人物の心理は、**その時の状況に注意して、その条件に置かれた身になって考えることがたいせつです。**

人物の心理を決定する条件の中で、とりわけ重要なのは相手との人間関係です。信頼している相手であれば、つい安心して、秘密をうちあけるという行動が生まれます。そして、もしその相手がその秘密を他人に漏らしてしまったら、信頼していた相手であるだけに、裏切られたという気持ちもいっそう強いでしょう。この心理が相手に絶交を言い渡す発言となる、というようなことになるわけです。**相手との人間関係に注意する**ことは、心理解釈の際の重大な着眼点です。

心理は性格よりも、そのときどきの発言・行動にもっと密着したものです。したがって、心理は性格よりも変動がはげしく、むしろ刻々に変化する、と言っていいでしょう。一つの心理を根気よく追求して書かれた作品もありますが、一つの新しい発言や行動が描かれるたびに、一つの新しい心理が描かれているのだ、と言ってもいいほどです。**登場人物の心理の起伏を追求することが**、多くの作品においてたいせつである理由はそこにあります。

人物の心理のとらえ方

1 性格と発言・行動との間にあるものとして、その時その場での心理を、発言・行動から抽象する。
2 人物の置かれた状況を整理してつかみ、その状況に置かれた人間の身になって、心理を追求する。
3 特に相手との間の人間関係は、人物の心理を立体的につかむためにはよく注意する必要がある。
4 心理が刻々に動くものであることを考え、心理の起伏を見のがさないようにする。

【例題六】

山月記《さんげつき》　中島《なかじま》敦《あつし》

1 （この段までのあらすじ）の範囲内で、主人公である李徴の性格を、あらましつかんでおこう。

（この段までのあらすじ）隴西《ろうせい》（現在の中国甘粛省《かんしゅくしょう》の西部）の李徴《りちょう》は、博学多才で、若くして官吏試験に合格し、江南の地方官として赴任したが、自尊心が強く、退官して生まれ故郷に帰り詩作にふけっていた。しかし、文名は上がらず、生活も苦しくなり、再び一地方官になった。だが、彼が軽蔑していた昔の仲間たちは、彼よりもずっと高い地位にあり、自尊心を傷つけられるだけであった。そして、公用で旅宿した時、ついに発狂し、行方が知れなくなった。
その翌年、袁傪《えんさん》が勅命を奉じての旅の途中、林中の草地で一匹の猛虎に襲われる。それは異類の身となった旧友李徴の姿であった。袁傪は恐怖を忘れ、草むらの見えざる声（李徴）と対話を始める。李徴は、虎の身となった時の事情、理由もわからずに押しつけられた運命に生きねばならぬ恐ろしさと、獣としての習性の中に人間性が

考え方　李徴の性格については、極めて明瞭にまとめたことばが見つかるでしょう。「自尊心が強く」ということばです。（あらすじ）として要約するために切り捨てたのですが、作者はもう少し詳しく、せっかく得た官職を自ら捨てるに至ったいきさつを、次のように書いています。

性、狷介《けんかい》、みずからたのむところすこぶる厚く、賤吏《せんり》に甘んずるをいさぎよしとしなかった。

俺はもっと尊敬されていい人間だ、という自負心です。そしてこの自尊心が、彼を虎にしてしまうのです。

2 ただし、その自尊心について、（あらすじ）の終わりのあたりに、「臆病な自尊心と尊大な羞恥心」とあるのを、しっかりと理解しておく必要があります。

考え方　これは「尊大な自尊心と臆病な羞恥心」の間違いではないか、と思う人がいないでしょうか。だがこれは作者自身のことばなのです。だからしっかり理解しておく必要があるのです。

李徴の自尊心は、自分の才能をたのむ自負心なのですが、その心の底には、人から軽んじられることを嫌い恐れる、

消えていく悲しさを告白する。そして、すっかり人間でなくなってしまう前に、一つ頼んでおきたいことがあるという。かつて作った詩数百編のうち、今なお暗記しているものを伝録してほしい。財産を失い、心を狂わせてまで執着した詩を後代に伝えないでは、死んでも死にきれない。

李徴は、今の悲愁の思いを即席の詩に述べた後、再び告白を続ける。

自分は人間であった時、臆病な自尊心と尊大な羞恥心《しゅうちしん》をもって生きていた。乏しい才能を磨こうともしなかった。虎となりはてた今、怠惰な過去を思うと、激しい悔いを感じる。

設問

最後の傍線部からくみとれる、虎である李徴の心理を説明しなさい。

おれにはもはや人間としての生活はできない。たとえ、今、おれが

羞恥心があるのです。同時に彼の羞恥心は、裏がえせば自分の才を誇る自負なのです。自尊心と呼ぶにはあまりに評判を気にし、羞恥心と呼ぶにはあまりに自負の強い、心の二面性、それを、「臆病＋自尊心」「尊大＋羞恥心」という、矛盾するようなことばの組み合わせによって、作者はわれわれに伝えているのです。

3 さて、「例題六」の本文ですが、主人公である虎の李徴が置かれた状況をよく理解して、順次読み進めてみよう。

考え方 李徴は彼自身の「臆病な自尊心、尊大な羞恥心」のゆえに、虎になってしまったのですが、虎になりきってしまったわけではありません。姿はすっかり虎なのだけれども、心はまだ幾分か人間の心が残っていて、だから人間の心がもどってきている時間だけは、こうして旧友である袁傪とも、人語で話ができるのです。

ただし、彼もいうとおり、

おれにはもはや人間としての生活はできない。（1～2行）

のです。そして彼の心は、

日ごとに虎に近づいていく。（6行）

頭の中で、どんな優れた詩を作ったにしたところで、どういう手段で発表できよう。まして、おれの頭は日ごとに虎に近づいていく。どうすればいいのだ。おれの空費された過去は？　おれはたまらなくなる。そういう時、おれは、向こうの山の頂の巌《いわお》に登り、空谷に向かってほえる。この胸を焼く悲しみを誰かに訴えたいのだ。おれは昨夕《ゆうべ》も、あそこで月に向かってほえた。だれかにこの苦しみがわかってもらえないかと。しかし、獣どもはおれの声を聞いて、ただ、おそれ、ひれ伏すばかり。山も木も月も露も、一匹の虎が怒り狂って、哮《たけ》っているとしか考えない。天におどり地に伏して嘆いても、誰一人おれの気持ちをわかってく

のです。人間として、詩人として、名をなしたかった李徴が、こんなに浅ましい姿になって、虎として生き、虎として死なねばならない、ということは、時たまもどってくる人間の心にとっては、「たまらな（8行）」いことです。なぜなら時たまもどってくる心は、以前と同様「臆病な自尊心・尊大な羞恥心」なのですから。

　向こうの山の頂の巌に登り、空谷に向かってほえる。（9〜11行）

という行動は、もだえる李徴のすさまじさです。とりわけ、「空谷」ということばがもつ、決定的なすさまじさに注意をしてほしいものです。だれも聞いていない「空谷」とわかっていながら、「誰かに訴えたい（12行）」心を抑えられないのです。しかも訴える声は、人語ではなくて、虎の声なのです。

4　だからその李徴の「誰かに訴え」ようとする声を聞くのも、「獣ども（16行）」ばかりであり、その獣どもも「ただ、おそれ、ひれ伏すばかり（16〜17行）」ということになります。そうと気づいた時の李徴（虎）の心理は、どのようなものでしょうか。

れる者はない。ちょうど、人間だったころ、おれの傷つきやすい内心を誰も理解してくれなかったように。おれの毛皮のぬれたのは、夜露のためばかりではない。

ようやくあたりの暗さが薄らいできた。木の間《こま》を伝って、どこからか、①暁角が哀しげに響き始めた。

もはや、別れを告げねばならぬ。酔わねばならぬ時が、(虎に還らねばならぬ時が)近づいたから、と、李徴《りちょう》の声が言った。だが、お別れする前にもう一つ頼みがある。それはわが妻子のことだ。彼らはいまだ②虢略《かくりゃく》にいる。もとより、おれの運命については知るはずがない。君が南から帰ったら、おれはすでに死んだと彼らに告げてもらえないだろうか。けっして今日のこと

考え方 李徴はここで、再び孤独を感じます。

誰一人おれの気持ちをわかってくれる者はない。(21～22行)

のです。そして、それは、李徴がまだ人間だった時に、

おれの傷つきやすい内心を誰も理解してくれなかった(23～24行)

のと同じだ、と李徴(虎)は言います。けれども、それと今とは状況があまりに違います。まだ人間だった時は、自分を理解しない「仲間(あらすじ。そのころは、仲間と言えたのです)」たちを、「軽蔑(あらすじ)」することもできたし、与えられた官職を蹴ることもできました。李徴の自尊心は、曲がった形ではあったにせよ、満たす道がありました。だが今は、それを満たす道はないのです。すさまじいと先に言ったのは、その意味です。

5 人間の心がもどっていた李徴に、そろそろ「虎に還らねばならぬ時(31～32行)」が近づきます。この状況における李徴(虎)の心理は、どのようなものでしょうか。

考え方 李徴に人間の心がもどって来た時も、その心はかつ

だけは明かさないでほしい。あつかましいお願いだが、彼らの孤弱をあわれんで、今後とも③道塗に飢凍することのないように計らっていただけるならば、自分にとって、恩幸、これにすぎたるはない。

言い終わって、叢中《そうちゅう》から慟哭《どうこく》の声が聞こえた。袁傪もまた涙をうかべ、よろこんで李徴の意にそいたい旨を答えた。李徴の声はしかしたちまちまた先刻の自嘲的な調子にもどって、言った。

ほんとうは、まず、このことのほうを先にお願いすべきだったのだ、おれが人間だったなら。飢え凍えようとする妻子のことよりも、おのれの乏しい詩業のほうを気にかけているような男だから、こんな獣に身をおとすのだ。

てと同様に「臆病な自尊心・尊大な羞恥心」にほかならない、と先に書きました。それが李徴の性格だからです。けれども今は、思いがけなく旧友袁傪と出会い、「空谷」に向かって空しくほえていた断腸の思いを、人語を以て伝え解してもらえる機会に、李徴はめぐまれたのです。ほとんどあきらめていた得がたい機会、それにめぐり合わせた虎（李徴）は、今とても素直な心になっているのだ、ということを、絶対に見逃さないように。

6 その素直な心が、虎（李徴）にとても素直なことばをはかせるのです。

考え方 もう一度言いますが、おそらくこれは、虎（李徴）にとって最後の機会なのです。人間の心がもどってくる時間は次第に短くなってきているのだし、ちょうど人間の心がもどってきているその時に、運よく旧友とめぐり会うことなどほとんどあり得ないことだからです。しかもその最後の機会も、いままさに終わりになろうとしているのです。人間として人に接し得ることからの、おそらく永遠の別離、それを前にして、虎である李徴が、「わが妻子のこと（35行）」

そうして、付け加えて言うことに、袁傪が嶺南からの帰途にはけっしてこの道を通らないでほしい、その時には自分が酔っていて故人を認めずに襲いかかるかもしれないから。また、今別れてから、前方百歩の所にある、あの丘に登ったら、こちらをふりかえって見てもらいたい。自分は今の姿をもう一度お目にかけよう。勇に誇ろうとしてではない。わが醜悪な姿を示して、もって、再びここを過ぎて自分に会おうとの気持ちを君に起こさせないためであると。

袁傪は叢《くさむら》に向かって、ねんごろに別れのことばを述べ、馬に上った。叢の中からは、また、堪え得ざるがごとき悲泣の声がもれた。袁傪も幾度か叢を振り返りながら、

を、最後の頼みとして口にするのは、人間であることへの自らの告別の辞として、残酷なまでに人間的ではありませんか。

7 ただし、その素直なことばの中に、やはり「臆病な自尊心、尊大な羞恥心」が顔をのぞかせていることも見逃さないように。

考え方 それは自分が虎になったことを、妻子には秘密にしておいてほしい、という点です。

おれはすでに死んだと彼らに告げてもらえないだろうか。けっして今日のことだけは明かさないでほしい。(38～41行)

という希望は、虎(李徴)の身になってみれば当たり前ではないか、という気がするでしょう。そのとおりだからこそ、とても素直なことばだと前に述べたのですが、妻子にも知らせたくない姿なら、どうして袁傪の前に一切を語ったりしたのでしょう。そしてどうして自分の旧作である詩を、「伝録してほしい(あらすじ)」と頼んだりしたのでしょう。虎になった李徴は、今もなお自分を詩人として人に認めさせなければ、「死んでも死にきれない(あらすじ)」のです。

涙の中に出発した。
一行が丘の上についた時、彼らは、言われたとおりに振り返って、さきほどの林間の草地をながめた。たちまち、一匹の虎が草の茂みから道の上におどり出たのを彼らは見た。虎は、すでに白く光を失った月を仰いで、二声三声咆哮《ほうこう》したかと思うと、また、もとの叢におどり入って、再びその姿を見なかった。

(読解補注)
①暁角―夜明けに鳴らす角笛の音。
②虢略―中国河南省の西部にある地名。
③道塗―道途と同じ。道のこと。

8 そういう自分の浅ましさを自らあざけるのが、53～59行にわたる告白です。

考え方 この人間としての当然の反省を、虎(李徴)は、先刻の自嘲的な調子にもどって(51～52行)口にします。自分のみじめさを、心の底から悲しんでくれるのは妻子をおいてほかにはないでしょう。その妻子に俺のために悲しんでくれ、と叫ぶことができたなら、李徴はもっと幸福であったに違いないのです。それができないで、まず旧作を世に伝え、詩人としての名を後代に残してくれと頼むことから始めた李徴は、ついに、

飢え凍えようとする妻子のことよりも、おのれの乏しい詩業のほうを気にかけているような男(55～58行)

でしかなく、まず人間である前に、「臆病な自尊心・尊大な羞恥心」の持ち主であった、と言わねばなりません。だからそれにふさわしく、李徴という人間であることをやめて、虎になるという運命が、彼をまちかまえていたのでしょう。

9 さていよいよ、人間として人に接する最後の時刻となります。生きながらの葬送の瞬間として、最後の段落（74～88行）を読むことにしましょう。

考え方 別れに当たって涙するのは人間の常のことです。けれどもこの場合は、人と人との生きわかれであること以上に、李徴にとっては、人間である自分との永久の生きわかれです。袁傪が涙ながらに

叢に向かって、ねんごろに別れのことばを述べ（74～75行）

たのも、並みの別れとは違った感慨だったのでしょうが、「叢の中（76行）」からもれる

堪え得ざるがごとき悲泣の声（76～77行）

に含まれるもののすべてを、よく理解してほしいと思います。そして袁傪の一行がふり返って目にした

虎は、すでに白く光を失った月を仰いで、二声三声咆哮したかと思うと、……（85～87行）

という光景の意味をも、よく理解してほしいと思います。それは、再びここを通らぬようにしてほしいからだ、という虎の説明（71～73行）にもかかわらず、李徴が、人間たちと、人間としての自分自身とに別れを告げる最後の姿にほかなりません。虎の姿をして、そして虎の声で。

《解答》人間としてよりも、臆病な自尊心・尊大な羞恥心の持ち主として、ついに人間から虎になってしまった李徴が、わずかに残った人間の心において、人間である自分への最後のわかれを、人に訴えている気持ち。

《例題六の作品と作者》

山月記　唐《とう》の李景亮《りけいりょう》撰『人虎伝《じんこでん》』に材を取ったものではあるが、説話文学としての原典が、悪因（寡婦の一家を焚殺《ふんさつ》するという）故に虎に変身するのに比し『山月記』では変身の理由が主人公「李徴」の内面に求められ、近代小説という形で完成されている。「狷介《けんかい》」（固く志を守って人と相容《い》れず、操を守って孤立すること）な詩人「李徴」が、詩に執着しながらも「臆病な自尊心、尊大な羞恥心」のために自分の詩才を磨《みが》くことができない。その二律背反的な苦悩―人間存在の苦悩でもあるが―から虎に変身する生きざまは、実存的とも評され、人間存在の悲しさを象徴している。初出は昭和17（一九四二）年二月号の『文学界』であった。

中島　敦　明治42（一九〇九）年～昭和17（一九四二）年。小説家。東京大学国文学科卒業。卒論は、『耽美派の研究』。父祖伝来の儒家に育ち、中国の古典に取材した作品が多く、特に晩年の『弟子』（子路を主人公にしたもの）や『李陵』は傑作である。外に『西遊記』に取材した『悟浄歎異』や『悟浄出世』、また『宝島』の作者、英国R・L・スティヴンスンを描いた『光と風と夢』などがある。知的で格調の高い文体を確立。昭和17年12月4日、生来の喘息《ぜんそく》のため、わずか三十三歳の若さで没した。

練習問題

6　本文は、仕事のさなかに交通事故を目撃し、自ら証人になりたいと申し出た線路工夫三人を中心とする物語の一部です。

警察での審問は割に長くかかった。運転手は女の児が車の直ぐ前に飛び込んで来たので、電気ブレーキでも間に合わなかった、と申し立てた。工夫等はそれを否定した。狼狽《ろうばい》して運転手は電気ブレー

[出典]　志賀《しが》直哉《なおや》「正義派」
志賀直哉（一六六ページ参照）

キを忘れていたのだ、最初は車と女の児との間にはカナリの距離があったのだから直ぐ電気ブレーキを掛けさえすれば、決して殺す筈《はず》はなかったのだ、といった。監督はその間で色々とりなそうとしたが、三人はそれには一切耳を貸さなかった。そして時々運転手の方を向いては「全体手前《てめえ》がドジなんだ」と、こんな事をいって、けわしい眼つきをした。

三人が警察署の門を出た時にはもう夜も九時に近かった。明るい夜の町へ出ると彼等は何がなし、晴れ晴れした心持ちになって、これという目的もなく自然急ぎ足で歩いた。そして彼等は何か知れぬ一種の愉快な興奮が互いの心に通い合っているのを感じた。彼等は何故《なぜ》かいつもより巻舌で物を云《い》いたかった。擦《す》れ違いの人にも「俺達を知らねえか！」こんな事でも云ってやりたいような気がした。

「ベラ棒め、いつまでいったって、悪い方は悪いんだ」

年かさの丸い顔をした男が大声でこんな事を云った。

「監督の野郎途々《みちみち》寄って来て云いやがる――『ナァ君、出来た事は仕方がない。君等も会社の仕事で飯を食ってる人間だ』エエ？　俺《おら》、余っ程警部の前で素《す》っ破《ぱ》ぬいてやろうかと思ったっけ」

「それを素っ破ぬかねえって事があるもんかなあ……」と口惜《くや》しそ

【参考問題】

1 空欄に入れるのに最も適当な言葉を次から選び、記号で答えよ。

ア「あんまり空々しいじゃないか」

イ「あんまりきれいすぎるじゃないか」

ウ「あんまり残酷すぎるじゃないか」

エ「あんまりさびしすぎるじゃないか」

2 波線部で監督が「色々とりなそうとした」のはなぜか。その理由を最もよく示す語句を本文中から十五字以内で抜き出して記せ。

うに瘤《こぶ》のある若者が云った。――然《しか》し夜の町は常と少しも変わった所はなかった。それが彼等には何となく物足らない感じがした。背後《うしろ》から来た俥《くるま》が突然叱声《しっせい》を残して行きすぎる。そんな事でもその時の彼等には不当な侮辱でもある様に感ぜられたのである。歩いている内に彼等は段々に愉快な興奮の褪《さ》めて行く不快を感じた。そしてそのかわりに報わるべきものの報われない不満を感じ始めた。彼等はしっきりなしに何かしゃべらずにはいられなかった。その内にいつか彼等は昼間仕事をしていた辺《へん》へ差しかかった。丁度女の児の轢《ひ》き殺された場所へ来ると、其処が常と全く変わらない、只《ただ》のその場所にいつか還《かえ》っていた。それには彼等は寧《むし》ろ異様な感じをしたのである。□三人は立留《たちどま》ると互いにこう云う情けないような、腹立たしいような、不平を禁じられなかった。

【演習】

一　傍線部について。

(1)「一種の愉快な興奮」の説明として最も適当なものを次から選び、記号で答えよ。

〈着眼点〉

参考問題　1彼らの「愉快な興奮」にもかかわらず、事故現場が「常と全く変わらない」静かな場所になっていることが、その「興奮」にひたっていたい彼らには、何とも白々しく思われるのである。2運転手も、監督・工夫も、ともに同じ会社の人間であるということに気づくこと。

ア　進んで証言し、権力をちらつかせる監督に対して、復讐に近いことをしたという意識からくるたかぶった気持ち。
イ　かわいそうな女の児のために、正義を貫いたという意識からくるたかぶった気持ち。
ウ　予想外に長時間の警察の審問から解放され、明るい夜の町に出たことによる晴れ晴れとした気持ち。
エ　進んで証人になり、正義を貫いたという意識からくる自己陶酔に近いたかぶった気持ち。
オ　自分の過失をかくそうとする運転手への憤りを解消したという意識からくるたかぶった気持ち。

(2)「愉快な興奮」を褪めさせたものは何か。十五字以内でまとめて答えよ。

二　最終的に三人の中に残ったものは何か。それを最もよく表す語句を本文中から十五字以内で抜き出して記せ。

【演習】一 (1)監督の誘いにのらず、真実を主張し通したというところに、彼らの「愉快な興奮」と誇りがある。イとエのどこに決定的な違いがあるかを見分ける。(2)「それが彼等には何となく物足らない感じがした」というあたりから、彼らの「興奮」は褪めていくことになる。「それ」の指す内容をまとめればよい。二 正当に評価されるはずのことが正当に評価されていない、という思いが三人に共通した思いであることに注意。

3 人物の思想

――登場人物の思想を知る――

思想というと非常にむずかしいことのようですが、くだいて言えば次のようなことです。子供を育てるのには子供の思うままにさせておくのがいちばんだ、と思っている人があるとします。これは子供をきびしくしつけるよりもその方がよい、という一般的な価値判断を、その人が持っているということです。そして、この一般的な価値判断は、その人の一回一回の行動の指針となります。自分の子供には「したいようにしなさい。」と言うでしょうし、ときには厳格な友人に対して放任主義を説きに行くかもしれません。このような、行動の指針となる価値判断、それがその人の思想です。

人の行動を規定する、という点では心理も性格も同じです。けれども周囲の状況に応じて動くものではない、という点で心理とは異なり、また、人の生き方や社会のあり方に対する一般的な価値判断である、という点で性格とは異なります。ただし、人が経験や知識にもとづいて、人生や社会について筋道を立てて考え、一つの判断に到着すること――たとえば、ある人が自分の子供の失敗を見て、やはりきびしすぎる家庭教育はいけないのだ、子供は自由にのびのびとさせておく方がよいのだ、というような判断に到着すること――は、普通に思索と呼ばれるものですが、思想の重大な一面と考えるべきでしょう。思想とはだいたい右に述べたようなものですから、ありきたりの発言や行動は思想と全く関係がありません。たとえば「ネズミがとび出したので彼はびっくりした。」というような行動の中に、思想を見ようとすることはナンセンスです。思想と直結するのはその人の理想にかかわる発言や行動、たとえば「彼は今度のストライキには反対だった。」というようなものに限ります。したがって、その人の**理想・信念が含まれている発言や行動を、ありきたりの発言や行動から区別する**ことが、まず行われねばなりません。

作者が作中人物を思想的な人間として描こうとするとき、その人物自身に自分の主張を述べさせることが多いように思われます。作者自身がその人物の思想傾向について説明し語る、ということももちろん多いのですが、やはり当の人物に、たとえば、「君、学生はプライドを持たなければいけないよ。」というような発言をさせて、当の人物の思想を描いていくことが多いのです。**登場人物の主張は彼の思想にまっすぐにつながる**ことが多いという点に注意して、何にどういう価値を置こうとしている人物であるかを読みとる必要があります。

登場人物の思索が描かれている場合には、その思索の出発点となっている経験や知識をよく消化し、その経験や知識にもとづいてその人物がどのような筋道を追って考えを深めていくか、その精神の過程によくついていかねばならないでしょう。自分ならこう考える、ということをいきなり持ち出すよりは、まず**その人物の考える順序に従ってそのとおり考**

えてみることが必要ですが、人生や社会に対する自分なりの思想を持つことが、登場人物の思索や思想を理解するのには、非常に役立つものであり、またそれによって自分の思索や思想にも深みがでてくることと思います。長い作品の場合には、やはり登場人物の思想に変化があることもあるでしょう。放任主義であった人が、子供が気ままずぎることに気づいて、厳格な家庭教育の方に価値を認めるようになる、というような変化です。**どのような経験と思索がその人の思想を変えたかをよく整理する**こと、それが思想の変化を正しく解釈するために必須《ひっす》であろうと思います。

人物の思想のとらえ方

1 登場人物の理想や信念を表す発言・行動をとらえ、その発言・行動を規定している主義を見いだす。
2 特にその人物の主張にはよく耳をかたむけて、その人物が何にどういう価値を置こうとしているかを考える。
3 登場人物の思索については、どういう経験から出発してどういう筋道を追っていくか、その思索過程を理解する。
4 登場人物の思想の変化については、どういう経験と思索が思想をどう変えたか、その変化のあとを理解する。

【例題七】

俘《ふ》虜《りょ》記《き》

大岡《おおおか》昇平《しょうへい》

(この段までのあらすじ)太平洋戦争も終わりに近づいたフィリッピン、そこでは日本の兵隊がマラリアと食糧欠乏に悩まされながら、とうてい勝目のない戦いをつづけていた。「私」もその中の一人、学校教育を受けたインテリだが、一兵士として戦線にあり、今は病気に疲れきって、戦友とともにわずかに戦列に加わっている。

アメリカ軍の攻撃が一段と激しい日、「私」は飢えとかわきに耐えかねて落伍《ご》し、草むらの中に倒れてしまう。そこへ一人のアメリカ兵が現れる。その敵兵は「私」がそこに横たわっていることに気づかない。彼を射殺することは疲れきった「私」にも容易なことだが、「私」は射撃動作を途中で止めてしまう。アメリカ兵は何も気づかずに

ここにあげた本文の第一段落「私はこの後〜反省した」は、(あらすじ)で示したような経験に即して、「私」が反省したことへの前ぶれで、その反省の内容が以下に詳しくつづくわけです。戦場で敵に遭遇したら、戦ってこれを殺そうとするのがあたりまえである、ところが自分はそうしなかった、いったい自分はどういう気持ちであのような態度をとったのか、というのが「私」の答えねばならない問題です。

1 第二段・第三段「まず私は〜成立しない(3〜22行)」の中で「私は」「何ゆえ殺さなかったのか」という問いに対して、どう答えていますか。

考え方 まず気づいてほしいのは、「望まずとも私を殺しうる無辜の人(9〜10行)」という言い方の中にある思想です。具体的にはこれは敵兵を指すことばなのですが、その敵が私を「殺しうる」のはけっして本人の自発的な意志でなく(望まずとも)、したがってその人が殺人を犯すとしても無実である(無辜)、という考えを、短い形に圧縮しています。「私」は人間が戦いで人間を殺すのはけっして本人の意志にもとづくものではない、と信ずる人間信頼の思想の持ち主

立ち去る。

設問　「私」が敵兵を殺さなかったのは何ゆえか、「私」の思索に従って答えなさい。

　私はこの後たびたびこの時の私の行為について反省した。

　まず私は自分のヒューマニティに驚いた。私は敵を憎んではいなかったが、しかし①スタンダールの②一人物が言うように「自分の生命が相手の手にある以上、相手を殺す権利がある。」と思っていた。したがって戦場では望まずとも私を殺しうる無辜《むこ》の人に対し、容赦なく私の暴力を用いるつもりであった。この決定的な瞬間に、私が目の前に現れた敵をうつまいとは、夢にも思っていなかった。

　この時私に「殺されるよりは殺

なのです。

　けれども根本的にはそのような人間信頼の厚い「私」も、「敵をうつまいとは、夢にも思っていなかった(13〜14行)」ことを認めています。「私」が相手を「殺す」つもりだったその理由は、「自分の生命が相手の手にある(6〜7行)」という条件の下では、「相手を殺す権利がある(7〜8行)」ということです。自分が相手に「殺される」かもしれない時は、自分の生命を守る必要上、相手を「殺す」という行動をとるのが正当だという論理です。

　第三段の初め(15行)にある「殺されるよりは(条件)殺す(結果)。」ということばは、この第二段の論理をまとめたものに当たります。けれども「私」がその論理どおりに行動しなかったのは事実であって、その論理と行動との不一致を反省した末に、敵兵を殺さなかったのはその「殺されるよりは」という条件が「私」になかったからだ、という解釈に到着します。それがこの第三段の思索過程です。

　つまり「殺される」という危険な条件の下では、自己防衛のために相手を「殺し」ただろうが、「どうせ病死する」にきまっている「私」は、自分の生命への執着がそれほど強

す。」という③シニスムを放棄させたのが、私が既に自分の生命の存続に希望を持っていなかったということにあるのは確かである。明らかに「殺されるよりは」という前提は私が確実に死ぬならば成立しない。

しかしこの無意識に私のうちに進行した論理は「殺さない。」という道徳を積極的に説明しない。「死ぬから殺さない。」という判断は「殺されるよりは殺す。」という④命題にささえられて、意味を持つにすぎず、それ自身少しも必然性がない。「自分が死ぬ。」から導かれる道徳は「殺しても殺さなくてもいい。」であり、必ずしも「殺さない。」とはならない。

かくして私は先の「殺されるより

くなかったから、相手を「殺さな」かったのだ、というのです。次の段にある「死ぬから殺さない（25〜26行）」が、この第三段の論理をまとめたものにあたることは、もういうまでもないでしょう。この考えを表に整理するとわかりやすいかもしれません。

条件（A）自分ハモット生キラレルノニ殺サレル　→結果a　相手ヲ殺ス
条件（B）自分ハドウセ病気デ死ヌノダ　→結果b　相手ヲ殺サナイ

条件（A）と（B）とは正反対であり、だからそこから導かれる結果（a・b）も正反対、というわけです。

2 第四段・第五段「しかし〜シニックではなかった（23〜43行）」では、今までの答えをまた否定しています。さきの結論のどういう部分が否定され、どういう部分は肯定されていますか。

考え方 さきに自ら到着した解答の中に、「私」は厳密でな

は殺す。」という命題を検討して、そこに「避けうるならば殺さない。」という道徳が含まれていることを発見した。だから私は「殺されるよりは」という前提がくつがえった時、すぐ「殺さない。」を選んだのである。このモスカ伯爵のマ⑤キァベリスムは、私が考えていたほど⑥シニックではなかった。

　こうして私は改めて「殺さず。」という絶対的要請にぶつからざるをえない。

　私はここに人類愛の如き観念的愛情を仮定する必要を感じない。その広さに比べて私の精神は狭すぎ、その薄さからみれば私の心臓は温かすぎるのを私は知っている。

　むしろこの時人間の血に対する嫌悪《けんお》を伴った私の感覚に照らして

いものがあるのに気づきます。さきの解答は結局「死ぬから殺さな」かったのだ、というのでした。しかし「『自分が死ぬ。』から導かれる道徳は『殺しても殺さなくてもいい。』であり、必ずしも『殺さない。』とはならない(30〜33行)」ということになるのではないか、「私」はこのように疑います。

　この考えを、さきにならって表示してみましょう。

条件(A) モット生キラレルノニ殺サレル → 結果a 殺ス
条件(B) ドウセ病気デ死ヌノダ → 結果b 殺サヌ（条件(B)からは結果aへも矢印）

「殺さな」かったという経験から出発して、その行動の背後にある思想を追求した「私」は、ここまで来て「殺さぬ」という行動の理由をまだ発見し得ていないことに気がつきます。先の表に即して言えば「結果b」だけへ矢印がつくような「条件X」を探さねばなりません。その探究が第五段の課題です。

　その答えは「避けうるならば殺さない(36行)」ですが、それが「そこ(36行)」―「殺されるよりは殺す」という命題―

みれば、私はここに一種の動物的な反応しか見いだすことはできない。「他人を殺したくない。」という我々の嫌悪は、おそらく「自分が殺されたくない。」という願望の倒錯したものにほかならない。これはたとえば、自分が他人を殺すと想像して感じる嫌悪と、他人が他人を殺すと想像して感じる嫌悪が、等しいのを見ても明らかである。この際自分が手を下すという因子は、必ずしも決定的ではない。
　しかしこの嫌悪は人間動物のその同類に対する反応の一つであってその全部ではない。この嫌悪が優位を占めたのは、一定の集団の中では我々の生存が他人を殺さずに保たれるようになった結果である。「殺すなかれ。」は人類の最初

の中に含まれている、という点に注意する必要があります。

タダシ相手ガ自分ノ命ヲオビヤカス時ハ殺ス
ダガ、ドウセ病死スル
自分ハ殺シテモ殺サナクテモヨイ
デキルコトナラ殺サナイ――ソレナラ殺サナイ方ガヨイ

「結果b」にまっすぐにつながるのは「できることなら人殺しをしない」という、無条件な人命尊重の思想しかありません。そしてこの無条件な人命尊重があってこそ、「殺されるよりは殺す」という正当防衛流の殺人肯定の思想が成り立つ、というのです。この合理的な殺人肯定の思想（41〜42行「モスカ伯爵のマキァベリスム」）が、案外「シニックでない（43行）」というのは、殺人肯定の思想さえ無条件な人命尊重の思想を前提としていた、と気づいた「私」の感慨です。

の立法とともに現れたが、それは各人の生存がその集団にとって有用だからである。集団の利害の衝突する戦場では、今日あらゆる宗教も殺すことを許している。

要するにこの嫌悪は平和時の感覚であり、私がこの時すでに兵士でなかったことを示す。それは私がこの時ひとりだったからである。戦争とは集団をもってする暴力行為であり、各人の行為は集団の意識によって制約ないし鼓舞される。もしこの時僚友がひとりでも隣にいたら、私は私自身の生命のいかんにかかわらず、猶予なくうっていたろう。

3 第六段〜第八段「こうして〜決定的ではない（44〜65行）」では、この無条件な人命尊重の思想からさらにさかのぼり、何がそのような無条件の思想を作ったのかが追求されています。

考え方 第五段まででいろいろ考えた末に「私」にわかったことは、結局「殺さない方がよいから殺さなかったのだ」ということにすぎません。ではその無条件な人命尊重思想は、どこからくるのであろうか、という所から「私」の思索は再出発します。それが第六段の「こうして〜ぶつからざるをえない（44〜46行）」という表現です。

このような無条件な人命尊重の思想を生むものとして、だれでも常識的に思い浮かぶのは「人類愛（47行）」という大きな感情ですが、「私」は自分の中にある「殺さない方がよい」という思想は、そんな大きな感情に由来するものでないことを認めます。同時に人類愛について「薄さ（50行）」という評が下されているのを見落とさないように。人類愛は、どんな人間に対しても平等無差別にいきわたらねばなりませんが、「私」は相手への好ききらいや、軽蔑・尊敬や、また愛国心・民族意識などの持ち主、こういう人類愛とはいいきれない小さな、しかし生きた感情の持ち主、つまり普通の人間の一人であることを知っています。

だから、「私」の中に確かに存在している無条件な人命尊重の思想は、「人類愛」のような、神のごとく大きな崇高な感情からは説明できず、もっと人間くさいものから説明されねばなりません。それが第八段「むしろ～決定的ではない（52～65行）」に繰り返し現れる「嫌悪《けんお》」という「動物的な反応（54～55行）」に求められていることはもう言うまでもないでしょう。そしてまたその感情の裏には『自分が殺されたくない。』という願望（57～58行）がくっついているらしいことが指摘されます。だから「私」によれば、結局次のようなことになるのです。

私ハ他人ニ殺サレタクナイ
私ハ他人ヲ殺シタクナイ
⬇
デキルコトナラ人ヲ殺スベキデナイ……
……ダカラ私ハ殺サナカッタノダ

「敵兵を殺さなかった」という具体的な経験から出発して、「私」は無条件な人命尊重思想を発見し、さらにその奥に殺人ということへの嫌悪の感情を発見します。これはもう説明を要しない本

（読解補注）
①スタンダール―Stendhal（一七八三―一八四二）フランスの小説家。
②一人物―スタンダール作『パルムの僧院』のモスカ伯爵。
③シニスム―cynisme（仏）皮肉で冷笑的な態度。
④命題―判断の内容。
⑤マキァベリスム― Machiavélisme（仏）イタリアの政治家、思想家であったマキァベリーの方法、転じて目的のために手段をえらばぬ権謀術数をいう。
⑥シニック―③シニスムの形容詞。

能的な感情と言うべきでしょう。

4 殺人嫌悪の情が本能的なものだとすると「私」が「戦場では望まずとも私を殺し得る無辜の人に対し、容赦なく私の暴力を用いるつもりであった（9〜11行）」のは何ゆえだったのでしょう。

考え方 「私」の中にある本能的な殺人嫌悪を発見したことは、もともと戦場では敵を殺すつもりだった、という「私」の自覚と矛盾します。本能的に殺人を嫌うなら、戦場での殺人をも否定しなければうそだからです。しかし「私」が戦場では敵を殺すつもりだったことは、認めないわけにはいかない、とすると本能的な殺人嫌悪というのも必ずしも絶対的ではないのでないか、——これがこの第九段・第十段の思索の内容です。

第九段「しかしこの嫌悪は〜殺すことを許している（66〜77行）」は、殺人嫌悪がやはり一種の条件の下に成り立つものだ、ということを発見する過程です。「一定の集団（69行）」とは、小さくは家族から大きくは国家に至るまで、大小さまざまの規模で人間が作る、利益や思想などをともにする集まりです。人々はその中で、その集まりの利益や安全や発展のために尽くし、それによってまた自分の利益や安全や発展を保証されます。そういう「集団」の利益のために殺人嫌悪の感情は支持されるのだ、というのです。そういう「集団」の損害のためには殺人嫌悪の感情はむしろ無視される、ということと、本文の「宗教も殺すことを許す（76〜77行）」ということは、同じことを逆から言ったものにほかなりません。

以上の「私」の思索を、簡単な表にまとめてみましょう。

（A）集団ノ利益ノ中デハ殺人嫌悪ガ成リ立ツ
無条件ナ人命尊重思想ガ成リ立ツ
タダシ自分ノ生命ガ危ナイ時ニ限リ殺人肯定ガ成リ立ツ
モシ病気デナカッタラ敵ヲ殺ソウトシタデアロウ
病気デモウスグ死ヌ身ダカラ殺サズニスンダ
（B）集団ノ損害ノタメニハ殺人嫌悪ハ成リ立タヌ
集団ノ利益ニ反スル時ニハ殺人肯定ガ成リ立ツ
「私」モ戦場デハ敵ヲ殺スツモリデアッタ

したがって、「殺さない」という行動は（A）の方、「私」が「平和時の感覚（78〜79行）」と呼ぶものからしか生まれないのです。戦場にいながら、戦友とはなれて（あらすじ）、ちょうど「ひとりだった（81行）」という状況が、（B）の戦場の感覚を忘れさせたことが、そもそもの原因であった。と「私」はようやく「殺さなかった」という行動が含むものを追求し終わる、というわけです。

《解答》落伍してひとり戦友と離れていたので、集団（国家）のために敵を殺すという戦場の感覚を忘れ、しかも病気で死ぬ直前の身体だったので、自分の生命を守るために相手を殺すという正当防衛の要も感じず、無条件な人命尊重思想の命ずるままに、相手を殺さずにすんだ。

《例題七の作品と作者》

俘虜記 小説。昭和23（一九四八）年発表。比島《フィリッピン》戦線で米軍の俘虜となった作者の体験にもとづいている。死に直面した孤独な兵士を通じて、極限状況に追い込まれた人間の意識と行動を再現、分析することによって、生や死や戦争の意味を問いつめた作品。

大岡昇平 明治42（一九〇九）年～昭和63（一九八八）年。小説家。東京生まれ。京都大学仏文科卒。昭和19年に召集、出征。戦場での痛切な体験にもとづき、人間存在の危機感や孤独感を明晰な心理分析と端正な文体を用いて描いた。『武蔵野夫人』『野火《のび》』などがある。

練習問題

7 十二月なかばから更に暖かい日が続いた。裏山の峠の雑木林に心をとめながら私は自分の庭にはあまり気をつかっていなかった。狂い咲きの枝がなかったからであった。二十一日に植木屋がはいった。昼すぎに庭にでてみたら、海棠《かいどう》が咲いていた。枝がいくつかにわかれており、東側の枝に花が開いていた。

「おい、なんだ、これは」[1]と私は植木屋にきいた。

「海棠ですよ」「海棠はわかっているが、誰が咲かしたんだ」

「今朝庭にはいったら咲いていましたよ。書斎からは見えないからお気づきにならなかったのでしょう」

海棠のうしろは寒椿で、その赤い花に海棠の小さな赤い花がまぎれこんで家の者も気づかなかったらしい。

【出典】 立原正秋《たちはらまさあき》「冬の花」

立原正秋〈大正15～昭和55（一九二六～八〇）〉は小説家。「白い罌粟《けし》」「冬の旅」「夢は枯野を」「冬のかたみに」「帰路」など。

【参考問題】

1 傍線部1には「私」のどのような心情が表されているか。次の中から最も適当なものを選び、記号で答えよ。

「寒くなったら花がだめになりますから、枝を伐《き》りましょうか」

「そうしてくれ」

私は、2植木屋が伐ってくれた海棠の枝を書斎の李朝の白磁の大壺に投げ込んだ。開いている花が数輪、蕾《つぼみ》が二十はついていた。書斎にときならぬ華やぎが訪れたが、しかし華麗な花ではない。ときならぬ花だから色にいきおいがない。木瓜《ぼけ》のような色合でつぎつぎに開いて行き、書斎で年をこした。

歳末に植木屋が正月用の花をいろいろ届けてくれたが、私は書斎にそれらいきおいのよい花を入れなかった。やがて散って行く海棠が哀れだったからである。暮から正月にかけ、私は書斎で3この海棠と運命をともにした。そして最後の花が散っていったとき、私は寂《せき》寞《ばく》とした感情になっていった。（中略）

〈風姿花伝〉はつぎのように述べている。

何《いづ》れの花か散らで残るべき。散る故によりて、咲く頃あれば、珍らしきなり。

平凡だが明晰《めいせき》な言葉である。ときたまこんな言葉にはげまされる。

一日、周辺の雑木林をみてまわったが、山桜には異変がなかった。したがってこの春はまた山桜にであえるだろう。4大きくみると自然

ア　やや詰問するような不審感

イ　不愉快きわまるという気持ち

ウ　単純な驚きの思い

エ　開花の率直なよろこび

2 傍線部2のようにされた海棠の花は、どのような風情をもっていたと思われるか。次の中から最も適当なものを選び、記号で答えよ。

ア　清浄潔白な凛《りん》とした美しさ

イ　なまめかしく華麗な見事さ

ウ　楚々《そそ》として可憐な優しさ

エ　赤々と燃えるような鮮やかさ

はやはり遍在している。したがって「散らで残るべき」は受けとめなければならない。もちろん上に「何れの花か」を冠しての話である。

【演習】

一 傍線部3には「私」のどのような感情が示されているか。次の中から最も適当なものを選び、記号で答えよ。

ア 海棠の花を終日ながめ、一歩も書斎を出る気持ちになれなかった。

イ 海棠の花に相対して、一種の一体感をもった。

ウ 海棠の花の凋落《ちょうらく》に、自身の死を予感したように思った。

エ 海棠の花が次の年には咲かないであろうという寂しさを感じた。

二 傍線部4で「私」は自然をどのように見ているか。三十字以内でわかりやすく述べよ。

三 右の文章中の「私」の中にあるものとして最も適当なものを次の中から選び、記号で答えよ。

ア 狂い咲きの花によせる悲哀の情

イ 季節の変化に対する無常感

ウ 四季の花々の多様な美への陶酔感

エ 自然を自然としてうけとめる確かな感性

〈着眼点〉

参考問題 1 本来は春に咲く花である海棠が、十二月の下旬になって咲いたことに対する気持ちである。後の「…、誰が咲かしたんだ」には不審感がある。2「華やぎ」はあるんだけれども、「いきおい」はない、という点に注意。

【演習】一 直後にある「最後の花が……寂寞とした感情になっていった」という表現に注意。花（の運命）に自分（の感情）を重ね合わせている様がよくわかる。二「遍在」は、広くいきわたって存在している、の意。三 最終段落に「私」の思いは最もよく示されている。

Ⅲ 構成・表現について

1 主題をつかむ ―「どんなことが」書かれているか―

一つの作品が結局「何を」書こうとしたものなのか、を理解することは、作品解釈における最大の目標です。作品を理解するということは、その作品の主題は何かを理解することにほかならない、と言ってもよいほどです。ただし与えられた作品の主題を見いだす、という、いわば受動的な作業だけに終わることは好ましくなく、その主題を読みとることが、ひいては人生や社会についての考えを深めること、つまり積極的な人間形成、につながることが望ましいのはいうまでもありません。

主題を求めようとするとき、いちばんたいせつなことは、自分がその作品を読みおえてどのような印象を受け、どのような感動を覚えたかを、だいたいでよいからつかむことではないかと思います。受けた印象や感動は――読み方がすなおでなければなりませんが――その作品の主題と無関係に生まれるものではありません。むしろ作品の主題が印象や感動の生みの親である、と言うべきです。したがって、**すなおに読んだあとの印象や感動をそのまますなおにまとめてみる**ところから、主題の追求は始められるべきだと考えます。

ではその印象や感動は、実際にその作品のどのようなところから生まれたのかを、具体的に分析して考えるのが次の段階です。たとえば、「少年の悲しさ」が胸をうった、とします。その少年の悲しさが、その作品の中で、どのような具体的な事件を通して、どのように肉づけされていたのか、を振り返ることです。事件の展開や主人公の心理の起伏に応じて、作品をいくつかの段落に分け、たとえば、第一の段落では少年の生い立ちの不幸を述べ、第二段は少年のほのかな希望の芽生えを述べ、第三段はその希望がむしりとられていく過程を述べたものだ、というように、つまり作品の**部分部分に注意して、各部分が全体の印象や感動のためにどういう役割を果たしているかを分析する**わけです。

　このように部分部分を分析するということは、実は同時に最初にまとめた印象や感動を、たしかめることになるはずです。最初はすなおに読んだあとの大体の印象や感動を簡単にまとめることから出発したわけですが、こうして作品の部分部分の役割を分析してくると、そのあらすじを一貫して流れているもの、つまりその作品の主題が、最初とは比べものにならないほど明瞭《めいりょう》に見えてくるでしょう。たとえば、先の「少年の悲しさ」から出発して、その悲しさの描かれ方を分析して振り返ると、その悲しさが、「大人の無理解」と接触するところで述べられていることがはっきりする、とすれば、実は「大人の無理解と少年の夢との矛盾」ということが、むしろその作品の主題である、とわかってくるはずです。こうして分析した**部分部分から全体を総合して振り返る**ことによって、作品の主題は最も明瞭に把握《はあく》されるでしょう。

作品の主題をつかむことは、こうしてその作品の構成をつかむことによって可能となります。構成を調べないでその作品の主題をつかむことは、できないわけではないでしょうが、やはり十分な解釈でない危険があります。そして、作品の主題をこうして明瞭につかんで、**それを実感として把握する**ことができたとき、人生や社会というものについての考えが、それだけ深まったことになるのだと思います。たとえば、その少年の悲しみを、ただ頭で理解するだけでなく実感としてつかんだとき、人生における少年と大人とについて、今までよりは一層深い考えに達し得るのではないでしょうか。

主題のとらえ方

1 作品をすなおに読んだあとの印象や感動を中心にして、作品のあらすじをまとめてみる。
2 作品の部分部分に注意して、その各部分がどういう役割を全体のために果たしているかを分析する。
3 各部分部分が重なりあって、どのように主題をもり上げているかを検討し、その作品の主題を確認する。
4 その作品の主題を実感として把握し、人生や社会についての考えを深める。

【例題八】

走れメロス

太宰《だざい》　治《おさむ》

(この段までのあらすじ)ディオニスという暴君の治めているシラクス市は、昔の明るさを失った。シラクスの市に来た、若い正義漢メロスは、ただの牧人だが、王を追放しようとしてたちまち警備の兵に捕らえられる。王が彼を処刑しようとする時、メロスは、ただひとりの妹を結婚させるための三日間の猶予を乞う。人間への信頼を失っていたディオニスは許さないが、メロスの無二の親友セリヌンティウスが人質となり、万一の場合は身代わりになるというのでメロスの願いを入れる。

メロスは村へ帰り、急ぎ妹を結婚させると、約束どおりひき返す途中、豪雨のあとの濁流や山賊に行手をさえぎられて、約束の時間におくれそうになる。走り疲れたメロスは、ふとこ

1 まずこの作品を最後まで読んでみて、どういう点に感動したかをだいたいでよいからまとめてみなさい。

考え方 主人公メロスとその友セリヌンティウスとの間の信頼、その二人の男らしい友情——そういったものが読者をうつ、ということにだれも異論はないでしょう。出発点はこの程度のところでよいのです。

2 (あらすじ)に示した部分は、メロス・セリヌンティウスの友情のために、どのような役割を果たしていますか。特に前半をまとめてみなさい。

考え方 (あらすじ)としてまとめてしまうと具体的な描写が犠牲になるので、ちょっと不十分になりますが、メロスがディオニスに捕らえられてセリヌンティウスを呼びにやったのは、彼ならば自分を信じて三日の間人質になってくれるだろうと信じたからです。そして何も知らずに呼び出されたセリヌンティウスは、即座にこの願いをきき入れたのです。

これは第一に、メロスの信頼にセリヌンティウスが応じ

のまま助かろうかと考えるが、即座にその誘惑をふり切り、親友の信頼を裏切らぬよう、綿のように疲れた身体で市に走り込む。約束の刻限がきて、セリヌンティウスが身代わりとして処刑されかけているその時である。

設問

この作品の主題を、簡単にまとめてみなさい。

「待て。その人を殺してはならぬ。メロスが帰ってきた。約束のとおり、今、帰ってきた。」と大声で刑場の群衆に向かって叫んだつもりであったが、のどがつぶれてしわがれた声がかすかに出たばかり、群衆は、ひとりとして彼の到着に気がつかない。すでにはりつけの柱が高々と立てられ、なわを打たれたセリヌンティウスは、徐々につりあげられてゆく。メロスはそれを目撃し

たことです。そして第二にそれは、セリヌンティウスもまたメロスが必ず三日のうちに帰って来ることを信じたことを示します。この二人の相互信頼はここからすでに明瞭に書かれているわけですが、ただし、セリヌンティウスがメロスの信頼にすでに応じたのに、メロスの方はセリヌンティウスの信頼に、まだ応じてはいない点に注意してください。そのこと、つまりメロスがセリヌンティウスの信頼にどう応じるかが、このあとの事件の展開の軸となるのです。

この範囲の中でもう一つ、暴君ディオニスが人間の信頼に対する否定としての役割を果たしていることを見のがさないように。実は（あらすじ）という形にまとめたために書き漏らさざるを得なかったのですが、ディオニスはメロスに対して「ちょっと遅れてくるがいい。おまえの罪は永遠に許してやろうぞ」「命がだいじだったら、遅れてこい。おまえの心は、わかっているぞ」と意地の悪い発言をします。これは人間の中に悪意だけを見た発言で、メロス・セリヌンティウスの間をつなぐ信頼と、まっこうから対立するものです。

て最後の勇、先刻、濁流を泳いだように群衆をかきわけ、かきわけ、「わたしだ、刑吏！　殺されるのは、わたしだ。メロスだ。彼を人質にしたわたしは、ここにいる！」と、かすれた声で精いっぱいに叫びながら、ついにはりつけ台に昇り、つりあげられていく友の両足に、かじりついた。群衆は、どよめいた。あっぱれ。許せ、と口々にわめいた。セリヌンティウスのなわは、ほどかれたのである。

「セリヌンティウス。」メロスは目に涙を浮かべて言った。「わたしをなぐれ。力いっぱいにほおをなぐれ。わたしは、途中で一度、悪い夢を見た。君がもしわたしをなぐってくれなかったら、わたしは君と抱擁する資格さえないのだ。なぐれ。」

3　これをうける（あらすじ）の後半部はどうでしょうか。もちろんメロスがセリヌンティウスの信頼に応じることが書かれていくはずですが、どのような波乱がありますか。特にメロスの中にディオニスがいることに気づきましたか。

考え方　メロスは生きている間にしておかねばならぬことをしとげ、約束を果たすために出発します。ここまではメロスがセリヌンティウスの信頼に応じようとする行動は順調に進みます。けれども途中でじゃまが入り、ある瞬間メロスは、このまま助かろうか、とふと考えます。ここのところは重大です。

　メロスがセリヌンティウスの信頼を裏切ろうとするところだから、という理由一つで言うのではありません。このまま助かろうか、というその気持ちは、ディオニスの「命がだいじだったら、遅れてこい。おまえの心は、わかっているぞ」という悪意に満ちた発言と、同じ性質のものだということに気づいてほしいのです。メロスとセリヌンティウスとの信頼を否定しようとするものは、ディオニスだけではありません。ディオニスはメロス自身の中にいたので

セリヌンティウスは、すべてを察したようすでうなずき、刑場いっぱいに鳴り響くほど音高くメロスの右ほおをなぐった。なぐってから優しくほほえみ、

「メロス、わたしをなぐれ。同じくらい音高くわたしのほおをなぐれ。わたしはこの三日の間、たった一度だけ、ちらと君を疑った。生まれて、初めて君を疑った。君がわたしをなぐってくれなければ、わたしは君と抱擁できない。」

メロスは腕にうなりをつけてセリヌンティウスのほおをなぐった。

「ありがとう、友よ。」二人同時に言い、ひしと抱きあい、それからうれし泣きにおいおい声を放って泣いた。

群衆の中からも、歔欷《きょき》の声が聞

す。メロスがこのまま助かろうかと思うまでには、（あらすじ）には書き得なかった止むを得ぬ心の動きが描かれているのですが、事情はどうであれ、メロスの中にディオニスがほんのちょっぴりでもいたことは否定できません。

4 けれどもメロスは自分の中のディオニスに勝ち、約束の刻限ぎりぎりにセリヌンティウスの所へかけこみます。そして「セリヌンティウスのなわは、ほどかれた（22〜23行）」のです。ここでこの作品が終わっていないのは何ゆえでしょう。

考え方 セリヌンティウスがメロスの信頼に応じて三日間の人質を引き受けたように、メロスもまたセリヌンティウスの信頼に応じて必ず三日のうちに帰って来なければならない。それがこの作品の事件展開の軸であるはずだ、ということは先に述べたとおりです。途中で波乱がありましたが、約束どおりメロスは帰って来たのです。メロスとセリヌンティウスとの相互信頼はこれで完全となったわけです。

メロスが「のどがつぶれてしわがれ声がかすかに出（5〜6行）」るか出ないかの状態で到着したこと、「最後の勇（12行）」をふりしぼってセリヌンティウスの処刑に間にあうこ

こえた。暴君ディオニスは、群衆の背後から二人のさまを、まじまじと見つめていたが、やがて静かに二人に近づき、顔をあからめて、こう言った。

「おまえらの望みはかなったぞ。おまえらは、わしの心に勝ったのだ。信実とは、決して空虚な妄想《もうそう》ではなかった。どうか、わしをも仲間に入れてくれまいか。どうか、わしの願いを聞き入れて、おまえらの仲間のひとりにしてほしい。」

どっと群衆の間に、歓声が起こった。

「万歳、王様万歳。」

ひとりの少女が、緋《ひ》のマントをメロスにささげた。メロスは、まごついた。よき友は、気をきかせて教えてやった。

と、こういう描写は一秒を争うさし迫った事態と、よくそれに間に合わせたメロスの必死の努力とを、緊迫した印象で伝え得ています。もう二人の友情と信頼は十分な勝利を収めたのです。けれどもまだ解決し切らずに残っているものが一つあります。それはメロスの中のディオニスへの処罰です。この作品がここで終わっていないのはそのためです。

5 この作品の真のクライマックスはメロスの「セリヌンティウス（24行）」という呼びかけから「おいおい声を放って泣いた（47〜48行）」というところまでだ、と言うべきでしょう。それは何ゆえですか。

考え方 メロスの発言の中の「途中で一度、悪い夢を見た（27〜28行）」というのが、このまま助かろうかという誘惑がふと頭をかすめた時をさすものであることは、言うまでもないでしょう。そのメロスの中のディオニスに刑罰を与えることによって、メロスは初めてセリヌンティウスの信頼に対等に応じうる人間となることができる、という考えから、セリヌンティウスになぐられることをメロスは望んだのです。「刑場いっぱいに鳴り響くほど音高く（32〜33行）」なぐ

「メロス、君は、まっぱだかじゃないか。早くそのマントを着るがいい。このかわいい娘さんは、メロスの裸体を、皆に見られるのが、たまらなくくやしいのだ。」

　勇者は、ひどく赤面した。


るセリヌンティウスの行為は、メロスへの刑罰というよりは、メロスの中のディオニスへの痛快な刑罰であることに注意してください。

　しかもさらに大切なのはセリヌンティウスの方もまた、メロスによって処刑されねばならなかった、という点です。ディオニスはメロスの中だけでなく、セリヌンティウスの中にもいたのです。メロスからなぐることを要求されて、「すべてを察したようすでうなず（31～32行）」いたセリヌンティウスは、まるで自分の中のディオニスを罰するような気持ちでメロスをなぐり、心の底からメロスを許したことでしょう。だから今度は「腕にうなりをつけて（43行）」なぐる番になったメロスも、同じ気持ちでセリヌンティウスをなぐり、心の底から彼を許したことでしょう。

　だから二人の親友は、お互いになぐり合うことによって自分が許されたことを実感し「ありがとう、友よ（45行）」という発言が「二人同時に（45行）」口をついて出るわけです。話はメロスのがわからばかり進められて来ましたが、メロスの誠意だけが描かれているわけではない、と言わねばなりません。相手を信頼する点についても、その信頼を裏切るディオニス的な弱みを持っていた点でも、相手を許すその許し方まで、二人は完全に平等である、と言えましょう。この二人の許し方の痛快さは、この作品の圧巻です。二度にわたって鳴りひびくげんこつの音は、人間の信頼の勝利を奏《かな》でる高らかな凱歌《がいか》とうけとらねばなりません。

6 最後に描かれた暴君ディオニスのことは、どういう役割をこの作品の中で果たしていると考えますか。

考え方 二人の心の中のディオニスは、こうして刑罰を受けます。と同時にこの刑罰は、人間の信頼を嘲笑《ちょうしょう》しようとした暴君ディオニスへの刑罰でもあるはずです。人間の信頼を冷たくあざけっていた暴君が「顔をあからめ（53行）」たのは、敗北の印にほかなりません。だがその敗北の末に暴君ディオニスは救われるのです。「信実とは、決して空虚な妄想ではなかった（57〜58行）」という発言は、今まで失っていた人間への信頼がよみがえったことを示します。ここは非常に重大です。

つまり——ディオニスの心の中にも、人を信頼する気持ちが本来はあった。けれども王位にあるものがしばしばそうであるように、人間の醜さにとりまかれているうちに、人間信頼の念は失われ、強い人間不信に支配されるようになった。だが、失われていた人間信頼が、今度の事件でよみがえり、ディオニスは孤独から救われる——ということを描いたのが、この最後の部分と思われます。「万歳、王様万歳（64行）」は、人間性を回復したディオニスへの、民衆の祝福にほかならないと解釈しなければなりません。

7 以上のように分析した結果にもとづいて、この作品の構成を再検討してみよう。この作品の主題について、どうまとめるのが最も適当と思いますか。

メロス（M）	セリヌンティウス（S）	ディオニス（D）	
Sを信じる。	Mの信頼にこたえMを信じる。	S・Mの信頼をあざわらう。	信頼と不信との対立

Sの信頼にこたえようとしながらふとそれを裏切る誘惑にかられる。	Mを信じながらふと疑惑を感じる。	S・Mそれぞれの一時的な不信行為はDの勝利を意味する。	**不信の一時的な勝利**
その誘惑にうち勝ってSの信頼にこたえる。	すぐその疑惑をすてる。		**信頼の最終的な勝利**
Sの一時的不信を罰しSを許す。	Mの一時的不信を罰しMを許す。	S・Mの罰しあいによって罰せられしかもS・Mによっては許されない。	**信頼が不信を罰すること**
		S・Mに許しを乞い、人間への信頼を回復する。	**信頼が不信を救うこと**

考え方　このように調べてくると、主題はたしかに人間の信頼ということだが、それが単に人間不信に対して勝つだけではなく、それを救いさえする、ということが描かれているのに気がつくはずです（なお、一二〇～一二二ページを参照のこと）。

8 ここに描かれた人間の信頼のすばらしさについて、どう思いますか。

考え方　この作品の主題は人間の信頼である、という解釈が、ただこの作品の理解に止まらずに、人生や社会についての考えを深めることへとつながる、ということが望ましいのです。読後感を感想文としてまとめてみるのもよいでしょう。重ねて言いますが、作品の主題を実感としてとらえることがたいせつです。

《解答》二人の親友の相互信頼と、それを嘲笑《ちょうしょう》しようとする暴君とを配して、人間の信頼の痛快な勝利（不信の救済）をうたい上げた作品である。

《例題八の作品と作者》

走れメロス　短編小説。昭和15（一九四〇）年発表。ギリシアのダーモンとフィジアスという古伝説およびシラーの『担保』という詩に題材を求めた作品。暴君ディオニスに「信実とは、決して空虚な妄想ではなかった」といわせる「メロス」と「セリヌンティウス」の友情。第二次大戦の進行につれて強化されつつあった文化統制、思想弾圧の中で、人間信頼の痛快な勝利をうたい上げた、太宰としてはめずらしく明るい作品である。

太宰　治　明治42（一九〇九）年～昭和23（一九四八）年。小説家。青森県津軽の大地主の六男として生まれた。左翼運動からの脱落と肉親への絶えざる裏切りから生じた深い罪意識を心の底に抱き、自虐と道化のないまざったユニークな作品を書いた。ほかに、『津軽』『斜陽』『桜桃』『人間失格』などがある。

練習問題 8

いずれにせよ、数日を経ないうち、利休は地上から抹殺された。

三人の検使を迎えるまえに、利休は運命の終焉《しゅうえん》を知っていた。急変を告げる、京からの密使のほうが早かった。

死の座は奥の広間であった。

〔出典〕野上弥生子《のがみやえこ》「秀吉と利休」

野上弥生子〈明治18～昭和60（一八八五～一九八五）〉は小説家。「海神丸」「真知子」「迷路」など。

鈍《にび》いろの小袖に、同じいろの細いくけ帯を前結びにした利休は、いままでの大きな骨格がにわかに萎《な》えたように弱々しく、どこか老《ろう》媼《おう》めいて見えた。でも、掛軸も花瓶もとり去られた、空っぽの大床を背にして、冷え冷えとまっさらな青畳に半眼の黒瞳《くろめ》で端坐したところは、茶室での姿そのままにしゃっきりと美しかった。

切腹はほんの型のみであった。利休の皺の多い、動かすとほんとうの大きさより奇妙に細っそり小さく見える手が、くけ帯を押しさげ、胸もとをひろく寛《ひ》ろげ、一方の右手が、まえの台にのせた小さ刀の柄を摑《つか》んで、七十の老翁らしくだらりと白っぽい左の脇腹に突きたてたに遅れず、蒔田淡路守の介錯《かいしゃく》の刀が、高い天井に一瞬きらめき、ぱさっと頸骨《けいこつ》に音をたてた。

朝から潮鳴りの烈しい、春昼のひと時であった。

利休は素直に謝罪しなかったのを悔いていたろうか。あるいは、先頃妻にも話してきかした逸話の、禅師の高齢にあやかってみたところで、それだけ長くこうるさい御機嫌取りがつづくに過ぎないなら、いっそ死の不意討ちでさばさばしたかったたか。もしかまた、その御機嫌取りがいかに危うくむずかしい浮世の綱渡りであるかを、哀れに身をもって教えた宗二が、またふとまぼろしに浮かばなかっ

【参考問題】

1 傍線部ⓐ「それらのおもい」は、どこからどこまでを指しているか。該当する箇所の最初と最後の五文字をそれぞれ記せ。

2 傍線部ⓒの意味として最も適当なものを次から選び、記号で答えよ。

ア 日ごろよりいっそう美しかった。
イ どちらかと言うと美しいと言えた。
ウ むしろ美しいと言ってよいくらいだった。
エ ひときわ美しかった。
オ さすがに美しかった。

たか。ついにともに首を失った死骸は語ろうとはしない。
しかし、書き残された遺偈《いげ》(注)と一首の和歌は、ⓐそれらのおもいとはもっと別な、なにか烈々と燃えたぎるものを隠していた。利休は謝罪を欠いた手紙が秀吉に叫ばせた憤怒を、自分も同じく妖しい火《ほ》むらで投げつけたのかも知れない。それに、ⓑ最後まで彼は疑わなかったのだ。秀吉は彼を殺すことによって、彼からなに一つ奪い取ることはできないことを。

彼が今日までつくりあげたものは、秀吉のためではあるがほんとうは彼自らのものである。彼でなければ決して創造しえなかった意味から、数寄屋の小障子一枚にしろ、厳然とそこに彼が生きていることは、生きていた時にもまして秀吉に思い知らせるはずであった。利休の死顔の威厳に充ちた蒼白の静謐《せいひつ》は、これらの自信と誇りが与えたものである。

ねんごろに浄めたあとの首は、ⓒいっそ美しかった。滑らかに剃りつけた頭部は、つねの恰好《かっこう》のよい膨らみでまだつやつやして、見事に扁平に斬られた切り口の白い骨は、うす紅い肉にまるく囲まれてなにか花の蕊《しべ》のように見えた。

(注) 遺偈《いげ》=臨終のとき、あとに残す偈《げ》(仏の功徳をほめたたえる四句からなる詩)。

〈着眼点〉

参考問題 **1**直前の段落で推測されている、利休の「おもい」を指している。「つい に……語ろうとはしない」という一文で示されているのは、利休の「おもい」ではない。**2**「いっそ」は、むしろの意。

【演習】

一 傍線部ⓑでは、なぜ「彼は疑わなかった」のか。その理由として最も適当なものを次の中から選び、記号で答えよ。

ア 秀吉の御機嫌取りを決してしなかったから。

イ 遺偈と一首の和歌に烈々と燃えたぎる思いを託しおいたから。

ウ 秀吉のためにはなに一つ創造しなかったから。

エ 数寄屋の小障子一枚のうちにも厳然と彼が生きているから。

オ 死顔が威厳に充ちていたから。

二 (1)利休が殺された表面的な理由はなにか。簡潔に説明せよ。

(2)利休が殺された本質的な理由はなにか。次の中から最も適当なものを選び、記号で答えよ。

ア 利休は長生きして秀吉の御機嫌取りをするより死ぬ方が潔いと思っていたから。

イ 利休は茶の宗匠として秀吉が看過できない権威を創りあげつつあったから。

ウ 利休の傲慢な意志と生き方は、しばしば秀吉の地位をも危うくさせたから。

エ 利休の秀吉をないがしろにする態度は封建思想の根底的な否定につながったから。

【演習】一 利休は秀吉が「彼からなに一つ奪い取ることはできない」ことを疑わなかったのである。なぜなら、利休が今までつくったものは「ほんとうは彼自らのもの」であり、彼は死んでもなお「厳然とそこに」生きているからである。二 表面的な理由は「謝罪を欠いた手紙が秀吉に叫ばせた憤怒」という表現にうかがわれる。秀吉は「彼からなに一つ奪い取ることはできない」、「彼が今日までつくりあげたものは……ほんとうは彼自らのものである」、「厳然とそこに彼が生きている」「死顔の威厳に充ちた……自信と誇り」などの表現をみると、利休が独自の価値観に基づ

オ　利休は彼の芸術を楯に、心底では秀吉の権威に決して服従していなかったから。

三　利休が自らの死を通して秀吉に示したものは何か。次の中から最も適当なものを選び、記号で答えよ。

ア　死に臨んでもひるまぬ芸術家の潔い覚悟。
イ　秀吉という世俗的な権威をこえて存在する芸術家の魂。
ウ　つねに自己のためにのみ創造する芸術家の孤独な姿。
エ　死後にまで自分自身を生きさせようとする芸術家の執念。
オ　あくまでも秀吉を無視しようとする芸術家の傲慢さ。

いて生きており、決して秀吉に服していないことがわかる。**三**　前問(1)・(2)の延長上で考える。

2 意図を解釈する　――「どのようなものとして」書かれているか――

文学作品を書く時、作者はその作品を「こういうふうに書きたい」という自覚をもって書くでしょう。その作者の考えているつもりを「意図」と呼びましょう。作者の意図は、当然その作品をどういう材料によって書くか、どういうふうな構成で書くか、どういう言い回しを用いるか、など、いろいろの点に現れてくるに違いありません。表現のこまかな点にまでよく注意して、作者の意図をくみとることも、文学作品を解釈するときにたいせつなものの一つ、と言うべきだと思います。

一つの短いことばの使い方の中に、作者の意図がはっきりと見えてくるという場合もあります。たとえば、この前の『走れメロス』から例を引くと、メロスとセリヌンティウスとがなぐり合って、許し合って抱き合う感動のシーン（109～110ページ、24～48行）に

［例］それからうれし泣きにおいおい声を放って泣いた。

と書かれていた、その「声を放って」という短いことば一つが、二人の男をたくましくて豪快な男性的な人物として書こうとした意図を、はっきりと示しているのはよい一例です。「声を出して」よりも「声を上げて」が一層強く、「声を放って」はそれよりもさらに強い、ということを考えればその点は明瞭でしょう。

また作中人物にどのような行動・発言をとらせているかという点に、作者の意図が現れてくる場合もありましょう。これも前の『走れメロス』から例をとると、

〔例〕メロスが自分の一時的な裏切りを罰するために、セリヌンティウスになぐられることを望む。

という行動は、やはりメロスを男性的な人間として描こうとした意図の現れと解釈されます。「すまなかった。許してくれ。」と自分の心のきたなさを正直にうちあけて許しを乞うのも、十分に男性的ですが、なぐるという肉体的刑罰を進んで求めることの方が豪快であることを思えば、この点も明瞭ではないかと思います。

もちろんその作品の全体的な構成は、大きく作者の意図を示すものです。もう一度『走れメロス』に例をとることにしますが、

〔例〕親友の信頼を裏切ろうとする心の誘惑を克服して、ついに信義をまっとうする。

という『走れメロス』の構成は、信頼ということに命をかけた人間の、雄々しい姿を描こうとした意図によって定められたものです。裏切ろうとする気持ちがまことにやむをえぬ心の動きとして描かれていることは「例題八」の読解に、指摘しておきましたが、やむをえぬ事情であればあるだけ、それを克服した心は強さをもってくるわけです。実は『走れメロス』は、このような雄々しい男の信頼の勝利のかげで、人間への不信に悩まされていた暴君ディオニスがおずおずと救われ

る、その救済の可能性と人間信頼へのあこがれのようなものを描こうとしたのだ、と解釈することができるのですが、今は『走れメロス』の奥の意図を考えるまでのことをしないで話を進めます。雄々しくたくましい男性が、友との信頼に命をかけてついに凱歌をあげる、という話の構成は、あくまでメロスを雄々しくたくましい男性として描こうとした意図と直結するものと言うべきでしょう。

意図のとらえ方

1 短いことばの使い方一つ一つにも注意を配り、そこから作者の意図をくみとることにつとめる。
2 作中にとり上げられた、人物の行動や発言、人々のおこす事件、などに注意し、それらの行動・発言・事件を材料としてとり上げた作者の意図を、そこから推定する。
3 作品の構成にも注意し、そういう主題を通して作者が表そうとしたもの、を探る。

【例題九】

こころ　夏目《なつめ》漱石《そうせき》

（この段までのあらすじ）「私」は父母を失い、遺産の管理を叔父に託して東京に遊学した。ところが叔父は遺産

1
〈あらすじ〉のところにまとめたのは、『こころ』という作品の終わりのほう、「先生と遺書」と題された章の中での、「この段までの」梗概にすぎません。これの前には、長い「先生と私」の章、比較的短い「両親と私」の章、があります。そして初めの二章の「私」と、「先生と遺書」の章の「私」とは、人物が全く違うのです。

に手をつけてしまう。残りの遺産で十分やっていけるというものの、「私」は人間を信じられぬ暗い人になっていくが、部屋を貸してくれた母娘の温かさでやや立ち直り、「お嬢さん」には恋心を抱くようになる。

だが同じ家に部屋を借りるようにと、同郷のKを呼んだことが、「私」の心のリズムを乱す結果となった。宗教的で禁欲的な性格のKが、「お嬢さん」への恋を「私」に打ち明けたからである。「私」は動揺し、「お嬢さん」との結婚を「奥さん」に申し込み承諾を得てしまう。「私」はKをだしぬいた後ろ暗さに悩むが、「お嬢さん」の婚約を「奥さん」の口から聞いたKの態度は、意外にも平静であった。

設問

この作品に登場する人物に、作者がどんな人間像を与えようとしているのか共通点を考えなさい。

考え方 「先生と私」「両親と私」の二つの章に現れる「私」は、地方から出て来て東京の大学で勉強をしている学生です。この小説が書かれたころは、大学の数も少なく、そこまで進学する者も少数でしたから、息子を東京の大学へやっている親は、その地方では立派な資産家であったのです。

その「私」は、ある夏に鎌倉の海水浴場で偶然に出会った「先生」に接近します。「先生」も「私」と同様に、地方の財産家の出で、大学を出たインテリであり、定職もなしに美しい奥さんと家庭生活を送っていける、恵まれた人なのですが、近づく者に心の底を開いて見せない暗さがあります。「私」はそうした「先生」の思想や性格に敬意と興味を持ち、「先生」も「私」を唯一の友人のごとくに遇するのですが、「先生」の過去については、いつか君には打ち明けよう、と言いながら、話すのを避けるのが常でした。

父の危篤で郷里へ帰った「私」に、ある日東京から分厚い手紙がとどきます。それは「先生」からのもので、病臥《びょうが》している父の枕許を離れた「私」が封を切って見ると、「此《この》手紙があなたの手に落ちる頃には、私はもう此世には居《い》ないでしょう」という文字が目を射ます。「先生」の遺書なのです。

勘定してみると奥さんがKに話をしてからもう二日余りになります。その間Kは私に対して少しも以前と異なった様子をみせなかったので、私はまったくそれに気がつかずにいたのです。彼の超然とした態度はたとい外観だけにもせよ、敬服に値すべきだと私は考えました。彼と私を頭のなかで並べてみると、彼のほうがはるかにりっぱにみえました。「おれは策略で勝っても人間としては負けたのだ。」という感じが私の胸にうずまいて起こりました。私はそのときさぞKが軽蔑していることだろうと思って、ひとりで顔を赤らめました。しかしいまさらKの前に出て、恥をかかせられるのは、私の自尊心にとって大いな苦痛でした。

驚いた「私」は、そのまま東京行きの汽車にとび乗ってしまいます。

　こういう文脈をうけて続くのが「先生と遺書」の章なのです。その章は全文が先生の遺書の形で書かれています。だからこの章の「私」は、「先生」のことなのです。

2 「勘定してみると（1行）」から「大いな苦痛でした（19行）」までを読んで、作者が「私」をどのような人物として描こうとしているかを、考えてみよう。

考え方 ここに書かれている内容は、Kの態度に対する「私」の感情です。Kは自分が「お嬢さん」を愛していることを、「私」に打ち明けた（あらすじ）のですが、それはKの「私」への信頼のあらわれです。ところが「私」はそのKをだしぬいて、「お嬢さん」との結婚の約束をとりつけてしまいます。何も知らない「奥さん」からそのことを聞いた時、Kは驚き、「私」に対する非難と怒りに胸をもやしたでしょう。少なくとも普通の人間なら、「実は僕もお嬢さんと結婚したいのです」と「奥さん」に言うなり、「私」に対して「どうして人をだしぬくような卑怯《ひきょう》なことをするのか」と詰め寄るはずです。だ

私が進もうかよそうかと考えて、ともかくもあくる日まで待とうと決心したのは土曜の晩でした。ところがその晩に、Kは自殺して死んでしまったのです。私は今でもその光景を思い出すとぞっとします。いつも東枕で寝る私が、その晩にかぎって、偶然西枕に床を敷いたのも、なにかの因縁かもしれません。私は枕もとから吹き込む寒い風でふと目をさましたのです。見ると、いつもたてきってあるKと私の部屋との仕切りの襖《ふすま》が、この間の晩と同じくらいあいています。けれどもこの間のように、Kの黒い姿はそこには立っていません。私は暗示を受けた人のように、床の上にひじをついて起き上がりながら、きっとKの部屋をのぞきまし

がKは「奥さん」にも「私」にも、何も言いませんでした。

今の時代ならこんな場合、自分の恋をも主張して、Kは「私」と「お嬢さん」を争ったかもしれません。だが時代が違ううえに、Kは知識人でした。今もそうですが、知識人は露骨に争うことを好みません。けれどももちろんだれだって負けたくないのです。Kはおそらく「お嬢さん」への恋よりも、もっと高い所に、自分の人生の目標はある、と思おうとしたのでしょう。

「私」のほうも同じく知識人なのですが、「私」は「お嬢さん」への恋の争いに勝つために、Kをだしぬく手段をとってしまいました。「私」が、「超然とした（6~7行）」Kの態度に対して、「策略で勝っても人間としては負けた（11~12行）」と感ずるのは当然です。にもかかわらず「私」は、Kの「軽蔑（15行）」を思って「顔を赤らめ（16行）」ながらも、「自尊心（18行）」が傷つくのを恐れて、Kにあやまろうともしないのです。作者が「私」に与えようとしたものを一口で言えば、「自尊心」ばかり肥大した知識人の弱さ、ということになるでしょう。

た。ランプが暗くともっているのです。それで床も敷いてあるのです。しかし掛け布団ははね返されたように裾《すそ》のほうに重なり合っているのです。そうしてK自身は向こう向きに突っ伏しているのです。
私はおいと言って声をかけました。しかしなんの答えもありません。おいどうかしたのかと私はまたKを呼びました。それでもKのからだはちっとも動きません。私はすぐ起き上がって、敷居ぎわまで行きました。そこから彼の部屋の様子を、暗いランプの光で見まわしてみました。
そのとき私の受けた第一の感じは、Kから突然恋の自白を聞かされたときのそれとほぼ同じでした。私の目は彼の部屋の中をひと目見

3 相手のKはどうでしょう。

考え方 「私」をこのように惨《みじ》めな思いにさせた、「超然」たる態度をとっていたKも、実は決して強い人間ではありませんでした。Kは「自殺して死んでしまった（23〜24行）」のです。自殺は結局は逃避にほかならない、とすれば、むしろKのほうがいっそう弱い人間だった、とも言えるでしょう。

Kの自殺の原因は、もちろん「お嬢さん」とのことだけではないのでしょう。Kは元来「宗教的（あらすじ）」な人物で、物事を深く考える性格の持ち主でした。（あらすじ）の短いスペースではまとめることが出来ませんでしたが、実はKは養子に行き、その養家の資金で東京の大学で勉強していたのです。養家ではKを医者にするつもりで東京へ出しているのですが、Kは医者になる気など毛頭なく、自分の好きな宗教・哲学の道へ入っているので、これなどはKの、周囲の意向に左右されない自我と、思弁を好む性向とを物語るものと言ってよいでしょう。

だがKもいつまでも養家をあざむきつづけるわけにもいかず、医学の道を歩んでいないことを告白してしまいます。

るやいなや、あたかもガラスで作った義眼のように、動く能力を失いました。私は棒立ちに立ちすくみました。それが疾風のごとく私を通過したあとで、私はまたああしまったと思いました。もう取り返しがつかないという黒い光が、私の未来を貫いて、一瞬間に私の前に横たわる全生涯《しょうがい》をものすごく照らしました。そうして私はがたがた震えだしたのです。

それでも私はついに私を忘れることができませんでした。私はすぐ机の上に置いてある手紙に目をつけました。それは予期どおり私の名あてになっていました。私は夢中で封を切りました。しかし中には私の予期したようなことはなんにも書いてありませんでした。

養家はもちろん大いに立腹し、結局Kは養家との縁を切って実家に復します。ただし実家も養家への義理があって、Kの面倒は今後一切見ない、と言ってきます。養家と実家との両方から見離され、経済的な援助も一切ストップという、一種の窮地にKはいたのです。だからKは、「お嬢さん」への恋がつのるごとに、一種の光明を見いだしていたのでしょう。その「お嬢さん」は、自分の恋を知っている唯一の友人である「私」が奪ってしまった。そんなことよりもっと大切なことが自分にはある、と思おうとしても、養家、実家、「私」、「お嬢さん」の、すべてとのつながりの切れたKは、完全に行き詰まってしまうのです。そして遂に耐えかねたかのように、自殺すなわち一切からの逃避の道を選びます。Kもまた弱い知識人なのです。

4 Kの死に直面して「私」のとった態度、「私」の頭に浮かんだことが、何を意味するか考えてみよう。

考え方 「私」が「おい(45行)」と声をかけ、「おいどうかしたのか(47行)」と声をかけるのは、だれでもする当然のことで、別に高まっていく不安を読みとる注意さえ怠らなければ、別に

私は私にとってどんなにつらい文句がその中に書き連ねてあるだろうと予期したのです。そうして、もしそれが奥さんやお嬢さんの目に触れたら、どんなに軽蔑されるかもしれないという恐怖があったのです。私はちょっと目を通しただけで、まず助かったと思いました。（もとより世間体《せけんてい》のうえだけで助かったのですが、その世間体がこの場合、私にとっては非常な重大事件にみえたのです。）

手紙の内容は簡単でした。そうしてむしろ抽象的でした。自分は薄志弱行でとうてい行く先の望みがないから、自殺するというだけなのです。それから今まで私に世話になった礼が、ごくあっさりした文句でそのあとに付け加えてあ

言うことはありません。問題はむしろ、その次にあるのです。

「そのとき私の受けた第一の感じは、Kから突然恋の自白を聞かされたときのそれとほぼ同じでした（54～56行）」というのは、Kが自殺をしたのだという事実そのものは認識できても、その事実の意味が了解できないでいる状態です。ショックというものは、最初はこのような、目ではわかっているけれども、心ではついていけないという形で訪れるものです。そして心が目についていき始めたときに、はじめてショックがほんものになります。

「私」の今の場合も、「それが疾風のごとく私を通過したあとで（61～62行）」ほんとうの意味でのショックが「私」をゆさぶります。それが「ああしまった（62～63行）」であることに注意してください。Kの生命を守るべき立場に「私」がいたわけでは、もちろんありません。Kに対してとるべき態度をとりかねている中に、事態のほうが進行してしまって、もはや自分としては「取り返しがつかない（63～64行）」所に来てしまった、という意味での「ああしまった」です。「私」は前に、Kから「お嬢さん」への恋を打ち明けられたとき、

りました。世話ついでに死後のかたづけ方も頼みたいということばもありました。奥さんに迷惑をかけてすまんからよろしく詫《わ》びをしてくれという句もありました。国もとへは私から知らせてもらいたいという依頼もありました。必要なことはみんなひと口ずつ書いてあるなかにお嬢さんの名まえだけはどこにも見えません。私はしまいまで読んで、すぐKがわざと回避したのだということに気がつきました。しかし私の最も痛切に感じたのは、最後に墨の余りで書き添えたらしくみえる、もっと早く死ぬべきだのになぜ今まで生きていたのだろうという意味の文句でした。

　私は震える手で、手紙を巻き収

「ああしまった」と思ったことがあります。「お嬢さん」への恋をKに打ち明けようか、と迷っていた矢先に、逆にKから打ち明けられたので、「先を越された」と思ったのです。だから今「またああしまったと思いました（62～63行）」ということになるのですが、ことばは同じ「しまった」でも、意味は全く違います。今度のは、Kの死が「私の前に横たわる全生涯（65～66行）」を暗いものにするであろうことを、直観しての「ああしまった」なのです。

5 もっと具体的な「私」の反応はどうでしょう。

考え方「それでも私はついに私を忘れることができませんでした（69～70行）」と作者は「私」に書かせます。私は目の前の自分の苦境を、どう切りぬけるかということに、まず頭をはたらかせたのです。

「私」はKの遺書を見つけます。「夢中で封を切りました（74行）」と書かれていますが、Kが死んだということを、「奥さん」や「お嬢さん」に知らせる前に、まずKが「私」にとって不利なことを書いていはしないか、を確かめるのです。だが「私」が覚悟していた「つらい文句（77～78行）」は、幸いに

めて、ふたたび封の中へ入れました。私はわざとそれをみんなの目につくように、もとのとおり机の上に置きました。そうしてふり返って、襖にほとばしっている血潮をはじめて見たのです。

もKの遺書の中には書いてなくて、「奥さんやお嬢さんの目に触れたら、どんなに軽蔑されるか（80〜81行）」という「恐怖（82行）」は、その心配がないとわかります。

「私」がKの遺書を、「ちょっと目を通した（83行）」のは、そのような恐るべきことばのありなしだけを、まず確認しようとした気持ちをあらわすものでしょう。Kの生命のことよりも、自分の「自尊心」のほうのために、というのが今の「私」の態度なのです。そして「お嬢さん」のことが書かれていないとわかって、「助かった（84行）」と思うのです。

自尊心が傷つけられるかもしれないという恐れを抱いた者が、その心配はないとわかったときにまず抱く感情は、たしかに「助かった」という感情でしょうが、この場合、それはあまりに自己中心的です。自尊心が傷つくか傷つかないかにかかわりなく、自尊心を犠牲にしかねないような態度をとったことのほうが、当人にとっては重大なことなのですから。だから「私」が「助かった」のも、ただこの場を「助かった」にすぎず、かえってそれが長い未来にわたって心の影となる羽目に追いこまれていくのです。

6 Kの遺書の内容について、気づくことはありませんか。

考え方 Kがその遺書の中で、「簡単（89行）」で「抽象的（90行）」なことしか書いていないのも、やはり自尊心のためなのです。養家との縁が切れて送金も止まって苦しいとか、実家の者にも申しわけがないとか、そんなことを書いて死ぬのは自分が惨めで、できないのです。「薄志弱行（91行・意志が弱くて実行力がない）」などという言葉は、この場合むしろきれいごとです。「私に世話になった礼（93～94行）」だの、「死後のかたづけ方（96～97行）」だの、「奥さんに迷惑をかけて（98～99行）」だの、「国もとへの依頼（100～102行）」だの、すべて、死に行く者が自分をきれいにするために残していくものではありますが、「お嬢さんの名まえだけはどこにも見えません（104～105行）」という不自然の前では、形式的なきれいごとに見えてきます。

Kは、「お嬢さん」を愛した人間として死にたい、といった情熱の持ち主ではないのです。「わざと回避した（106～107行）」のも、「お嬢さん」や「私」のためにと言うよりは、むしろK自身のためでしょう。最後に「墨の余りで書き添えた（109～110行）」ことば、「もっと早く死ぬべきだのに……（110～112行）」というのも、いよいよ死ぬと決心して見れば、実家から見放されたときでも、養家との縁が切れたときでも、いやもっと早く、宗教や哲学に心を惹《ひ》かれ始めたときでさえも、死ぬチャンスだったと思われるというだけのことで、「お嬢さん」とのことが動機なのではない、ということにはなりません。「私」はその部分を「最も痛切に感じた（108～109行）」とありますが、それもKと生命、もっと広く言えば人間と生命とについて感じたもので、「私」とKと「お嬢さん」との関係への自責から解放されたのだなどとは誤解しないでほしいものです。

7 最後の「私」の態度を中心に、例題として採った部分全体の構成と主題をふり返ってみよう。

考え方 「私」はKの遺書を、「わざとそれをみんなの目につくように（116～117行）」置きます。もう安心だからです。そしてはじめてKの「襖にほとばしっている血潮（119行）」が目に入ります。それまではK

の流した血は、「私」の目に入っていなかったのです。

Kは「私」の友人でした。Kはつきあいが極端に少なく、「私」だけに「お嬢さん」への恋を打ち明け、そして「私」に裏切られました。「私」はKを裏切ることによって「お嬢さん」を手に入れますが、二人は共に深い所で傷ついたのです。しかもその傷を癒《いや》してくれるような人を求めて叫ぶわけでもなく、自分自身の中でそれを解決しようとします。そうしなければ知識人ともあろうものがみっともなく、自尊心が傷つくからです。そしてそのために、まずKが自殺し、ずっと深く傷ついた「私」は、さらに暗い後半生を生きつづけて、いま自殺しようとするのです。知識人がその自尊心故《ゆえ》に傷ついていく姿は、Kと「私」の両方の姿で、ありありと表されている、と言うべきでしょう。

《解答》「私」もKも、心の傷を自分自身の中で解決しようとし、それ故に、かえって傷を深くして敗北していくような、自尊心が強くて、実は脆《もろ》く弱い知識人として描かれている。

《例題九の作品と作者》

こころ　大正3（一九一四）年『朝日新聞』に連載。「先生と私」「両親と私」「先生と遺書」の三部で構成。若い時、叔父にだまされた「先生」は二度と人にだまされまいと決意するとともに、自分は決して人をだますような人間ではないと自認する。ところが、お嬢さんをめぐって友人「K」をだしぬいた「先生」は、その罪の意識に身動きできなくなる。「K」への裏切りが、近代人として持たざるを得ぬ罪悪感にまで深められ、結局、乃木大将の殉死の報を聞いた時「明治の精神に殉死する」覚悟で自殺を決意、若い「私」に遺書を残すことによって、その間の事情を明らかにする。

『三四郎』以後一貫して近代人

の自我の構造を追究してきた漱石が、「自然」「天」に対しての「人間」の罪性をえぐり出してみせた作品。漱石にとっては、一つの結論的作品でもあった。

夏目漱石 慶応3（一八六七）年〜大正5（一九一六）年。小説家。明治33年から36年にかけてロンドンに留学。池田菊苗との出会いに触発されて「文学論」を構想。真面目に文学に自分の一生を賭《か》ける決意をする。明治40年、教師生活から『朝日新聞』に入社。『虞美人草《ぐびじんそう》』『門』『道草』『明暗』などを書く。孤高を保った鷗外《おうがい》と違い、小宮豊隆《こみやとよたか》・寺田寅彦《とらひこ》・鈴木三重吉《みえきち》・和辻哲郎・芥川龍之介など多くの弟子に恵まれ、晩年の境地は「則天去私」として有名である。

練習問題

9 その夕方のことである。その日、浄瑠璃寺から奈良坂を越えて帰って来たぼくたちは、そのまま東大寺の裏手に出て、三月堂を訪れた後、さんざん歩き疲れた足を引きずりながら、それでもせっかくここまで来ているのだからと、春日の森の中をあしびの咲いているほうへほうへと歩いて行ってみた。夕じめりのした森の中には、その花のかすかなかおりがどことなく漂って、ふいにそれをかいだりすると、なんだか①身のしまるような気のするほどだった。だが、もうすっかり疲れきっていたぼくたちはⓐそれにもだんだん刺激が感じられないようになりだしていた。そうして、こんな夕方、その白い花の咲いた間をなんということもなしにこうして歩いてみるのをこんどの旅の楽しみにしてきたことさえ、少しももう考えよ

【出典】 堀《ほり》 辰雄《たつお》「浄瑠璃寺《じょうるりじ》の春」

堀 辰雄（一五〇ページ参照）

【参考問題】

1 傍線部ⓐⓑの指す内容を本文中からそれぞれ十字以内の語句を抜き出して示せ。

2 傍線部①で「身のしまるような気のする」のはなぜか。その理由として最

うともしなくなっているほど、——少なくとも、ぼくの心は疲れたからだとともにぼおっとしてしまっていた。

突然、妻が言った。

「なんだか、ここのあしびと、浄瑠璃寺にあったのとは、少し違うんじゃない？　ⓑここのは、こんなにまっ白だけれど、あそこのはもっとふさが大きくて、うっすらと赤味を帯びていたわ。……」

「そうかなあ。ぼくにはおんなじにしか見えないが……」

ぼくは少し③めんどうくさそうに、妻がたぐりよせているその一枝へ目をやっていたが、

「そういえば、④すこうし……」

そう言いかけながら、ぼくはその時ふいと、ひどく疲れて何もかもが妙にぼおっとしている心のうちに、きょうの昼つかた、浄瑠璃寺の小さな門のそばでしばらく妻とふたりでその白い小さな花を手に取り合って見ていた自分たちの旅姿を、なんだかそれがずっと昔の日の自分たちのことでもあるかのような、妙ななつかしさでもって、あざやかによみがえらせだしていた。

【演習】

も適当なものを次から選び、記号で答えよ。

ア　あしびのかおりをかぎ古代の森厳さにうたれたから。

イ　東大寺を訪れて古都の雰囲気にとらわれていたから。

ウ　あしびの花をたずねるのが旅の楽しみだったから。

エ　夕やみせまった森の霊気にうたれたから。

〈着眼点〉

参考問題　**1**　ⓐは花のかおりを指している。ⓑは、今「ぼくたち」がどこの「あしび」を見ているのかを考えれば容易。**2**あしびの「かおり」にふれたのが直接の原

一 傍線部②以前では、「ぼくたち」は疲れきっていたという描写になっていたのに、ここでは「少なくとも、ぼく」は疲れていたという表現になっている。ここだけ「少なくとも、ぼく」は、と限定した理由をわかりやすく述べよ。

二 傍線部③で「めんどうくさそうに」したのはなぜか。その理由として最も適当なものを次から選び、記号で答えよ。

ア 妻と話すのに興味がなく、静寂を楽しんでいたから。
イ 旅の目的をもう少しも考えようとしていなかったから。
ウ ぼくの心は疲れたからだとともにぼおっとしていたから。
エ 妻のいうことが昔の日のことのように思われたから。
オ すでにあしびの花に興味がなくなっていたから。

三 傍線部④のあとには「ちがうようだね」ということばが入るはずであるが、それが「……」となっているのはなぜか。その理由として最も適当なものを次から選び、記号で答えよ。

ア 「少し」と微妙にちがう感覚をいおうとしているから。
イ ぼくの心がぼおっとしていることを強調しているから。
ウ あとにつづく夢のような世界への導入を果たしているから。
エ めんどうくさそうにいっているのを表しているから。
オ 妻への優しいおもいやりが感じられるようにしているから。

因だったことに注意。

【演習】一「少なくとも、ぼく」は、と言う限り、妻には疲労が感じられない部分があったのだろう。なぜ妻には疲労がないと思われたのか？ 二「ぼく」は疲れのために、妻の発見の驚きに、すぐには感応できないのである。三「そう言いかけながら、ぼくはその時ふいと……」とあるから、「言いかけ」て、ことばを呑みこんだ理由は、これ以下の部分に示されていると考えてよい。「きょうの昼つかた」の情景を「あざやかによみがえらせ」ていることが、最大のポイントになる。

10

庭の芝生が冬の潮風に枯れて来た。硝子戸《ガラスど》は終日辻馬車の扉のやうにがたがたと慄《ふる》えてゐた。もう彼は家の前に、大きな海のひかへてゐるのを長い間忘れてゐた。

或る日彼は医者の所へ妻の薬を貰ひに行つた。

「さうさう。もつと前からあなたに云はう云はうと思つてゐたんですが。」

と医者は云つた。

「あなたの奥さんは、もう駄目ですよ。」

「はァ。」

彼は自分の顔がだんだん蒼ざめて行くのをはつきりと感じた。

「もう左の肺がありませんし、それに右も、もう余程進んでをります。」

彼は海浜に添つて、車に揺られながら荷物のやうに帰つて来た。[1] 晴れ渡つた明るい海が、彼の顔の前で死をかくまつてゐる単調な幕のやうに、だらりとしてゐた。彼はもうこのまま、いつまでも妻を見たくないと思つた。もし見なければ、いつまでも妻が生きてゐるのを感じてゐられるにちがひないのだ。

彼は帰ると直ぐ自分の部屋へ這入つた。そこで彼は、どうすれば

【出典】
横光利一《よこみついち》「春は馬車に乗って」
横光利一〈明治31～昭和22（一八九八～一九四七）〉は小説家。「日輪」「上海」「機械」「紋章」「旅愁」など。

【参考問題】

1 本文中で表現上の効果をあげるために筆者が多用している修辞技法は何か。

2 妻にかかりきりだった「彼」は「自然」にどのように対していたか。それがよくわかる一文をさがし、最初の五文字を記せ。

妻の顔を見なくて済まされるかを考へた。彼はそれから庭へ出ると芝生の上へ寝転んだ。身体が重くぐつたりと疲れてゐた。涙が力なく流れて来ると彼は[2]枯れた芝生の葉を丹念にむしつてゐた。

「死とは何だ。」

ただ見えなくなるだけだ、と彼は思つた。暫くして、彼は乱れた心を整へて妻の病室へ這入つていつた。

妻は黙つて彼の顔を見詰めてゐた。

「何か冬の花でもいらないか。」

「あなた、泣いてゐたのね。」と妻は云つた。

「いや。」

「さうよ。」

「泣く理由がないぢやないか。」

「もう分つてゐてよ。お医者さんが何か云つたの。」

妻はさうひとり定めてかかると、別に悲しさうな顔もせずに黙つて天井を眺め出した。彼は妻の枕元の籐椅《とうい》子《す》に腰を下ろすと、彼女の顔を更《あらた》めて見覚えて置くやうにぢつと見た。

——もう直ぐ、二人の間の扉は閉められるのだ。

——しかし、彼女も俺も、もうどちらもお互ひに与へるものは与

〈着眼点〉

参考問題 **1**「辻馬車の扉のやうに」「荷物のやうに帰つて来た」「単調な幕のやうに」などの表現に注意せよ。

2「大きな海のひかへてゐるのを長い間忘れてゐた」ということから、「彼」がいかに「海（＝自然）」に無関心であったかがよくわかる。

へてしまつた。今は残つてゐるものは何物もない。

その日から、彼は彼女の云ふままに機械のやうに動き出した。さうして、彼は、それが彼女に与へる最後の餞別《せんべつ》だと思つてゐた。

【演習】

一　傍線部1では「彼」のどのような様子を表現しようとしているのか。二十字以内でわかりやすく説明せよ。

二　傍線部2について。

(1)「彼」のこのような行為の底には、どのようなものが潜んでいると考えられるか。それを示すのに最も適当な語句を本文中から抜き出して記せ。

(2)ここで示されている「彼」の態度と対照的な妻の様子が記されている箇所がある。それを二十五字以内で抜き出して記せ。

【演習】一　遠からずやってくる妻の死をはっきりと告げられた「彼」が、すっかり意気消沈して、「荷物のやうに」なってしまったということに注意。二 (1)このような行為をしたのは、彼の心の底にある悲しみや衝撃をまぎらわすためであろう。彼の〈悲しみ〉〈衝撃〉を示しうる語句を探すこと。(2)「彼」に比べると、妻は自分の死をいかにも落ちついて迎えているように見える。それがよくわかる箇所を抜き出したらよい。

3 文体を解釈する

——「どのように」表現されているか——

作品を読んで残る印象や感動は、〈どんなことが（主題）〉〈どのようなものとして（意図）〉書かれているか、によって決定されるものではありますが、ただそれだけではなくて、その主題・意図が「どのように」表現されているか、によっても影響されます。という言い方は読む者の側から言ったのですが、作者の側から言うと、どんなことを、どのようなものとして書くか、ということと共に、それを、どのように書くか、が創作に当たっての課題となるのです。

あるユーモラスな出来事を、人生の楽しい側面として描きたい、というような時、作家はユーモア小説にふさわしい書き方をしなければならないでしょう。たとえばしかつめらしい漢語を避けて流行語をふんだんにとり入れ、何度も読み返さないとわからないような複雑な文構造は避けて、平明な構文を選び、思わせぶりな風景描写などは避けて、はずんだ行動と明朗な会話とを選ぶ、というように。このような、主題や意図を実際の表現に定着させていくための特定の書き方を、**文体**と呼びます。

だから文体というものは、最も具体的には、ある作品の書き方の特徴にほかなりません。たとえば、形容詞がよく使われているとか、文が短いとか、風景描写が多いとか、比喩《ひゆ》が多いとか、要するに表現法の特徴の総和を言うわけです。漢文直訳体・和漢混交体・俗語体などというのは、表現法の特徴を一そう大くくりにして一つの様式にまとめて名づけたもので、文体という名で呼ばれるものの中では、いちばん大まかなものに属します。現代小説を読む時は、このような大まかな様式よりも、やはり表現そのものを語彙・構文の各面にわたって観察して、特徴となっている表現法をとらえることから始めるべきだと思います。

と同時に文体は、ただ表現法の特色としてとらえられるだけでなく、主題・意図を表現に定着させるのに最もふさわしい書き方として解釈されねばなりません。表現法のその特色が、その作品における主題・意図にいかにふさわしいか、を考えるわけです。手近な言い方をすれば、たとえば、文の短い作品があるとして、その文の短さがその作品のために、どういう効果をはたしているか、というようなことを考えるのです。そういうことにすぐに気づかないときは、もしもその作品が長ったらしい文を多く用いて書かれていたら、どんな印象になっているか、を考えてみることが役に立ちます。

さてこの文体は、結局は作者の性格と深い関係がある、と言われています。作者がどのような性格の人間であるかによって、その作家の文体が定まる、という考えです。確かに読みなれた作家の文章は、たとえその作品がだれの書いたものであるかを知らずに読んでも、どうやらこれはあの作家の文章ではないか、ということがわかってくるものです。音楽でも（たとえば、ベートーヴェンの交響楽はちょっと聞くだけで彼のものであることがわかります）、また絵画でも（たとえば、ピカソの絵は遠くから見るだけで彼の作とわかります）同じことが言えましょう。人間には持って生まれた天性というものがあり、その天性が彼の創作――音楽にせよ絵画にせよ文学にせよ――をはっきりと規定し、そこにその人間でなくてはならない特色をただよわせます。だから**文体を通して作者の天性を解釈する**ことが可能でもあり必要でもあるわけです。

けれども作者を解釈することは、文体だけからでは十分でないでしょう。どのような主題を好んで作品に書くか、ということなどもすべて作者の解釈のために欠くことはできますまい。だから今は文体は作者を解釈する時の重要な着眼点の一つだということを言うにとどめます。

文体のとらえ方

1 語彙・構文の各面にわたって、表現上の特色となっているものをとらえる。
2 その特色を、主題・意図の、表現における定着として解釈する。
3 できれば文体を通して、作者の天性を考えてみる。

【例題一〇】

こぶしの花

堀《ほり》 辰雄《たつお》

(この段までのあらすじ)「春の奈良へいって、あしびの花ざかりを見ようと思って、途中木曾路をまわってきたら、おもいがけず吹雪にあいました。」というはがきの文で、この作品は始まる。主人公は「僕」。今汽車の窓から雪の降る木曾の谷々をながめている。客の少ない車内は寒く、同行の妻も読みさしの本を持って、日のあたる側へ席をうつした。「僕」だけは日のあたらぬ側でがんばりながら、「この雪のそとに出たら、うららかな春の空が、そこに待ちかまえていそう」な雪景色をながめている、車内に時々床を踏み鳴らす男がいて、その都度「僕」の妻は「僕」にいやねえという顔をしてよこす。

間もなく窓の外の雪が少なくなってきているのに気がつく。そろそろ雪と

1 (あらすじ) から最後まで読み通して、だいたい何が書いてあるのかを大づかみにしよう。

考え方「僕」と妻とは旅に出ている。急ぎの用事というのでもないらしく、「春の奈良のあしびの花ざかり」を見るために、「木曾路をまわって」やって来た、のんびりとした旅のようです。木曾の山や谷は深く、雪がしきりと降っていますが、木曾を離れるとたぶん雪ともお別れとなり、替わりに平原の春にめぐりあえそうな、そういう状況です。冬が去って春が来るという、季節の移り変わりの中でも特にだれもが期待するその「季節の移り目」です。

こぶしの花は、その季節の移り目のシンボルではないでしょうか。「雪国の春にまっさきに咲くというそのこぶしの花 (70~72行)」なのですから。したがって、この作品の結末にある「そのまっ白い花からは、いましがたの雪が解けながら、その花のしずくのように、ぽたぽたと落ちているにちがいなかった (75~78行)」というイメージ、特にその雪が解けて花のしずくとなる様は、行く冬と来る春とが交錯したその瞬間を、みごとにとらえた作者のイメージと理解

お別れか、と思うと「僕」は惜しいような気がして来た。その時に、隣席の夫婦がこぶしの花が咲いている、と言っているのが耳に入る。それを見つけようときょろきょろする「僕」を隣席の夫婦は不思議そうにながめる。

設問

この作品の表現の特色を指摘して、それがこの作品にどのような効果を与えているか考えなさい。

　僕はどうもてれくさくなって、それをしおに、ちょうど僕とは筋向かいになった座席であいかわらず熱心に本を読みつづけている妻のほうへ立ってゆきながら、「せっかく旅に出てきたのに本ばかり読んでいるやつもないもんだ。たまには山の景色でも見ろよ。……」そう言いながら、向かいあいに腰かけ

されねばなりません。

　つまりこの作品は、一口に——したがっておおざっぱに——言えば、行く冬と来る春との交錯を、鋭い感覚でとらえた作品だ、と評してよいでしょう。

2 全体にわたっての、語彙の特色に注意してみよう。特に目立つ語彙はない。けれどもそれは特色がないということではありません。「ささやかな」語が多い、ということが、言えそうに思いませんか。

考え方 語彙の特色というのは、たとえば、同じ「泣く」という語が一ぱい使われているとか、俗語が非常に多いとかの、つかみやすいものばかりとはかぎりません。特色という以上、きわめて特徴的な異色のあるものを探そうとするのは当然ですし、またそういう特徴的な語の目立つ、つかみやすい作品があることも事実です。けれども「泣く」などの語一つ、または俗語などと一くくりにしやすいこういうものばかりを探していては、何一つ特徴的なものを見いだし得ない、ということが少なくありません。この作品の場合もそうでしょう。

て、そちらがわの窓のそとへじっと目をそそぎだした。

「だって、わたしなぞは、旅先ででもなければ本もゆっくり読めないんですもの。」妻はいかにも不満そうな顔をして僕のほうを見た。

「ふん、そうかな。」ほんとうをいうと、僕はそんなことには何も苦情を言うつもりはなかった。ただほんのちょっとだけでもいい、そういう妻の注意を窓のそとに向けさせて、自分といっしょになって、そこいらの山の端にまっ白な花を群がらせているこぶしの木を一、二本見つけて、旅のあわれを味わってみたかったのである。

そこで、僕はそういう妻の返事にはいっこうとりあわずに、ただ、すこし声を低くして言った。

この際できることと言えば、与えられた作品の中から、特徴的な一つの語を選ぶかわりに、特徴的と言えそうな語、のグループを見いだすことしかありません。もっとも数は少なくても、内容的に重要な語をつかむことが可能な場合もあることはあります。たとえば、「例題九」の「こころ」の場合なら、「自尊心」や「軽蔑・恐怖・苦痛」などが重要な語であることに気づくことは、それほど困難なことでもないと言えましょう。だがこの作品では、そういう意味での重要な語らしいものも、見いだしにくいようです。

そんなとき、つまりこの作品のような場合でも、繰り返し読むうちには、一くくりになりそうにもない語と語とが一つのグループになっているのに気づく、ということがあるものです。「ささやかな」語というのがそれです。たとえば、

（19行）ほんのちょっとだけでもいい　（すっかり　ナドト対比ノコト）

（23〜24行）こぶしの木を一、二本見つけて　（こぶしの群　ナドト対比ノコト）

（38〜39行）いかにも不平そうな顔

「向こうの山にこぶしの花がさいているとさ。ちょっと見たいものだね。」

「あら、あれをごらんにならなかったの。」妻はいかにもうれしくってしようがないように僕の顔を見つめた。

「あんなにいくつも咲いていたのに。……」

「うそをいえ。」こんどは僕がいかにも不平そうな顔をした。

「わたしなんぞは、いくら本を読んでいたって、いま、どんな景色で、どんな花がさいているかぐらいはちゃんと知っていてよ。……」

「何、まぐれあたりに見えたのさ。僕はずっと木曽川のほうばかり見ていたんだもの。川のほうには……」

「ほら、あそこに一本。」妻が急に

（立腹した顔　ナドト対比ノコト）

(51行) ちらりと認めた　（目にやきついた　ナドト対比ノコト）

(65~66行) 雪のとばっちりのようなもの　（大雪　ナドト対比ノコト）

などは、それぞれ表す対象はさまざま別々ですけれども、一様にそれらを「ささやか」にとらえたものだという点では、たしかに一つのグループと言えないでしょうか。

3 文のまとめ方はどうなっていますか。長い文もあり短い文もあり、複雑な文もあり簡単な文もあり、いろいろのようですが、文のまとめ方に、何か傾向のようなものはないでしょうか。

考え方 一番初めの文（1~11行）は、大へん長くかつ複雑な構造をしています。もしこれをもっと短く切って表現しなおすなら、

僕はどうもてれくさくなった。そこでそれをしおに、妻のほうへ立っていった。妻はちょうど僕とは筋向かいになった座席で、……

僕をさえぎって山のほうをさした。

「どこに?」僕はしかしそこには、そう言われてみて、やっと何か白っぽいものを、ちらりと認めたような気がしただけだった。

「いまのがこぶしの花かなあ?」

僕はうつけたように答えた。

「しようのないかたねえ。」妻はなんだかすっかり得意そうだった。

「いいわ。また、すぐ見つけてあげるわ。」

　が、もうその花さいた木々はなかなか見あたらないらしかった。僕たちがそうやって窓に顔をいっしょにくっつけてながめていると、[1]まなかいの、まだ枯れ枯れとした、春あさい山を背景にして、まだ、どこからともなく雪のとばっちりのようなものがちらちらと舞って

のように書くことも可能でしょう。けれども作者はこれを一つづきの文にまとめています。それはなぜでしょうか。「僕はてれくさくなった」という心理も一つの独立した事実です。「妻の方へ席をうつした」という行動も、一つの独立した事実です。そしてその一つ一つの事実に独立した意味を認めたとき、これら一つ一つの事実を一つ一つ別の文にまとめる書き方が生まれます。この作品の場合、それらを一つ一つ文として独立させていく書き方がしてないのは、それらがこの文を閉じる所にある「窓のそとへとじっと目をそそぎだす」という行動への過程、としか把《は》握《あく》されていないからだと思われます。

　言い換えるとこの作品では、「僕」が風景と接することに一番の意味が置かれていて、文はその「僕」と風景との接触を基準にして、一つ一つまとめられている、と言えましょう。ほかにもう一つ、「僕」と妻との心の交流という大切なものが実はあるのですが、それをしばらく別にすれば、文はことごとく、そういうまとめ方で統一されている、と言えそうです。

　僕はそんなことには何も苦情を言うつもりはなかった。

いるのが見えていた。

僕はもう観念して、しばらくじっと目をあわせていた。とうとうこの目で見られなかった、雪国の春にまっさきに咲くというそのこぶしの花が、いま、どこぞの山の端にくっきりと立っている姿を、ただ、心のうちに浮かべてみていた。そのまっ白い花からは、いましがたの雪が解けながら、その花のしずくのようにぽたぽたと落ちているにちがいなかった。……

（読解補注）

①まなかい――眼前。まのあたり。

（17～18行）

僕はもう観念して、しばらくじっと目をあわせていた。（68～69行）

の二文は、例外のように見えますが、この例外的な文の直後に展開するのが、最も熱心に「僕」と風景との接触の態度を描く文であるという事実を見のがすことはできません。その次の文で「僕」と風景との接触の態度を最も丁寧に描くために、その直前で息をとめたのがこれらの例外的な文なのだ、と解釈できるのではないでしょうか。

4 「僕」と妻との会話に注意しよう。そして「僕」と妻との心理の底に流れるものは何であるかを考えよう。

考え方 「僕」と妻との間にかわされる会話は、内容的にはこぶしの花を見たとか見ないとかの、それこそ「ささやかな」内容です。けれども「僕」がこぶしの花を見つけ得なかったということで、妻は「うれしくってしようがない（33～34行）」顔をし、せっかく見つけて指さしている一本をも「僕」が見のがすと、「なんだかすっかり得意そう（56行）」にまでなっています。

こぶしの花に気がつかない、あれだと教えてもまだ気がつかない、というようなことひとつで、うれしがったり得意がったりするのは、たあいないことのように見えるでしょうが、「僕」のうっかりした所が、妻にはほほえましいものに見えて、妻をはしゃいだ気持ちにさせるのです。「しようのないかたねえ（55行）」は、「あなたも案外うっかりした所があるのねえ」という、軽いからかいであり、夫である「僕」をそのうっかりした所のままでうけ入れることができる妻の、あえて言えば喜びでさえある、と言うべきでしょう。

しかもこの妻の態度は、一つ一つ独立した文を重ねて表現されています。それ自体に意味を認めた書き方です。何年かの間、毎日の生活を共に送って、愛しあい理解しあった夫婦の間で、今まで気づかずにいた相手のほほえましい一面がふと現れた時、あるいは前から気づいていてもそれがはっきりした形で現れた時、必ずと言ってよいほど生まれるはしゃいだ気持ちを書くことが、この作品では意味があったのです。逆に言えば、そのはしゃいだ気持ちの底に流れている夫婦の愛、それは毎日の生活をいとなむささやかなしかし温かい愛ですが、そういう愛を描くことにほかならないのです。

5 「ささやかな語彙」「風景と接触する所で切る文のまとめ方」「妻との間の温かい交流」こういう文体的な特色は、この作品の主題にとって、どのようにふさわしいと考えますか。

考え方 この作品の主題は、冬と春との交錯を鋭くとらえる所に求められる、ということは一番初めに述べました。冬が完全に行ききらずに残っていて、しかも春も完全には到着しきらずにわずかにのぞいている、というような微妙な交錯は、それこそ精巧な物指しで測らねば発見できないことです。

「雪国の春にまっさきに咲くというそのこぶしの花（70〜72行）」は、こういう精巧な物指しにほかなりません。「僕」はそれを「一、二本見つけ(23〜24行)」ようと努力します。作者の目は微妙なものに向けられているのです。「ささやか」な語が多いのは当然の結果でしょう。風景と「僕」とが接触する所で切る、という文のまとめ方については、ここに言うまでもありません。

大切なのは「妻との交流」です。それが温かいものであることは、「僕」がこぶしの花に冬と春との交錯を見ようとすることと、何の関係もないように見えるかもしれません。しかし、冬と春の交錯という極端に微妙なものを追いつづける極端に鋭い神経を、生きた人間の神経たらしめているもの、言いかえれば「僕」を神経そのものという非人格的なものから救い、生きた血の流れている人間にしているもの、それが、「妻との交流」なのだと考えられます。

「僕」が「とうとうこの目で見られ(69〜70行)」ずに、「ただ、心のうちに浮かべてみ(73〜74行)」るこぶしの花は、妻が見た「あんなにいくつも咲いていた(36行)」実際のこぶしの花以上に、もっとこぶしの花らしいものだったでしょう。こうして最もこぶしの花らしいこぶしの花をイメージする「僕」の鋭い感覚が、いやに鋭敏すぎるものとして訴えてこずに、むしろ何となく甘いやさしい鋭さとして訴えてくるのは、妻との交流が与えた「僕」の人間的ぬくみのためであることは、ほとんど疑いないことだと思います。

《解答》ささやかな語と、風景に接する所で文を切るまとめ方とが、冬と春との微妙な交錯をこぶしの花に見ようとする鋭い主題にふさわしく、また妻との温かい交流が描かれていることによって、その鋭い感覚を生きた人間の甘くやさしい感覚として描くことに成功している。

《例題一〇の作品と作者》

こぶしの花 小説。『大和路《やまとじ》・信濃《しなの》路』所収。昭和18（一九四三）年4月、夫人同伴で木曾路・伊賀を経て大和に入り、浄瑠璃《じょうるり》寺や室生《むろう》寺を訪れたが、その時の『古墳』『浄瑠璃寺の春』などと一連の作品。雪国の春に、まっさきに咲くという「辛夷《こぶし》の花」に木曾の車中想いをはせ、あこがれるとともに、妻との温かい交流が、落ち着いた筆致で書かれている。

堀 辰雄 明治37（一九〇四）年～昭和28（一九五三）年。小説家。母の死、芥川龍之介の自殺に激しいショックを受け、また自ら肋《ろく》膜《まく》炎で瀕死《ひんし》の苦しみを経験したことから、人間の愛と死をめぐる生の問題を追究し、フランス心理主義文学（プルーストら）の影響下に、知性と感情とがみごとに調和した清潔な作品を書いた。『聖家族』『燃ゆる頬《ほお》』『美しい村』『風立ちぬ』『菜穂子《なおこ》』などが代表作に数えられている。

練習問題

11 ああ隅から隅まできちんとできていては、祖母の心の入りこむ隙が見つからない。なにか足りないものもあれば、また来年も雛の買いものをして孫へ贈る楽しみもあるのにと、□1がした。不備なところのあるほうが□2のもとになるとおもう。けれどもい、あらがなさすぎると云って叱ることはできない。隅々まで気も手もゆきとどいた嫁には、こごとを云うどころじゃない、人に自慢でもしたいようなものだけれど、本心を云えば一二ヶ所の隙間を残しておいてくれたら楽しかったろう。できすぎは技倆《うで》だけれども、欠けがないというのはさみしかった。——と、これが姑の云いぶんであ

【出典】幸田《こうだ》 文《あや》「雛《ひな》」

幸田 文〈明治37～平成2（一九〇四～九〇）〉は小説家・随筆家。「終焉」「あとみよそわか」「みそっかす」「こんなこと」「流れる」など。

る。姑というより、おばあちゃまというつながりより、一人の年老いた女《ひと》としての率直な気もちが伝わってくる。里の父は［3］のなかに云うだけのことは云っておくというずけずけしたところがあり、それはなるほどとも感じさせるがあらがう気ももたせる。姑のようすには打明けばなしにさみしさを愬《うった》えたという親近感がある。嫁入って三年、いつもそつがないと褒められてこちらは安心していたが、そのたびに姑は「いたり尽す嫁」に云うに云えない［4］をこらえていたことだろうと、いまさらふりかえらされた。同じ女性の身の自分のさきゆきをちらりと覗き見たような、無抵抗の理解が生じるのだった。実父のまえにいてしこった気もちが、姑といてかえってほぐれる。ほぐれるとまた私はすぐだらしがなくなる。

「私の貰ったお雛さまというものはねお姑《かあ》さん、――」

姑はおかしさをこらえた顔で聴いていた。「そりゃもうあなたの文句は尤《もっと》もだけれど、そんな怨めしい気もちで多磨子にしてやるのはおよしなさいよ。あなたの気象だから二人目も三人目も多磨子とおんなしにしてやるだろうけれど、もし五人も六人も女の子が続いたらどうなると思う。」（Ⅰ）

びっくりした。まったくうかつなことながら、私は二番娘三番娘

【参考問題】

1 空欄1〜5に入る語を次から選び、記号で答えよ。

ア さみしさ　イ 親しさ
ウ 労《いたわ》り　エ うかつさ
オ あじきない気

2 傍線部1「里の父」とはだれのことか、姓名を記せ。

3 傍線部2「私の貰ったお雛さま」はどのようなものだったと考えられるか。発言（Ⅰ）（Ⅱ）の内容に注意して十五字程度で説明せよ。

のことは思ってもいなかった。だからあわてた。「ああお姑さん。だめだわ、とてもそんなにはしてやれないわ。たぶん……きっと木彫の内裏さまだけになっちゃう子もできちまうわ。きっと私みたいなみじめな子ができちまうわ。」(Ⅱ)ばかばかしい[5]がおかしくて、しまいには涙がこぼれて笑った。

「――だからさ、あんまりものは窮屈に考えないことなのよ」(Ⅲ)と姑は笑い納めた。

(Ⅰ)〜(Ⅲ)は発言番号を示す。

【演習】

発言(Ⅰ)(Ⅲ)と(Ⅱ)とでは、文体と語り口に明らかな差異がある。そのことに注意して以下の各問に答えよ。

(1) 発言(Ⅰ)(Ⅲ)では相手のことば(言い分)を一度受けいれてから自分の意見を言っている。相手の言い分をうけいれていることがわかる表現を(Ⅰ)(Ⅲ)からそれぞれ一つずつ抜き出して記せ。

(2) 発言(Ⅱ)の文末表現にはどのような特徴があるか。簡潔に説明せよ。

〈着眼点〉

参考問題 **1** あまりによく出来た嫁は姑にとってはかえって親しみがわかず、淋しいものだ、という論旨をつかむこと。5は直前の「ばかばかしい」がヒント。**2** 筆者は幸田文である。その「父」だから、幸田姓をもつ作家を思い出せばよい。**3**「そんな怨めしい気もち」ということばから、あんまり立派なものでなかったことがわかる。また、「木彫の内裏さま……私みたいなみじめな子」ということばにも注意する。

(3) 発言（Ⅰ）（Ⅲ）の語り口を説明する語として最も適当なものを次から選び、記号で答えよ。

ア 訓戒調 イ 哀願調 ウ 詰問調 エ 説得調 オ 激励調

(4) (3)でみた（Ⅰ）（Ⅲ）の口調と比べて、（Ⅱ）では自分の意見をどのように述べているか。その特徴を簡潔に説明せよ。

【演習】(1)発言の最初の方のことばに注意。(2)「やれないわ」「できちまうわ」ということばで文末が終止していることに注意。(3)相手のことばをうけいれ、相手の気持ちを傷つけないように、やんわりと、しかも言うべきポイントは、はずさない言い方になっている。「訓戒調」ではややいかめしすぎる。(4)自分の気持ちをたたみかけるようにポンポン発言していることに注意してまとめる。

Ⅳ　作者について

1　発想

――作者が書くときにとった根本的な態度――

登場人物を中心とする作中の世界を理解する、そして、そのような題材がどのように表現されているかを考えて、表現というものを解釈する、それだけで文学作品の解釈は終わりになるのではありません。作中世界は作者が作り上げたものであり、表現は作者の手を経てなされたものです。創作された文学作品を理解するほかに、その作品を創作した作者について、もうひと押し解釈すべきことが残っています。

もちろん作者を解釈するといっても、作品を離れたところでそれをするのではありません。その作者がどこでいつ生まれたとか、兄弟が何人いたとか、失恋をしたことがあるかないかとか、そのような作者の私生活を調べることも、作者をよく理解し、ひいては作品をよく理解することに、大切なことではありましょう。しかし、そのような外部から作者を理解しようとするのでなしに、作品の内部から作者に関して理解せねばならぬことが幾つかあります。

その一つが発想です。発想というのはわかりにくいことばですが、作者がその作品を書く時にとった最も根本的な態度、だと思ってください。それは意図と似ているようでこれとは別なものです。意図は作者が「こんなふうに」と自覚したものです。発想はその作者の意図のなお奥にあって、その意図を実現させ、または失敗させる態度そのものです。

この前の『こぶしの花』を例にして言いましょう。作者は「僕」の目を通して「冬と春との一瞬の交錯」を追求しようとしました。「冬と春との交錯」は主題であり、これを「僕」の目を通して追求しようとするのは意図です。その主題をその意図で展開する書き方はいろいろありえます。しかし、『こぶしの花』の作者は、「僕」に妻との温かい交流の体温を与えながら書く方法をとりました。そうする方が効果があがるから、と計算してのことかどうか、むしろそれは疑問です。だがその結果、冬と春の交錯を追う鋭い神経には、甘いやさしさが与えられました。そうさせたものが発想です。そうなった、というのは作品の側から言うのですが、それを作家の側から「そうさせたもの」としてとらえたのが発想です。

したがって、発想をとらえようとすることは、現代文の解釈の中で、最も高等な課題の一つと言えましょう。作中世界も、主題も、意図も、文体も、すべて発想を解釈する手がかりでないものはありません。またこれとこれとを押さえていけば発想をつかむことができる、というような、便利な手順もありません。要は作品に深く沈潜して、作者の心になってその作品を体得するほかはありません。

本当のところはそうなのですが、やはりそれはその作品の表現というものから離れては行えないものですから、とりわけ注意しなければならないことを、列挙することが出来ないわけでもありません。作中世界がどのような形で設定されているか、たとえば、主人公の目を通して設定されているか、あるいは主人公も他の作中人物と同じ登場人物として設定されているか、などに気をつけること。そして、何よりもその作品の主題をつかむこと。

さらに、その作品のために非常に大切な役割を果たしている語に気づくこと、それと共にその作品の文体的特色はどこにあるかに注意すること、などが非常に大切です。そして、これらの点をただ横にならべ立てるだけでなく、それらを縦に重ねてみて、お互いがどのように脈絡をもっているかを考えるということが、発想を理解するためには最も大切だと言えましょう。

作者の発想のとらえ方

1 作中世界の設定のし方、作中のでき事を統一している主題、をまずつかむ。
2 表現に注意し、特に大切な語や文体的な特色をつかむ。
3 それらを横にならべるだけでなく、縦に重ねあわせて、それらお互いの脈絡を発見する。

【例題一二】

城《き》の崎《さき》にて　志《し》賀《が》直《なお》哉《や》

(この段までのあらすじ)東京の山の

1 (あらすじ)の書き方に、変わった所があります。主語が書いてない、ということです。本文がそうなっているのです。では主語がない、ということは、この作品がどういう作品だということなのでしょうか。

手線の電車にはねられて、けがをし、その養生のために兵庫県の城の崎温泉へやって来た。医者の言うとおり用心して、少なくとも三週間、できることなら五週間ぐらい滞在しようと思っている。

設問

この作品は、どのような発想によって書かれたものだと思いますか。

一人きりでだれも話し相手はない。読むか書くか、ぼんやりと部屋の前の椅子《いす》に腰かけて山だの往来だのを見ているか、それでなければ散歩で暮らしていた。散歩する所は町から小さい流れについて少しずつ登りになった路《みち》にいい所があった。山の裾《すそ》を回っている①あたりの小さなふちになった所にやまめがたくさん集まっている。そ

考え方　たいていの作品の主人公には名前がついています。「辰吉」とか「メロス」とか。こういう人物は作者が作ったわけですが、作者はそれを作者から独立した人物として作り、言わば第三者としてそれらの人物のことを書きます。名前が与えられるのはそのためです。主人公が「わたし」や「僕」であれば、作者自身が主人公になっているようですが、それでも書いている作者は、作中の自分を客観化して、「わたし」や「僕」のことを書くのです。作品の中には作者と作中人物との関係が非常に微妙なものもあって、一口には言えないのですが、思いきっておおざっぱに言ってしまえば、「わたし」も作者から独立した作中人物である、という点では、名前の与えられている作中人物と同じだ、と言ってよいでしょう。

この作品では徹頭徹尾、人物が現れません。「自分」というのが、作者自身をさす必要がある時に、時々用いられるだけです。その他はすべて作者自身の見たこと、考えたことなどが、そのまま書かれているばかり。つまりこの作品は、ある一人物を作者から独立したものとして設定して、その人物の行動や発言を通して何かを描いていく、という

してなおよく見ると、足に毛の生えた大きな川蟹《かわがに》が石のようにじっとしているのを見つけることがある。夕方の食事前にはよくこの路を歩いて来た。冷え冷えとした夕方、寂しい秋の山峡を小さい清い流れについて行く時考えることはやはり沈んだことが多かった。寂しい考えだった。しかしそれには静かないい気持ちがある。自分はよく怪我《けが》のことを考えた。一つまちがえば、今ごろは青山②の土の下にあお向けになって寝ているところだったなど思う。青い冷たい堅い顔をして、顔の傷も背中の傷もそのままで。祖父や母の死骸《しがい》が傍《わき》にある。それももうお互いになんの交渉もなく、――こんなことが思い浮かぶ。それは寂しいが、そ

普通の小説の行き方をとらず、作者が見て感じて考えたことを、なまの形で記す行き方をとっているわけです。そしてこういう書き方が、この作品になまなましい現実感を与える効果をはたしています。

2 「死に対する親しみが起こっていた（48行）」というあたりまで読むうちには、もうこの作品の主題があらましつかめるはずです。この作品はだいたい何を書こうとしたものでしょうか。

考え方 「一人きりでだれも話し相手はない（1〜2行）」。だからひとり「散歩で暮らし（5行）」ながら、「考えることはやはり沈んだことが多かった（17〜18行）」という状態を思ってください。そう思うことは、もちろん「よく怪我のことを考えた（21行）」とあるとおり、ひょっとしたら死ぬかもしれなかった怪我のことです。大切なことは、自分があの時死んでいたら、と考えてみても、「それは寂しいが、それほどに自分を恐怖させない（29〜30行）」という点でしょう。

　さきになまなましい現実感ということを言いましたが、それは死に対する恐怖のなまなましさではなくて、死とい

れほどに自分を恐怖させない考えだった。いつかはそうなる。それがいつか?――今まではそんなことを思って、その「いつか」を知らず知らず遠い先のことにしていた。しかし今は、それがほんとうにいつか知れないような気がしてきた。自分は死ぬはずだったのを助かった、何かが自分を殺さなかった、自分にはしなければならぬ仕事があるのだ、――中学で習ったロー③ド・クライブという本に、クライブがそう思うことによって激励されることが書いてあった。実は自分もそういうふうに危うかった出来事を感じたかった。そんな気もした。しかし妙に自分の心は静まってしまった。自分の心には、何かしら死に対する親しみが起こっていた。

うものについて作者自ら見たもの感じたことが、作りごとでない、という意味での現実感です。死に対して作者は、恐怖どころか、ついには「死に対する親しみ（48行）」さえ抱いているのですが、その「死に対する親しみ」という、常識的にはちょっと理解しかねることが、作者の見たもの感じたことを通してなまに語られる時に、ありありとした光景・感覚として読者に訴えて来る、そのなまなましさという意味です。だからこうしてありありと語られる「死に対する親しみ」ということが、この作品の主題だと理解してよいでしょう。

3 このような主題のシンボルのようにして、この作品に用いられている大切な語があります。それは「死」のほかに、「寂しい・静か・親しみ」です。それを確認するとともに、「自分の部屋は～眺めていた（49～69行）」の段落を中心にこの作品の構成を考えてみなさい。

考え方 「寂しい・静か・親しみ」はさきの段（1～48行）の中で、大切な所で使われています。そしてこの次の段（70～91行）でも、さらにその次の段（92～110行）でも、やはり段のし

自分の部屋は二階で、隣のない、わりに静かな座敷だった。読み書きに疲れるとよく縁の椅子に出た。脇《わき》が玄関の屋根で、それが家へ接続する所が羽目になっている。その羽目の中に蜂《はち》の巣があるらしい。④虎《と》斑《ら》《ふ》の大きなふとった蜂が天気さえよければ、朝から暮れ近くまで毎日忙しそうに働いていた。蜂は羽目のあわいからすり抜けて出ると、ひとまず玄関の屋根に下りた。そこで羽根や触角を前足や後ろ足でていねいに整えると、少し歩き回るやつもあるが、すぐ細長い羽根を両方へしっかりと張ってブーンと飛び立つ。飛び立つと急に速くなって飛んで行く。植え込みの八つ手の花がちょうど咲きかけで蜂はそれに群がっていた。自分は退屈する

めくくりの所で使われています。この作品が全体としてもつ「死への親しみ」という主題を、力まずにもの静かに書こうとした作者の意図は、こういう用語にもはっきりと現れていると言うべきでしょう。

　ところが今の段（49〜69行）では、一度もそういう基本的な用語が出て来ないことに気づくでしょう。この段で描かれているのは、「忙しそうに働いて（57行）」いる蜂の姿です。それは「死」とは反対の「生」の姿です。それは「静か」とは反対の「忙しい」姿です。この作品はこの段で「生」の忙しい有様を描きます。それが「死」というものの「静かさ」をひきたてるための状態であることは、言うまでもありません。

4 この作品を読んで来るうちには、文が短い、ということに気がつくはずです。「ある朝のこと〜いかにも静かだった（70〜91行）」の段でその文の短さを確認し、またどのように短いかを考えてみよう。

考え方 短い長いというのは相対的なことで、一体何を標準として長いとか短いとか言えるのか、という疑問をいだく

と、よく欄干から蜂の出入《ではい》りを眺《なが》めていた。
ある朝のこと、自分は一匹の蜂が玄関の屋根で死んでいるのを見つけた。足を腹の下にぴったりとつけ、触角はだらしなく顔へたれ下がっていた。ほかの蜂はいっこうに冷淡だった。巣の出入りに忙しくその傍をはい回るが全く拘泥《こうでい》する様子はなかった。忙しく立ち働いている蜂はいかにも生きている物という感じを与えた。その傍に一匹、朝も昼も夕も、見るたびに一つ所に全く動かずに俯向《うつむ》きに転がっているのを見ると、それがまたいかにも死んだ物という感じを与えるのだ。それは三日ほどそのままになっていた。それは見ていて、いかにも静かな感じを与えた。寂

人もありそうです。そのことについては、多くの小説家の文章を調査して平均をとったものがあって、だいたいどれくらいの長さの文が標準的であるかがわかっている、ということを知らせておきましょう。文の長さを計るための単位としては、文節の数を使うのが一般的ですが、わかりやすく、字数による人もあります。そして小説の文の長さはだいたい文節を単位として十一、二文節、字数でいえば三十五、六字ぐらいが最も標準的であるとされています。

この標準の長さと、この段の冒頭の文とを比べてみます。この段の冒頭の文の長さは、文節で数えれば十一文節、字数で言えば三十一字です。だいたい平均的標準値に近い長さなのですが、どちらかと言えば、この作品ではもっと短い文が好んで用いられていることが注意されます。この段の最後の文（90～91行）は、四文節十五字しかありません。「寂しかった（86～87行）」ごときは、たった一文節、五字という短いものです。

文の量的短さはこのぐらいで確認できましょうが、もう一つ大切なのは、文の質的短さです。「ほかの蜂が」で始まり「寂しかった」で終わる文（87～90行）は、この作品では比

しかった。ほかの蜂がみんな巣へ入ってしまった日暮れ、冷たい瓦《かわら》の上に一つ残った死骸を見ることは寂しかった。しかし、それはいかにも静かだった。

　夜の間にひどい雨が降った。朝は晴れ、木の葉も地面も屋根もきれいに洗われていた。蜂の死骸はもうそこになかった。今も巣の蜂どもは元気に働いているが、死んだ蜂は雨どいを伝って地面へ流し出されたことであろう。足は縮めたまま、触角は顔へこびりついたまま、たぶん泥《どろ》にまみれてどこかでじっとしていることだろう。外界にそれを動かす次の変化が起こるまでは死骸はじっとそこにしているだろう。それとも蟻《あり》に引かれて行くか。それにしろ、それはい

較的長い文ですが、質的には大変短いことで有名な文なのです。この文で書かれた内容は、普通の人が書くと、たとえば、次のような書き方になるでしょう。

　日が暮れると、ほかの蜂はみんな巣へ入ってしまい、その死骸だけがただ一つ冷たいかわらの上に残されるのだが、それを見ることは寂しいことだった。

というように、このように書くと量的にも長くなりますが、それ以上に、日が暮れること、蜂が巣へ入ること、死骸が残ること、など状況の一こま一こまを丁寧に述べながら進む書き方になります。ところがこの作品の書き方では、状況の一こま一こまは、入り組んだ一つの状況の部分としてはめこまれてしまいます。「日が暮れると」式は、幾つかの状況を順を追って並べる書き方ですが、「……した日暮れ」式は、幾つかの状況を組み立てて、一度に一つの状況として書く書き方です。ことばを切りつめた、圧縮した書き方と言えましょう。含む内容のわりに外形が短い。文の質的短さ、と言ったのはそういう意味です。

かにも静かであった。忙《せわ》しく忙しく働いてばかりいた蜂が全く動くことがなくなったのだから静かである。自分はその静かさに親しみを感じた。

(読解補注)

①やまめ―サケ科の魚。渓流に住みついた、マスの幼魚型。

②青山―東京都港区にある青山墓地のこと。

③ロード・クライブ―Lord Clive イギリスの歴史家マコーレーが、クライヴ卿について書いた伝記。クライヴ卿(一七二五〜一七七四)は初代ベンガル総督として、インドにおけるイギリス支配の基礎を固めた。

④虎斑―虎のような黄と黒のしま模様。

5 最後まで読んで、「死」「寂しい・静か・親しみ」という語彙や、文の量的なまた質的な短さが、この作品にとって、どういう意味をもつか、よく考えてみよう。

考え方 「私」というような登場人物を設定せずに、作者の見たもの感じたことが、なまの形で語られていることからくる、この作品の現実感については、再び言わないことにします。

こうしてなまなましく語られる「死への親しみ」が、この作の主題ですが、そもそも「死」などというものは、人にきらわれ恐れられるのがあたり前で、「親しみ」などの持てるものではないはずです。たまたま作者は交通事故にあい、ひょっとしたら死んだかもしれないような経験をもったのですが、それがおそろしい危険の実感となって作者を興奮させていたら、とても「死への親しみ」など持てはしなかったはずです。何よりもこうして助かって、命はまず大丈夫という保証が得られた安心があって、その上作者の気持ちが落ち着いていたからこそ、死というものを「静か」なものとして見るゆとりができたのです。「静か」なのは蜂の死骸だけではないわけです。何よりもまず作者自身が「静か」なのです。こうして「静かに生き」ている作者は、「忙しい生」と、「静かな死」との、その中間にいて、生をも死をも静かにながめています。この作品のいちばん終わりの所で、作者は「生きていることと死んでしまっていることと、それは両極ではなかった」ということを発見するのですが、それも作者が生でなく死でない中間で、静かに生と死の本質を見たことによります。「静か」という語を中心とした、静かな否定「寂しい」と、静かな肯定「親しみ」との三者が、この作品の基本的な語であったのも、偶然ではないと言えましょう。

6 短い文はどうでしょう。

考え方 短い文は物を見つめつつ書く文です。見たものをことばに乗せて、ことばの調子にあわせて書くのではなく、むしろことばを事柄のがわにひきよせて書く書き方です。長い文は、一つの文の中に多くの事件を語り、しかもそれを並べたて、つなぎ合わせて語ります。並べて、つないで、語る人（作者）の語り口が表面に出て、事柄はことばにまきこまれていきます。

短い文はこうではありません。一つ一つの事柄が、見定められて文にまとめられます。圧縮された文の場合には、前にも例にあげたように内容的に多くの事柄を組み合わせて表現することがありますが、それらは事柄自体の組み合わせとして圧縮されるのであって、作者の語り口で処理しようとするのではありません。作者という生きた人間が先にあって、それが何かを語る材料として物を見る、という所からは、この作品のような短い――量的にも質的にも短い――書き方は生まれない、と言ってもよいでしょう。この作品の場合、作者は、目で見、心で思う作者というよりは、静かに見る目そのものとして事柄と接触し、静かに思う心そのものとして書いているのだ、と言うことができるのではないでしょうか。

7 「私」というような登場人物が設定されていないことは、ここで再びふり返る意味をもつでしょう。

考え方 「私」という登場人物の見たこと、感じたこと、として書くことは、「私」を語ることになってしまうのです。この作品の場合、作者は、「私」が「死への親しみ」を抱くこと、を語ろうとしているのではありません。作者は「死への親しみ」そのものを表現するのに成功したのです。「私」という主語を置かなかったことによって生じた表現のなまなましさは、実に「死への親しみ」という困難な主題を、なまなましく表現し得た、ということにほかならないと言えましょう。

生と死との中間の位置から、生に執着せず死を恐怖しない、という静かな心境が生まれる。そしてその静かな心境で、静かに生の本質を見、静かに死の本質を見る。しかもそれをある人物の見たこととして語る替わりに、見る目そのもの、感じる心そのものとして表現する。——それがこの作品を書いた作者の、発想と呼ぶべきものではないか、と考えます。

《解答》 生と死との中間から、生死に偏しない静かな心で生と死との本質を見、しかもそれを見る目そのものがとらえ、感じる心そのものがとらえたままの姿で書く、という発想で、この作品は書かれている。

《例題一一の作品と作者》

城の崎にて　短編小説。大正6（一九一七）年、雑誌『白樺《しらかば》』に発表。「山の手線の電車に跳《は》ね飛ばされて怪我をした、その後養生《あとようじょう》に、一人で但馬《たじま》の城崎温泉《きのさき》へ出掛けた。」で始まるこの作品は、作者自身の経験に基づく。目の前で死んでいった蜂、鼠《ねずみ》、蠑螈《いもり》の生態を「生き物の淋《さび》しさ」としてとらえ、自らの生命の不安感とないまぜながら冷徹な筆で描いている。一種東洋的な諦観《ていかん》を示す心境小説で、大正3年からの沈黙後に発表されたものである。

志賀直哉　明治16（一八八三）年～昭和46（一九七一）年。小説家。白樺派の中では独自の道を歩み、日常生活における微妙な人間心理を描いた短編『網走《あばしり》まで』や足尾銅山鉱毒事件以後の父との不和そして和解を扱った自伝的要素の濃い中編『和解』、『大津順吉』そして「女のちょっとしたそういう過失が――自分もそのため苦しむかも知れないが、それ以上に他人をも苦しめる場合があるということ」を主題に「事件の外的な発展よりも、事件によって主人公の気持ちが動く、その気持ちの発展」という形で描いた唯一の長編『暗夜行路』などを書き、小説の神様とまで呼ばれた。他には『清兵衛と瓢箪《ひょうたん》』『小僧の神様』『焚火《たきび》』『山科《やましな》の記憶』などの短編多数。

練習問題 12

薗部《そのべ》がゆき子を奈良の長谷寺《はせでら》へ連れて行ったのは、彼女の亡《な》くなる半年あまり前であった。

ゆき子の入院さわぎで手入れを怠った庭の牡丹《ぼたん》は、季節が来ても咲きが悪かった。花にすまながるゆき子の声を聞いていて、薗部の口から、「奈良へ牡丹を見にゆこうか。」とふいに言葉が出た。長谷

［出典］
芝木好子《しばきよしこ》「牡丹寺《ぼたんでら》」

芝木好子〈大正3～平成3（一九一四～九一）〉は小説家。「青果の市」「洲崎《すさき》パラダイス」「湯葉」「夜の鶴」「青磁砧《せいじきぬた》」「隅田川暮色」など。

寺の花の盛りはいつ頃かわからないし、もう遅いのかもしれない。運にまかせて週末に行かないかと誘ってみた。

藺部は珍しく、息子の修一にも声をかけた。「お前も連れてってやろうか。」「二人で行っておいでよ。」親子水いらずの旅になれない高校生の修一は照れて言った。藺部はかえってほっとして、大げさな旅にならなくてよかったと思った。

新幹線に乗るのもゆき子はこの旅が初めてで、五月初めの朝東京駅を発つと、飽きずに窓の外を眺めつづけた。気分も悪くなかった。名古屋駅に着くと、「新幹線てはやいのね。」とささやいて彼を苦笑させた。

古風な回廊をめぐる牡丹は、法会の散華にも似ている。極楽へ導く仕組みになっている、と藺部は思いながら、ゆき子の歩調になるべく合わせた。

「ああきれい、もったいないほどのお花ねえ。」ゆき子はしきりにたたえた。牡丹の向こうに白壁の塀《へい》が続いて、青葉の梢《こずえ》がのぞいている。回廊が尽きると、本堂は台地の上にあって、そばに休みどころの縁台も出ていた。ようやくそこまで来て腰を下ろすと、彼女はほっと目を細めて微笑した。「本堂の向こうも牡丹なのね。行きましょ

【参考問題】

1 この文章の会話の中には、ゆき子が牡丹の花についてよく知っていることを示す一文がある。その最初の五文字を記せ。

2 この文章に登場する「藺部」と「ゆき子」はどのような間柄にあるか。二字の熟語で答えよ。

うか。」「牡丹は逃げないさ、ゆっくり休んで行こう。」「陽《ひ》が傾くと、花は張りを失うんです。早く見ないと。」彼女は一息入れると元気づいて立ち上がった。花は奥庭にも広がって、牡丹見の人々のそぞろ歩く姿がみえる。樹齢三百年の牡丹があって、ワイン色の花がたわわに咲く前で彼はゆき子の写真を撮った。夕暮れの気配に、風はひんやりしてきた。帰りの乗物の混雑を思わなければならない。彼がうながすと、ゆき子は未練そうに境内の小さな寺のそばまで歩いていった。「楽しかったわ。たっぷりぜいたくをさせていただきました。帰りにまた回廊を下りてゆけると思うとうれしい。これでお別れですから。」花に当てられた疲れで少し顔色のかげったゆき子は、ゆるい足取りで戻りはじめた。良い折に花の旅をした[2]と薗部は思った。

その日のことをゆき子は繰り返し思い出すとみえ、ひとりで微笑していることがある。

【演習】

一 傍線1のように思った理由を二十五字以内で説明せよ。

二 傍線2の「良い折」には二つの意味がこめられている。どのように「良い折」だったのか。その内容を簡潔に説明せよ。

〈着眼点〉

参考問題 1 会話文の中で「ゆき子」の会話の部分がどれかを考え、その中で、特に牡丹の花の性質について語っている部分を探そう。

【演習】一 ゆき子の死が近いことを薗部は知っていたと思われる。そうしたことにゆき子が気づくような「大げさな旅」にならなくて、「ほっとして」いるのである。

二 ゆき子が入院をしていた病人であることと、薗部が旅に出る前に「花の盛りはいつ頃かわからないし、もう遅いのかもしれない」と思ったが、実際には長谷寺の牡丹はすばらしかったということから考えよう。

練習問題 13

（勇は高校一年生で剣道部員である。夏休みに合宿があったが、これには参加せず、許可を得て旅行をしてきた。九月の大会の際、一試合終えた勇は旅のことを思い返している。）

旅に出る前まで、勇は不思議ないらだたしさを感じていた。このまま外に出ることなく、高校の体育館の中でずっと過ごしていては、永久にほかの人間たちと話す機会をもてなくなるのではないかと考えたりした。

そんな考えを持ったのは初めてではなかった。小学校では、毎日同じ数の生徒の中で、そのうち数名とだけしか会話をもてないことを残念がってみたり、中学生になると、家に帰ってから、学校やその途中にある街角に①大きな落とし物や忘れ物をしてきたのではないかと感ずることもあった。今日は、級友以外ではパン屋の親爺《おやじ》と話しただけと思い出したりして、自分の胸の中に描かれた世界が、日を追うごとに狭《せば》まっていくような気がしていた。

旅は勇の眼《め》を外に向け、今まで知りようもなかった人々と出会う一つの機会を与えてくれた。道端に佇《たたず》む老人の訛《なま》りの混じった言葉から、彼の生きてきた証《あか》しを読みとり、また、それを見つける自分の感性を知ることも喜びの一つだった。未知の土地の人が生きてい

【出典】
高橋《たかはし》三《み》千《ち》綱《つな》「九月の空」
高橋三千綱（昭和23（一九四八）〜）は小説家。「退屈しのぎ」「彼の初恋」「葡萄畑」など。

【参考問題】

1 傍線①の意味として最も適当なものを次の中から選べ。

ア もっと特殊なものがあるはずなのに見過ごしてきた

イ もっと大切なものがあるはずなのに見過ごしてきた

ウ もっと典型的なものがあるはずなのに無視してきた

ることを知ることだけでも、勇は自身が息づいているのに気付くことができた。

②放射線状に人の群れに向かって関心が伸びていくにつれ、勇は芽生えはじめた自分だけの眼差《まなざ》しをますます大事にする気持ちが強まった。他人に眼を向けることに夢中になり過ぎて、いつの間にか③他人に同化し、自分が溶けてしまうことを恐れた。地べたを這《は》うようにして生活してきた人々の生き方の強さを見ても、決して侵されることのない、④自分の胸の内にある心棒を太く強く育てることの必要を感じていた。

十五歳の勇にとっては、剣道をしている最中に感じる緊張感がこの世で最も信用できることの一つに思えた。

【演習】

一　勇が旅に出たのはなぜか。二十字以内で説明せよ。

二　傍線②で「放射線状に」という表現を用いたのはなぜか。最も適当なものを次から選び、記号で答えよ。

ア　勇が外界における自分の姿を客観的に把握できるようになったことを示すため。

エ　もっと本質的なものがあるはずなのに無視してきた

2　傍線③の意味に最も近いものを次の中から選べ。

ア　自己の確立

イ　協調性の欠如

ウ　自他の尊重

エ　主体性の喪失

〈着眼点〉

参考問題　**1**　勇が旅へ出ようとした理由と「大きな」という言葉から「大切なもの」「本質的なもの」のいずれかになるとわかるだろう。**2**　「自分が溶けてしまう」とは、自分が自分であるよりどころを失ってしまうこと。

イ　勇が外界の魅力にぐいぐい引きこまれていったことを示すため。

ウ　勇が外界を知ることによって自分の内部生命にめざめたことを示すため。

エ　勇が外界の魅力をさまざまに見いだしていったことを示すため。

三　傍線④について。⑴「心棒」と同じ意味で使われている語句を本文中から十字以内で抜き出せ。⑵その「心棒」を育てていくものは何であると勇は思ったか。具体的に述べてある部分を本文中から二十字以内で抜き出して記せ。

【演習】一「自分の胸の中に…狭まっていくような気がしていた」というあたりに注意してまとめる。**二**　その直前の数行をみれば、旅に出た勇が外界を通じてさまざまな発見や感動を得ていることがわかる。**三**「心棒」は「決して侵されることのない」ものとしてある。今の勇にとって、一番確かなものは何かと考えればよい。

2 想像力 ―作者の想像力のはたらき―

急に寒くなった秋の山で、二人の友人らしい登山者の遭難死体が発見された。そして、二人が奪い合ったらしい一枚の毛布が残されていた、こういう事実を材料にして一つの作品が書かれるとしましょう。当然その作品の主題は友情の限界ということに置かれ、生命の危険に直面するという事態が、その主題を展開させるための構成の軸となるでしょう。

ところで作者は、材料となった事実に対してだけ忠実である必要はありません。むしろ、作者は友情の限界という主題に対して忠実であればよく、そのためには材料となった事実を自由に変形することがまれではないのです。遭難する友人は三人に増やされるかもしれず、その友人の間には金銭関係や異性関係の色どりが加えられるかもしれません。また遭難に至るまでの経過なども、たとえば、リーダーのAが、疲労したBを一時その場に置いてCと共に救援を求めに行くのがいいのではないかと知りつつ、Bを置き去りにすることにふみきれずに、ついに三人とも遭難したことにし、しかもいよいよ死が目前に迫ると三人で一枚の毛布を奪い合うというような運びに作られるかもしれません。**想像力**とはこのように、事実にもとづきつつもありうる事態を考えていく力、を指すのです。

想像力のたいせつな特徴はあくまで事実に立脚しつつ、事実としてあり得ることを考える、という点です。三人の登山者が遭難した時、熊が現れて来て三人を助ける、などありえぬことを考えるのは空想ではあっても想像ではありません。そして、あくまで事実としてありうるものであるがゆえに、想像力は一つの新しい事実を創造する力にほかならない、と言えましょう。文学作品が描く世界は、このような想像力によって、事実よりももっと純粋な事実らしさを獲得することができます。一つの作品がすぐれた作であるためには、作者の発想や感覚がすぐれているだけでは十分でなく、作者の想像力が豊かに活動して、人間や社会の本質に迫った現実感が深く備わることが必要である、と言っていいでしょう。したがって一つの作品を解釈するときは、ただ主題を把握し意図を追求するだけで十分なのではなく、その作品をすぐれた作品たらしめた想像力の活動を、いきいきと感得する所までいくことが望まれます。もっともある作品に即して作品の想像力の活動を感得するための、手近で便利な方法があるわけではありません。すべては作品として表現されたそのものに即し、それを作者の想像力の所産として味わいなおすより道はないでしょう。

やはりここでも作品の主題や意図を過不足なくつかむことが第一に肝要です。想像力の活動によって作られる新しい一つの真実は、主題や意図を最も純粋な形に具体化したものにほかならないからです。友情の限界という主題を読み誤って、人間の醜さという広い主題であると誤解したりすれば、想像力の理解などはとうてい可能でなくなります。

そして、その主題や意図の具体化として、人物にどのような性格や思想が与えられ、事件にどのような起伏や進展が与えられているか、つまり**主題や意図の具体的肉づけのあり方を間違いなくつかむ**ことが必要でしょう。要するに構成と表現とをよく検討して主題や意図を抽象するのと同じことを、逆の角度から、つまり人物や事件の描かれ方を主題や意図の具体化としてつかむのです。もちろんそれを作品の次元から作者の次元へと移しかえて、**作者の想像力の所産としてそれを味わいなおす**ことが、想像力の理解ということの最終の段階であることは、もはや言うまでもないと思います。

作者の想像力のとらえ方

1 作品の主題や意図を過不足なくつかむ。
2 主題や意図の具体的肉づけとして、人物や事件に対する構成・表現をとらえる。
3 それを作者の想像力の所産とみることによって、作者の想像力の活動を理解する。

【例題一二】

最後の一句

森《もり》　鷗《おう》外《がい》

（この段までのあらすじ）元文三年（一七三八）十一月のこと、大阪の桂屋太郎《かつらやたろ》兵衛《べえ》という町人が、商売のことで罪

とりあえず最後まで読んで、この作品の主題・意図を過不足なくつかんでみよう。終わりの所で誤解の危険があるから注意すること。

1 この作品の主題は何か。

にとわれ、首を切られることになった。

残される家族は女房のほかに、十六歳になる長女いち、十四歳の二女まつ、男の子もなければと養子に迎えた十二歳の長太郎、そのあとに生まれた八歳の三女とく、六歳の末子《ばっし》初五郎、つごう五人の子供がある。

夫が捕らえられてから二年ほど、世間との交渉を絶ってきた女房は、気力を失っていて、いよいよ夫が斬罪《ざんざい》にあうと知らされた時も繰り言を言って泣くだけであったが、話を立ち聞きした長女のいちは、その夜寝床についてから考えつき、父親の助命願を書く。私たち子供を身代わりに殺して、その代わりに父親の命をお助けください。ただし長太郎だけは養子だからお見のがしくださるよう。という内容である。二女まつは「でもこわいわねえ。」と言いながら姉の判断に従う。清書して奉行所へ持って行く時になって養子の

考え方　一口に言えば父親の助命のために命をすてようとする十六歳の娘の話なのですが、必ずしも孝行娘の美談として書こうとはしていない点に気づかねばなりません。終わりの所に、「献身のうちに潜む反抗の鋒(142〜143行)」という気になる表現があって、これを重くみると「献身の中の反抗」がこの作品の主題であるようにも思われてくるでしょうが、はたしてそう解釈してよいでしょうか。

この作品は「最後の一句」という題名がつけられています。最後の一句というのは、いちの発言の「お上のことにはまちがいはございますまいから(113〜114行)」の一句を指します。そして、その一句について「献身の中の反抗」ということが言われているのですから、この作品の主題を「献身の中の反抗」だと解釈することは、最も確からしい解釈に見えようかとは思います。けれどもそう解釈することは、やはり一種の誤解ではないかと思うのです。

いちのことを述べる時、作者はしばしば「冷ややか」という語を使っています。いちは親を思う情の厚いいちずな孝行娘というよりは、むしろあまりにも分別のある、十六歳という年に似合わぬ落ち着きはらった娘として描かれて

長太郎が目をさまし、同行する。幼い二人は何も知らずに寝入っている。母親も目ざめない。奉行所の門番は早朝の陳情をうけつけようとしないが、いちは開門まですわり込んで願書を与力に渡す。

与力から願書をうけとった奉行の佐々は、一読していちたちを帰すが、せっかくスムーズに進んだ判決の執行を邪魔されるような感じを受ける。だが無視することもできず、また子供たちに願書を書くように教唆《きょうさ》した大人がいるのではないか、もしそうならそれを糾明せねばならぬ、と考え、一同を白州《しらす》（当時の法廷）へ呼び出した。本当の事を言わせようと、拷問《ごうもん》の道具も並べられる。

設問

いちはどのような性格の娘として描かれているか。また、それを最も良く表すような行動・発言を指摘せよ。

いる、と言わねばなりません。母親の考えつきもしなかった助命嘆願を自ら考えつき、妹以下をひっぱって落度なく事を運び、そして奉行たちの吟味にも何ら臆さないという態度は、少女ばなれした冷静さであり、それを現すために「冷ややか」という語がよく使われているのに違いありません。

2 この作品の意図は何か。

考え方 もちろん作者はそれを、必ずしも賞賛すべきもの、として扱おうとはしていないようです。十六歳の娘なら、父親が斬罪にあうと聞いておろおろと度を失い泣き叫ぶ方がはるかに自然です。いちのような落ち着きはらった態度は、それが道義的には献身という美徳にあてはまるものであるだけに、いわば小憎らしいと言いたいような性質を帯びます。いちを「憎悪を帯びた驚異の目（119〜120行）」で見る佐々の目は、たしかに作者の目でもあり、また同じ佐々の「おい先の恐ろしいものでござりますな（127〜128行）」という評は、たしかに作者の評でもある、と理解してよいでしょう。

けれども作者は十六歳の娘の小憎らしさを表現しようと意図したのではない。少なくともそれだけを表現しようと

尋問は女房から始められた。しかし名を問われ、年を問われたときに、かつがつ返事をしたばかりで、そのほかのことは問われても、「いっこうに存じませぬ。」、「恐れ入りました。」と言うよりほか、何一つ申し立てない。

次に長女いちが調べられた。当年十六歳にしては、少し幼く見える、痩肉《やせじし》の小娘である。しかしこれはちとの臆《おく》する気色もなしに、一部始終の陳述をした。祖母の話を物陰から聞いたこと、夜になって床に入ってから、出願を思い立ったこと、妹まつに打ち明けて勧誘したこと、自分で願書を書いたこと、長太郎が目をさましたので同行を許し、奉行所の町名を聞いてから、

意図したのではない、ということもまた事実のようです。十六歳の娘のはいた「お上のことにはまちがいはございますまいから」という一句に狼狽《ろうばい》する奉行たちの姿もまた、作者が書きたかったことの一つに違いないと思われます。

おそらく作者は、父親の命に代わろうとする娘の献身を主題として、十六歳の娘の小憎らしさと、権力の座にある奉行たちの反応と、そして娘や奉行をとりまく人々のあり方などを、書いてみたかったのでしょう。「献身の中の反抗」は、作品の主な一部分でしかないと思われます。作者はおそらく史実に取材しつつ、十六歳で父の命に代わろうと申し出る娘はこうもあろうかと想像し、助命の願いを受けた奉行はこうもあろうかと想像して、そこにいかにも人間としてありえそうな何人かの人物と、いかにもありえそうな事件とを、封建時代の舞台を借りて新たに創造したのです。「献身の中の反抗」の一本でしぼるには、あまりにいちの小憎らしい落ち着きがはっきりしすぎていますし、いちの小憎らしさ一つにしぼるには、最後の一句に対する奉行の反応がはっきりしすぎている、という所がたいせつかと考えます。以下、この作品の主題・意図をこのように理

案内をさせたこと、奉行所に来て門番と応対し、次いで詰め衆①の与②力に願書の取り次ぎを頼んだこと、与力らに強要せられて帰ったこと、およそ前日来経歴したことを問われるままに、はっきり答えた。

「それではまつのほかにはだれにも相談はいたさぬのじゃな。」と、取り調べ役が問うた。

「だれにも申しません。長太郎にも詳しいことは申しません。お父っさんを助けていただくように、お願いしに行くと申しただけでございます。お役所から帰りまして、年寄③衆のお目にかかりましたとき、私ども四人の命を差し上げて、父をお助けくださるように願うのだと申しましたら、長太郎が、それでは自

解することが正しいかどうかの吟味をかねて、本文を読み進むことにしましょう。

3 「尋問は～書いてあった（1～52行）」の間に描かれている人物や事件の性質をつかみ、人物や事件の扱い方を吟味してみよう。

考え方 人物や事件の性質をつかむことはあくまで作品の表現を通してのことです。人物や事件の性質をつかむことは、人物や事件の扱い方をつかむことでもなければなりません。ただし、人物や事件の性質をつかむことは、人物や事件の具体的な扱い方にもとづく抽象の作業ですから、こうして抽象された人物や事件の性質から方向を逆に転じて、人物や事件の扱い方をそれの具体化として味わいなおす作業が残っています。その作業が作者の想像力に迫るために欠くことのできない作業なのです。

▼母親＝女房

さて一番最初に描かれる女房から始めましょう。女房つまりいちたちの母親は、勝気でない、どちらかと言えばたよりない女として描かれています。（あらすじ）の所でも紹介

分も命が差し上げたいと申して、とうとう私に自分だけのお願い書を書かせて、持って参りました。」

いちがこう申し立てると、長太郎が懐から書き付けを出した。

取り調べ役の指図で、同心④が一人長太郎の手から書き付けを受け取って、縁側に出した。

取り調べ役はそれを開いて、いちの願書と引き比べた。いちの願書は町年寄の手から、取り調べの始まる前に、出させてあったのである。

長太郎の願書には、自分も姉や弟妹《きょうだい》といっしょに、父の身代わりになって死にたいと、前の願書と同じ手跡で書いてあった。

取り調べ役は、「まつ。」と呼びかけた。しかしまつは呼ばれたのに

したように、夫が捕らえられてからの二年間に、生活の気力を失っていて、夫の斬罪が決定した時も、ただふしあわせをなげいて泣くよりほかのことを知らない女です。もちろん母親をそういうたよりない女にしておいた方が、いちの冷静な処置や、気のしっかりした態度が、はっきりと作品の表面に浮かびあがるからでしょう。だからこの白州での尋問の場面でも、ただいちのしっかりした気性をひき立てる役しか与えられていません。

「名を問われ、年を問われ（2行）」て返事をするのには、判断の必要は全くありません。それさえ「かつがつ返事をしたばかり（3行）」だった、というのは、白州へひき出されてすっかり萎縮《いしゅく》している姿を示します。役人が権力をかさに着て横柄《おうへい》にし、民衆が権力の威光に恐れる、というのはどんな時代にもあることでしょうが、民衆が権力から受ける圧迫感は、封建時代はとりわけ強いものであったはずです。しっかりものでない女房が、白州へひき出されたらこうもあろうかという作者の想像力が、女房のこういう態度をつくり上げたのです。判断を要求される「そのほかのこと（4行）」に対して、ただ「いっこうに存じませぬ（5行）」と答え、

気がつかなかった。いちが「お呼びになったのだよ。」と言ったとき、まつははじめて恐る恐るうなだれていた頭《こうべ》をあげて、縁側の上の役人を見た。

「おまえは姉といっしょに死にたいのだな。」と、取り調べ役が問うた。まつは、「はい。」と言ってうなずいた。

次に取り調べ役は「長太郎。」と呼びかけた。

長太郎はすぐに「はい。」と言った。

「おまえは書き付けに書いてあるとおりに、兄弟いっしょに死にたいのじゃな。」

「みんな死にますのに、わたしが一人生きていたくはありません。」と、長太郎ははっきり答えた。

特に「恐れ入りました(5～6行)」と答える返答は、権力への萎縮の端的な具体化です。

▼長女いち

だからいちに関して「これはちとの臆する気色もなしに(10～11行)」と書いてあるのが、一層少女のしっかりした態度を表すものとして生きてきます。もちろん母親のしっかりしない態度が、権力への萎縮を意味するものであったことを思い合わせると、いちのしっかりした態度は、いわば権力への反抗を意味するものではあるでしょう。だとすれば「お上のことにはまちがいはございますまいから(113～114行)」という最後の一句に関する「献身の中の反抗」が、早くもこのあたりから示されている、ということにもなりそうです。いちは権力に反抗する人物として描かれているのであって、白州での「ちとの臆する気色もない」態度もまた、その反抗精神の具体化なのであり、やはりこの作品の主題は「献身の中の反抗」の一本にしぼるべきではないか、とも考えられそうに見えてきます。だがはたしてそうでしょうか。

いちが願書を書く時の模様、まだ眠っていなかった妹のまつや目をさました長太郎に対する態度、などは(あらすじ)

「とく。」と取り調べ役が呼んだ。

とくは姉や兄が順序に呼ばれたので、今度は自分が呼ばれたのだと気がついた。そして、ただ目をみはって役人の顔を仰ぎ見た。

「おまえも死んでもいいのか。」

とくは黙って顔を見ているうちに、くちびるに血色がなくなって、目に涙がいっぱいたまってきた。

「初五郎。」と取り調べ役が呼んだ。

ようよう六歳になる末子の初五郎は、これも黙って役人の顔を見たが、「おまえはどうじゃ、死ぬるのか。」と問われて、活発にかぶりを振った。書院の人々は覚えず、それを見てほほえんだ。

このとき佐々が書院の敷居ぎわまで進み出て、「いち。」と呼んだ。

の部分なので詳しくは紹介していませんが、そこには「権力への反抗」は全く書かれていません。書かれているのは、父親の命を助けるには自分たちの命を捧げる以外にはない、という献身の信念と、その信念を実行に移すための冷静な分別ばかりです。少なくともいちの心に自覚されていたものは、「権力への反抗」ではないのです。

もっとも、父親を斬罪に処するというお上の決定に反抗するには、当時としてはいちのような献身以外に道はなかった、ということは十分考えておかねばならぬたいせつなことです。いちに「権力への反抗」の意識はなく、あるのはただ父親の命を助けたいという一心であるにしても、その一心は結果的にはお上の決定をくつがえそうとする反抗を含み、権力の座にあるものに対しては、とりようによっては痛烈な反抗ととれる、ということです。いちの最後の一句は、そういう意味でいちの意図しないものを、奉行たちに与えたのだ、と解すべきです。

もう一度整理しなおしましょう。いちの態度やとりわけ最後の一句は、権力の座にある者には強い反抗として作用した。しかしそれはいちの自覚の外にあったものであり、

「はい。」

「おまえの申し立てには嘘《うそ》はあるまいな。もし少しでも申したことにまちがいがあって、人に教えられたり、相談をしたりしたのなら、今すぐに申せ。隠して申さぬと、そこに並べてある道具で、誠のことを申すまで責めさせるぞ。」佐々は責め道具のある方角を指さした。

いちは指された方角を一目見て、少しもたゆたわずに、「いえ、申したことにまちがいはございません。」と言い放った。その目は冷ややかで、そのことばは静かであった。

「そんなら今一つお前に聞くが、身代わりをお聞き届けになると、お前たちはすぐに殺されるぞよ。父の顔を見ることは出来ぬが、それ

いちはただ献身という分別ある行為を自覚していただけだった、ということになろうかと思います。作者はいち自身に対しては、十六歳にしては分別のすぎた娘、という性格を与えただけなのです。もちろんそのような分別は子供らしいものではなく、だから作者は十六歳という小憎らしい年齢を与え「冷ややかだ、落ち着きはらった」などと小憎らしい娘として描いたのです。

奉行が、いちに助命願いを書かせた大人が背後にいるのではないか、と疑ったことは（あらすじ）に紹介しました。大人なら「権力への反抗」の手段として、いかにも考えつきそうなことだからです。その場合、背後で糸をあやつる大人として一番に疑われるのは母親でしょう。その母親は奉行の前で萎縮するだけでした。その後で「臆する気色もなしに、一部始終の陳述をした（11～12行）」いちに、小憎らしい娘を見るのは、奉行だけではないはずです。作者がいちに対してだけ、「当年十六歳にしては、少し幼く見える、痩肉の小娘である（8～10行）」などと、姿や様子の描写をしているのは、「小娘」であることを強調し、大人びた分別の小憎らしさを強調したかったからに違いありません。十六歳の小憎らしさも

でもいいか。」

「よろしゅうございます。」と、同じような、冷ややかな調子で答えたが、少し間をおいて、何か心に浮かんだらしく、「お上《かみ》のことにはまちがいはございますまいから。」と言い足した。

　佐々の顔には、不意打ちにあったような、驚愕《きょうがく》の色が見えたが、それはすぐに消えて、険しくなった目が、いちの面《おもて》に注がれた。憎悪《ぞうお》を帯びた驚異の目とでも言おうか。しかし、佐々は何も言わなかった。

　ついで佐々は何やら取り調べ役にささやいたが、まもなく取り調べ役が町年寄に、「御用が済んだから、引き取れ。」と言い渡した。

　白州を下がる子供らを見送って、

また、この作品のたいせつな主題であると考えねばなりません。

4 「取り調べ役は～ほほえんだ（53～88行）」の間に描かれる妹や弟たちの姿をつかみ、その扱い方を吟味してみよう。

考え方 この部分で描かれる妹や弟の姿は、それぞれきわめて短い表現でしかありませんけれども、作者の想像力を理解するには、一番てっとり早い部分かもしれません。年齢、男女の別がからみ合って作る、この四人の幼い人物は、まさにその年齢らしさ、男らしさ女らしさを、そのままに備えた人物としてつくられ生き生きとしています。十六歳の小僧らしさという、ちょっと複雑なものに比べると、はるかに理解しやすいということもあります。

▼二女まつ
まずまつですが、奉行の前でやはり圧迫感を感じています。呼ばれて気がつかず、注意されて「恐る恐るうなだれた頭をあげる（57～58行）」態度にそれが表されています。しかし父の命を救うために命を捧げるということの意義は理解していません。姉が考えつかなければまつには思いも浮かば

佐々は太田と稲垣とに向いて、「おい先の恐ろしいものでござりますな。」と言った。心のうちには、哀れな孝行娘の影も残らず、人に教唆せられた、愚かな子供の影も残らず、ただ氷のように冷ややかに、刃のように鋭い、いちの最後のことばの最後の一句が反響しているのである。元文ごろの徳川家の役人は、もとより「マルチリウム」⑤という洋語も知らず、また当時の辞書には献身という訳語もなかったので、人間の精神に、老若男女《ろうにゃくなんにょ》の別なく、罪人太郎兵衛の娘に現れたような作用があることを、知らなかったのは無理もない。しかし献身のうちに潜む反抗の鋒《ほこさき》は、いちとことばを交えた佐々のみではなく、書院にい

なかったことでしょうが、姉に言われてみればそれが「こわい（あらすじ）」けれども正しいことだ、とはわかるのです。十四歳の娘がこれだけの短い表現で、いかにも十四歳の娘らしく描き上げられている点に注意してください。

▼養子長太郎

長太郎は十二歳ですが、男の子だけあってまつよりも態度がきっぱりとしています。「みんな死にますのに、わたしが一人生きていたくはありません（70〜71行）」という発言は、養子だからといって一人見のがされたくない、という男の子らしい主張があります。これは前の方の「長太郎が、それでは自分も命が差し上げたいと申して（36〜37行）」などのいちの発言にも、あらわれているものです。そして同時に、「長太郎だけは実子ではないのだからお見のがしくださるよう」といういちの願書のただし書き（あらすじ）は、いちの小憎らしいまでに落ち着いた分別を示すものであることを、重ねて注意しておく必要がありましょう。

▼三女とく

とくは八歳の女の子で、まだ何もわかりません。ただ「死」ということの恐ろしさだけは直感されるのです。死んでも

た役人一同の胸をも刺した。

〈読解補注〉

①詰め衆―詰め所に出勤している役人たち。

②与力―江戸幕府の職名。奉行などの配下。

③年寄―町年寄のこと。町役人、江戸の町名主にあたる。町奉行から町民への命令の伝達、収税などを扱った。

④同心―江戸幕府の職名。与力の配下。

⑤マルチリウム―martyrium（ラテン語）

よいのか、という奉行の問いに対して、「黙って顔を見ている（79行）」だけで返事しかね、そして「くちびるに血色がなくなって、目に涙がいっぱいたまってくる（80～81行）」様子は、こわいということだけを直観した子供の姿そのものといえましょう。

▼末子初五郎

最後に呼ばれる初五郎は、まだ六歳の男の子です。死ぬ気か、と問われて、「活発にかぶりを振る（86～87行）」否定の態度は、「死」ということの恐ろしささえまだわかっていないことを示しています。白州というものから来る圧迫感にさえ気づいていないのでしょう。作者は最も子供らしい無邪気さを、初五郎に具体化しました。奉行たちの「ほほえみ（88行）」は、はじめて子供らしい無邪気さに接してほっとした大人のほほえみです。

5 母親のたよりなさ、妹や弟たちのそれぞれの年に応じた子供らしさ、この二つのものにはさまれて、いちのしっかりした分別と年に似合わぬ小憎らしさは、ますます浮きぼりにされます。「このとき（89行）」から「言い渡した（125行）」までの間で、それを確認し、合わせて最後の一句の含みを検討しよう。

考え方 いちの冷静な態度・応答はもう繰り返し言うまでもないでしょう。拷問の道具を見せつけられても、それを「一目見る（100行）」だけで、感情は「少しもたゆたわない（101行）」こと、「目は冷ややかで、そのことばは静か（103〜104行）」だということ、どれ一つとしていちの分別と小憎らしさとを示さないものはありません。だからここでは「お上のことに……」の最後の一句に注意を集中しましょう。

この最後の一句は、お前たちの願いがかなえられれば、助かった父親の顔を見ることはできないのだぞ、という奉行のことばに対する、「よろしゅうございます」という「冷ややかな調子（111行）」の答えのあとで、「何か心に浮かんだらしく（112〜113行）」発せられたものです。その「心に浮かんだ」ものが何であるかは、作者は説明を加えていず、したがって、解釈のわかれ目となる所と思われますが、やはり直接には、「権力への反抗」ではなくて、助かった父親の顔が見られなくてもよいという自分の冷静さへの、分別ある理由づけのことばと見るべきでしょう。

父親を助けるためにとるべき言動を冷静に進めて来たいちの分別は、献身の成功を自分で確認できないことの不安をさえも、分別くさい理由でうち消すのです。十六歳の娘のこの立派な理屈に対する奉行の「驚異の目（120行）」に「賞賛」ではなくて「憎悪（119行）」がどうしても混じるのは、十六歳の娘の分別があまりにも小憎らしいからに違いありません。

6 だが奉行は奉行なりの反応を示します。「白州を下がる子供ら〜胸をも刺した（126〜145行）」を、そういう角度から読んでみよう。

考え方 太田は大阪の城代。奉行である佐々の上役です。稲垣は佐々と同格の奉行。これら白州にいた人々にもらした「おい先の恐ろしいものでござりますな（127〜128行）」ということばは、いちの大人かおまけの分別に対する「驚異と憎悪」を言ったものですが、権力の座にある奉行たちには、いちの言動からもう一つ別のものを直観します。それが「権力への反抗」です。もともといちが父親助命の願いを出したこと自体に、お上の決定に沿わない反抗の芽が含まれています。そして最後にお上の正しさ、を言う一句が出て、裏にあった反抗が表にある権力の肯定のかげで、非常に痛烈な皮肉となって聞こえてきた、というわけです。

奉行がスムーズに刑罰を運ぼうとしていることは（あらすじ）に紹介しましたが、権力の座にいて事務を順調に運ぶことだけを考えて、一人の人間の命を奪うことについてはあまり考えていなかったらしい様子と、そのためにいちの最後の一句に狼狽《ろうばい》する姿とは、封建時代の役人のあり方として作者が考えつくり上げた一つの明瞭な人間像だと言えましょう。

《解答》年に似合わずしっかりした分別をもち、だがそれだけに小憎らしい小娘として描かれている。父親の命を救うために自分以下実子四人の命を捧げようと考えつくこと自体、すでに小憎らしい分別だが、白州で尋問されて全くおくする様子もなく、答弁し、助かる父親の顔は見られないぞと念を押されて、「お上のことにまちがいはなかろうから」と理由づけるところは特にその感が深い。なお母親のたよりなさと、妹や弟の受動的なあるいは無邪気な態度が、いちの性格を浮き立たせる効果があることも見のがせない。

《例題一二の作品と作者》

最後の一句　短編小説。大正4（一九一五）年『中央公論』に発表。商売のことで罪にとわれ、斬罪になろうとする父のために、助命願いを携えて直訴《じきそ》する長女いちの、献身の中に潜む反抗の姿を、独特の文体で描きあげている。『歴史其儘《そのまま》と歴史離れ』という評論後に書かれたもので、『山椒太夫《さんしょうだゆう》』と同じく、歴史離れを意図した作品である。

森　鷗外　文久2（一八六二）年～大正11（一九二二）年。小説家・医師。島根県津和野市生まれ。明治17年、衛生学と陸軍医事調査のためドイツに留学。医学のかたわら、外国文学の古典、ハルトマンの哲学や美学など、広範なヨーロッパ文学を摂取。帰朝後は、文学・美術・演劇・哲学など広い分野で活躍した。清新なロマン主義から、次第に理知的・客観的な作風に移り、乃木《のぎ》大将殉死に感動して『興津《おきつ》弥五右衛門《やごえもん》の遺書』を書いてからは、歴史小説の分野を開拓。『舞姫』『雁《がん》』『阿部《あべ》一族』『高瀬舟』などの外、翻訳に、訳詩集『於母影《おもかげ》』や『即興詩人』があり、また、明治二十年代には雑誌『しがらみ草紙』や『めざまし草』などを創刊、坪内逍遥《しょうよう》との論争をはじめ、評論活動をする。死にあたっての遺言文「余ハ石見《いわみ》人森林太郎トシテ死セント欲ス（中略）墓ハ森林太郎ノ外一字モホル可《べか》ラス」は余りにも有名である。

練習問題

14　このような人間を、子路は見たことがない。力千鈞《(注1)きん》の鼎《かなえ》をあげる勇者を彼は見たことがある。明千里の外を察する智者の話も聞いたことがある。しかし、孔子にあるものは、けっしてそんな怪物めいた異常さではない。ただ最も常識的な完成にすぎないのである。知情意のおのおのから肉体的の諸能力に至るまで、実に平

【出典】
中島《なかじま》　敦《あつし》「弟子」
中島　敦（八五ページ参照）

凡に、しかし実に伸び伸びと発達したみごとさである。一つ一つの能力の優秀さが全然目立たないほど、過不及なく均衡のとれた豊かさは、子路にとって正《まさ》しくはじめて見るところのものであった。闊《(注2)かっ》達《たつ》自在、いささかの道学者臭もないのに子路は驚く。この人は苦労人だなとすぐに子路は感じた。おかしいことに、子路の誇る武芸や膂《(注3)りょ》力《りょく》においてさえ孔子のほうが上なのである。ただそれを平生用いないだけのことだ。俠者子路はまずこの点で度胆《どぎも》を抜かれた。放蕩《(注4)ほうとう》無頼《ぶらい》の生活にも経験があるのではないかと思われるくらい、あらゆる人間への鋭い心理的洞察《どうさつ》がある。そういう一面から、また一方、きわめて高く汚れないその理想主義に至るまでの幅の広さを考えると、子路はウーンと心の底からうならずにはいられない。とにかく、この人はどこへ持って行っても大丈夫な人だ。潔癖な倫理的な見方からしても大丈夫だし、最も世俗的な意味からいっても大丈夫だ。子路が今までに会った人間の偉さは、どれも皆その利用価値の中にあった。これこれの役に立つから偉いというにすぎない。孔子の場合は全然違う。ただそこに孔子という人間が存在するというだけで充分なのだ。少なくとも子路には、そう思えた。彼はすっかり心酔してしまった。門にはいっていまだ一月ならずして、もはや、この精

【参考問題】

1 傍線部「四十而不惑」という孔子のことばが記載されている書物の名前を漢字で記せ。

2 孔子に対する子路の絶対的信頼が最も良く表されている二字の熟語を最初の段落の中から抜き出して記せ。

神的支柱から離れ得ない自分を感じていた。
後年の孔子の長い放浪の艱苦《(注5)かんく》を通じて、子路ほど欣然《(注6)きんぜん》として従った者はない。それは、孔子の弟子たることによって仕官の道を求めようとするのでもなく、また、滑稽《こっけい》なことに、師の傍《かたわら》にあって己の才徳を磨こうとするのでさえもなかった。死に至るまで変わらなかった、極端に求むるところのない、純粋な敬愛の情だけが、この男を師の傍に引留めたのである。かつて長剣を手離せなかったように、子路は今はなんとしてもこの人から離れられなくなっていた。
その時、四十而不惑《しじゅうにしてまどわず》といった、その四十歳に孔子はまだ達していなかった。子路よりわずか九歳の年長にすぎないのだが、子路はその年齢の差をほとんど無限の距離に感じていた。

(注1) 千鈞の鼎＝非常に重い鼎。
(注2) 闊達自在＝小さなことにこだわらず、おおらかなこと。
(注3) 膂力＝腕力。
(注4) 放蕩無頼＝ふしだらで無法な行いなどするさま。
(注5) 艱苦＝悩み苦しむこと。
(注6) 欣然＝喜んで快く物事を行うさま。

〈着眼点〉

参考問題 **1** 文学史の常識。**2**「ただそこに孔子という…離れ得ない自分を感じていた。」という箇所に子路の「絶対的信頼」が示されていることに注意する。

【演習】一「闊達自在、いささかの道学者臭もない」「苦労人」「武芸や膂力においてさえ孔子のほうが上」「あら

【演習】

一 子路が見いだした孔子の最もすぐれた特質を筆者はどのように表現しているか。本文中から十字以上十五字以内の語句を抜き出して答えよ。

二 前問一のような特質をもつ孔子に対して、子路はどのような感情を抱いたのか。本文中から七字以内の語句を抜き出して答えよ。

三 子路には絶対にのりこえられない孔子の壁を作者はどのような言葉で表しているか。それに相当するものを本文中から二十五字程度で抜き出し、その最初と最後の五文字を記せ。

ゆる人間への鋭い心理的洞察」「きわめて高く汚れないその理想主義」などが孔子のもつ美点だが、これらの美点を総称してどのように呼んでいるかに注意する。二 最初の段落の後半から二つ目の段落までの部分に、孔子に対する子路の気持ちが示されていることに注意。そのうえで「七字以内」の「感情」を示す語句という条件を考えれば、比較的容易であろう。三 最初の段落で、孔子のすぐれている点について述べ、次に、子路の孔子に対する気持ちを書き、最後に、子路がこえられない「距離」について述べてあることに気づけばよい。

3 感覚
―作者の感覚のはたらき―

たとえば、夜の火事をああ美しいと感じ、そびえ立つ山々を見て圧倒されるような恐怖を覚える、とします。考えてみると夜の暗さの中だから燃える赤い炎が美しく見えるのでしょうし、自然の力が人間よりも強大であることが恐ろしさの原因なのかもしれません。しかし、合理的な理屈で説明されようがされまいが、美しい、恐ろしい、という感じはそれ自体として存在します。理屈ぬきに、直接に感じることは人間の心の一つの重要なはたらきです。

人間の心のこのようなはたらき、つまり感覚は、文学作品に非常に重大な関係をもっています。そもそも文学作品は理屈を展開して読者の論理に訴えようとするものではありません。もっとも文学作品は音楽が直接聴覚に、また絵画が直接視覚に訴えるのとは、またすこし事情が異なり、言語という形式をとって一応人間の理性に訴えはするのですが、表現しようとするものは、けっして論理的に構成されるべき主義・主張ではありません。作者に主義・主張があるときでも、それを論文や論説のように主義・主張そのものとして論理的に展開するのでなく、具体的な人物や事件を通して書くのです。人物に血が通わず、事件に事実らしさがない時は、それはもう文学作品とは呼べないものだと言ってよいでしょう。まして文学作品は、必ず主義や主張を持たねばならぬものではありません。

したがって、文学作品の表現を文学的であらしめるものは、作者の論理ではなくて、むしろ作者の感覚だと考えられます。たとえば、抜け目ない世渡りでどんどん出世をしてゆく青年を描いた作品があるとします。それはあるいは人生の生存競争に勝つためには手段など選ぶべきでない、というドライな主張をねらった作品であるかもしれませんが、またあるいはただ抜け目のない人間の姿を描くこと自体をねらった作品でもありうるでしょう。そして、そのいずれであるにせよ、登場人物はいかにも抜け目のない人間らしい行動や発言で肉づけられていなければなりません。そのためには、いかにも抜け目がないと感じられるような、行動や発言が、作者によって探求され創造されねばならないでしょう。こうして言語となった作品の表現が、抜け目のなさを描くに成功するかいなかは、作者の感覚のはたらきにかかっているのです。そして作者の感覚を正確にうけとめることができるかいなかは、読者の感覚のはたらきにかかっているのです。

だから作者の感覚を正確にうけとめるための、何か便利な道があるというものではありません。作者は作品の中における人物や事件の表現のしかたに、自分の感覚をつぎ込んでいるのですから、作品の表現に耳をすまして、作品の中からひびいてくるものを感じとるよりほかに方法はありません。

もししいて着眼点をあげるとすれば、基本的にたいせつなのは、やはり主題や意図を過

不足なくつかむということでしょう。主題や意図を誤解したら、作者の想像力や感覚を理解することは、たちまち不可能になってしまいます。そして、その主題や意図の肉づけとして、**人物や事件にどのような具体性が与えられているかに注意し**、構成・表現をそういう角度からとらえ、作者の想像力のはたらきをとらえる必要があります。

ここまでは想像力のとらえ方と同じようなものですが、その想像力――事実としてありうることを考える力――を統一しているそのものらしさに注意を向けて、**そのものらしい人物や事件を想像して創り上げた作者の感覚のはたらきを感じとる**ということになりましょうか。いかにも抜け目のない人物の行動が想像力によって創り上げられている時、その行動の抜け目のない人物らしさを、作者の感覚のはたらきとして感得すること、それが感覚の理解ということであろうと思われます。

作者の感覚のとらえ方

1 作品の主題や意図を過不足なくつかむ。
2 人物や事件の具体性を、その主題や意図の肉づけとしてとらえ、作者の想像力をつかむ。
3 人物や事件を、いかにもその人物や事件らしいものとして選んだ作者の感覚を、感じとる。

【例題一三】

伊豆《いず》の踊り子

川端康成《かわばたやすなり》

（この段までのあらすじ）旧制の第一高等学校生である「わたし」は、一人旅立って伊豆へ来た。紺がすりにはかまをつけ、ほお歯の高げたをひっかけて、制帽と学生かばんの出《い》で立ちである。年は多感な二十歳。

途中で旅芸人の一行に行きあう。四十代の女、若い男一人、若い女二人にもう少し年少らしい踊り子を加えた一座である。「わたし」は旅情のせいか、踊り子に淡く心ひかれるものを感じ、この一行と旅を共にする。踊り子は娘っぽく見えたが、まだ十四歳であり、若い男栄吉は踊り子の兄、若い女の一人千代子は栄吉の女房、そして四十代の女は千代子のおふくろ。一行は大島からやって来た、というようなことがわかって来るころは、もう「わたし」

1 （あらすじ）はあくまであらすじで、その間に描かれている具体的な描写を十分に伝えません。ここで少し補っておきます。

考え方 この旅芸人の一行を「わたし」が初めて見かけた時のことを、作者は「振り返り振り返りながめて、旅情が自分の身についたと思った」と書いています。「わたし」がどういう動機でこの旅に出たのかはわかりません（これはなかなかたいせつなことです、覚えておいてください）が、旅に出て人恋しくなっていた「わたし」の心の深い所にふれるものを感じたので、「わたし」がこの一行に近づいたことだけは確かです。

その心の深い所にふれたもの、の中で、「わたし」の意識の中心に座を占めるのは踊り子への感情の傾斜です。娘っぽく見えた踊り子に、「わたし」は男として惹《ひ》かれるものを感じます。これを淡い恋愛と呼んでもよいかもしれません。ただし本当の恋愛というものは、自分を相手にぶつけていくことだとすれば、この場合、一高の学生と旅芸人の踊り子との間に芽ばえたものは、恋愛と呼ぶにはすこし距離が

は一行にすっかりなじんでいた。そして本来なら踊り子たちと「わたし」とをへだてるはずの、他人対自分という意識が、いつの間にか薄れていくのを感じる。一同は天城《あまぎ》峠を越え、大島の見える道を下田《しもだ》の町の方へおりていく。暖かい日が差す秋の一日である。

設問

主人公「わたし」の心境の変化のあとを整理してみなさい。

　その山を下りて下田街道に出ると、炭焼きの煙が幾つも見えた。路傍の材木に腰を下ろして休んだ。踊り子は道にしゃがみながら、桃色の櫛で犬のむく毛をすいてやっていた。
「歯が折れるじゃないか。」とおふくろがたしなめた。
「いいの。下田で新しいのを買う

ありすぎるという点については、十分注意しておく必要があります。

　ここにとった部分の少し前に、「わたし」と踊り子とが山道で、一行のずっと前になってしまう所があります。踊り子は「わたし」と話しながらも、常に一間ほどの間隔を保って山道をついて来ます。踊り子は「わたし」が立ち止まれば立ち止まってあえて「わたし」と肩を並べようとせず、「わたし」の方も踊り子がはかまの埃《ほこり》をはらってくれようとする時に、思わず足をひいてしまいます。――こういうふるまいは、恋愛の、それも異性に慣れない初心《うぶ》な男女の恋愛の、ふるまいにほかならないでしょう。にもかかわらず、やはり「わたし」と踊り子とをつなぐものを、いわゆる恋愛感情だと言い切ってしまうと、それがこの作品を十分に理解するさまたげになるという気がします。

　踊り子が「わたし」を感じる感じ方と、「わたし」が踊り子を感じる感じ方とが微妙にくいちがうこと、そして特に「わたし」が踊り子に感じとるものは何であるかということ、それがこの作品を読むときのたいせつなポイントであり、「わたし」と踊り子との恋愛、と呼んでしまうと、そ

もの。」

湯が野にいるときからわたしは、この前髪にさした櫛をもらって行くつもりだったので、犬の毛をすくのはいけないと思った。

道の向こう側にたくさんある篠《しの》竹《だけ》の束を見て、杖《つえ》にちょうどいいなぞと話しながら、わたしと栄吉とは一足先に立った。踊り子が走って追っかけて来た。自分の背より長い太い竹を持っていた。

「どうするんだ。」と栄吉が聞くと、ちょっとまごつきながらわたしに竹を突きつけた。

「杖にあげます。一番太いのを抜いてきた。」

「だめだよ。太いのは盗んだとすぐにわかって、見られると悪いじゃないか。返してこい。」


の微妙な所が消えてしまうと思うのです。

2 「女たちを待っていた（34～35行）」までの中で、踊り子はどのような人物として描かれていますか。

考え方 最初に描かれている「炭焼きの煙（2行）」は、この作品で重要な役割をしている風景描写の一つですが、風景描写は今は省くよりしかたがありません。

さて踊り子ですが、この部分で描かれているのは、「桃色の櫛で犬のむく毛をすいてやる（4～5行）」姿と、「わたし」の杖になりそうな竹を一本とって来ること、との二つにしぼれます。前の方のは、直接に「わたし」を意識した行動ではありませんから、あまり重大に考える必要はないようですが、だからかえって踊り子の自然な姿を描いている点でもあるわけです。この犬は踊り子たちが連れて歩いている小犬で、「おふくろの腕の輪に小犬が前足を載せて旅慣れた顔をしていた」と書かれている、いわば一行のメンバーの一員とも言えそうな犬です。だからこそその毛を「前髪にさした櫛（12行）」ですいてやるほど可愛がっているのでしょうが、これはあたかも幼い女の子が、人形の髪をすいてや

踊り子は竹束のところまで引き返すと、また走って来た。今度は中指くらいの太さの竹をわたしにくれた。そして、田の畦《あぜ》に背中を打ちつけるように倒れかかって、苦しそうな息をしながら女たちを待っていた。

　わたしと栄吉とは絶えず五、六間先を歩いていた。

「それは、抜いて金歯を入れさえすればなんでもないわ。」と、踊り子の声がふとわたしの耳にはいったので振り返ってみると、踊り子は千代子①と並んで歩き、おふくろと百合子《ゆりこ》②とがそれに少しおくれていた。わたしの振り返ったのを気づかないらしく千代子が言った。

「それはそう。そう知らしてあげたらどう。」


る光景を思わせます。恵まれない踊り子にとって、この小犬は人形にあたるのであり、逆にまた踊り子は、まだそういう幼さが残っている程度の少女でもあるのです。

　竹の杖の話は、はっきりと「わたし」を意識した行動です。「わたし」が「杖にちょうどいい（16行）」などと話しているものだから、親切にとって来てくれたのですけれども、その親切は、だれを相手としても払われるような親切ではありますまい。「どうするんだ（21行）」と兄にきかれて「ちょっとまごつき（22行）」、その竹を「突きつける（23行）」ように渡すところは、はっきりと「わたし」という特定の相手への好意を示しています。坂道で「わたし」と肩を並べて歩こうとしないのと同程度の、初心な愛情がそこにのぞいています。

　繰り返し言いますがその愛情は、いわゆる恋愛の次元に達したものではありません。兄に言われて竹をとりかえて走って来て、「田の畦に背中を打ちつけるように倒れかかって、苦しそうな息をしながら女たちを待って（32〜35行）」いる踊り子の姿は、愛する男の前でする女の行動ではない、ということを思えばたりるでしょう。初めの間こそ踊り子

わたしの噂《うわさ》らしい。千代子がわたしの歯並びの悪いことを言ったので、踊り子が金歯を持ち出したのだろう。顔の話らしいが、それが苦にもならないし、聞き耳を立てる気にもならないほどに、わたしは親しい気持ちになっているのだった。しばらく低い声が続いてから踊り子の言うのが聞こえた。

「いい人ね。」

「それはそう、いい人らしい。」

「ほんとにいい人ね。いい人はいいね。」

この物言いは単純で開けっ放しな響きを持っていた。感情の傾きをぽいと幼く投げ出してみせた声だった。わたし自身にも自分をいい人だと素直に感じることができた。晴れ晴れと目を上げて明るい

は、「わたし」の前で真っ赤にはにかむのですが（そういう描写があります）、はじらいは踊り子の感情の傾斜をわずかに染める程度のものでしかないのです。踊り子はまだ娘になりきらず、「わたし」への愛情も成熟しきらぬ少女のそれでしかありません。

3 二十歳の「わたし」の方は、もちろんこういう幼い愛情の年ごろではありません。では「わたし」は踊り子に何を感じているのか。「わたしと栄吉とは（36行）」から「気持ちになっているのだった（54〜55行）」までの部分を中心に、それを考えてみよう。

考え方 この部分で描かれているのは、踊り子と千代子とが「わたし」の歯並びの悪いことを話題にしているのを聞きながら、「わたし」がそれを別に苦にしなかった、ということです。ただそれだけのことで、別に「わたし」が踊り子やその一行に何を感じているか、などは何一つ語られていないように見えます。しかし、何一つ語られていないわけではありません。

この部分の最後の所で「顔の話らしいが、それが苦にも

山々を眺《なが》めた。瞼《まぶた》の裏がかすかに痛んだ。二十歳のわたしは自分の性質が孤児根性でゆがんでいるときびしい反省を重ね、その息苦しいゆううつにたえきれないで伊豆の旅に出て来ているのだった。だから、世間尋常の意味で自分がいい人に見えることは、言いようなくありがたいのだった。山々の明るいのは下田の海が近づいたからだった。わたしはさっきの竹の杖を振り回しながら秋草の頭を切った。

(読解補注)

①千代子―栄吉の妻、「おふくろ」の娘。十九歳。

②百合子―大島生まれの雇い女。十七歳。

ならないし、聞き耳を立てる気にもならないほどに、わたしは親しい気持ちになっているのだった（51〜55行）」とあるのは、「わたし」が踊り子たちと一緒に旅をしてきた結果、自然にそういう間柄になった、という、ただそれだけのことを意味するものではありますまい。もしも「わたし」が踊り子たちの前で、他人に対する自分を意識するのであったら、他人である女たちが自分の顔の欠点をうわさするのを聞いて「わたし」はこうも平気ではいられなかったに違いない、という点に注意してください。「わたし」は、踊り子たちの前で他人に対する自分を意識するのではなく、むしろ踊り子たちの中に自他の対立を意識せずにとけこんでいるのです。自意識で身構えずに接しうる相手、警戒することも装うことも忘れさせる自然なあたたかい人たち、これが「わたし」の心に感じとられた踊り子一行の姿にほかならないのです。

「わたし」も初めのうちは踊り子の前で、何となくどぎまぎする様が描かれています。それは確かに異性に慣れない純情な青年のぎこちない愛情です。でも踊り子がまだまだ幼さの抜けない少女であるとわかるにつれて、かわいい異性への感傷のようなものがそれにとって替わり始めます。女に対する男というぎこちない意識は次第にうすくなり、「わたし」は踊り子のありのまま、一行のありのままにふれることができたのです。そして踊り子と一行の中に、いわばなまの人間味を見いだし、それにじかにふれる思いをしたのです。

「わたし」になまの人間味を見せたのは、この旅芸人の一行全部でしょうが、とりわけそれは踊り子だったはずです。踊り子の未熟で素直な愛情のあり方が「わたし」にしみ通ってくるのです。「わたし」は踊り子に惹かれ、そして接近して踊り子の中にそういう素直なものを見いだしたのですが、その素直なものにふれることによって、逆に「わたし」は踊り子に働きかけられた形なのです。特に注意してほしいのは踊り子自身が働きかけようとしたのではない、という点です。「わたし」が踊り子にそれを見いだすことが、「わたし」に働きかけて「わたし」を変えたのです。(主人公が相手をながめ、相手の中に何ものかを見いだし、それを見いだすことが主人公に働きかける、という発想は作者の川端康成の好む書き方です。)

4 「わたし」が旅に出た動機は68行目の所まできてはじめて明らかにされます。今まで追求してきたことを考え合わせ、「しばらく低い声が(55行)」以下を読み味わってみよう。

考え方 「いい人ね」以下の、「単純で開けっ放しな(61～62行)」そして「感情の傾きをぽいと幼く投げ出してみせた(62～63行)」ような会話、自分に向けられた、この、思わず人をひるませるほどに素朴な肯定のことばを、「わたし自身にも自分をいい人だと素直に感じることができる(64～66行)」気持ちで聞く「わたし」は、もはや平素の自意識——教養や知識が人を豊かにしつつ同時にそれだけ人を素朴でなくするところのあの自意識――を忘れ、全く素直な心に帰っています。

このような心に帰った「わたし」のあとに、旅に出た時の「わたし」の自意識の悩みが語られるのは、はなはだ効果的だと言わねばなりません。「わたし」は人一倍の自意識に悩まされ、「たえきれない（71行）」暗い心で旅に出たのでした。だから今こうして、全く素直な心に帰っている自分の姿は、「わたし」にとってまぶしいほどの明るさです。「晴れ晴れと（66行）」山を見、その明るさに「瞼の裏がかすかに痛む（67～68行）」のはもちろんのこと、「山々の明るい（75～76行）」のさえ、「下田の海が近づいたからだった（76～77行）」という作者の説明にもかかわらず、「わたし」の素直さが発する光のまぶしさ明るさにほかなりません。最後の「竹の杖を振り回しながら秋草の頭を切る（77～79行）」動作も素直さを回復した「わたし」の晴れ晴れとした動作であることは、もう言うまでもないでしょう。

5 踊り子たちにふれた「わたし」の心の動きを、作者の感じ方として味わい直してみよう。

考え方 最後に念を押したいのは、自意識に悩む人間が救われる可能性を、この小説は書こうとしたものだ、と解釈してはならないということです。「わたし」が救われること自体は、むしろこの短編が小説であるために必要なすじがきであり、描写の主眼は、踊り子に接し感じとり、それによって変わっていく「わたし」の心の感じ方にある、と理解しなければならない、と思うのです。そして「わたし」の感じ方がデリケートな作者の感じ方であることはいうまでもありません。

《解答》

「わたし」は自分の性質がゆがんでいるという自意識にたえかねて伊豆への旅に出た。そこで行き会った踊り子の一行に「わたし」は旅の人恋しさを感じ、さらに踊り子に心ひかれて一行の道づれになる。

「わたし」は踊り子に少女らしい感情の傾斜――はじらいのわずかに混じった素直な好意――を見いだして、しだいに心が暖められ、この旅芸人の一行の素朴な人間味に、知らず知らずのうちにとけ込んでいく。そして自分を他人からへだてていた自意識から解放され、普通の人としての素直さが自分によみがえっているのに気づく。

《例題一三の作品と作者》

伊豆の踊り子　短編小説。大正15（一九二六）年『文芸時代』に発表。伊豆の天城山を越えて旅をする高校生の「私」と旅芸人一座の踊り子との淡く美しい交情を描いた、叙情的な作品。二十歳の高校生「私」が旅芸人たちの純朴で謙遜《けんそん》な生活に触れて、自分の歪《ゆが》んだ「孤児根性」が癒《いや》され、素直になっていくさまを描いている。

川端康成　明治32（一八九九）年～昭和47（一九七二）年。小説家。浅草風俗や虚無の世界を題材にした『浅草紅団《くれないだん》』や『禽獣《きんじゅう》』などで、新感覚派の代表作家となり『雪国』『千羽鶴』『山の音』などで、日本的な美を深く追求。昭和43年、ノーベル賞受賞。その死は自殺によるものであった。

15

翌日、ふたたびここを訪れた通辞(注1)は、「どうだな。思案はしたか」

いつものように猫が獲物を弄《もてあそ》ぶような言い方ではなく、硬い表情をつくって、

「沢野が申した通り、無益な強情は続けぬがよい。我々とて本意から転べとは言うてはおらぬ。ただ表向きな、表向き転んだと申してくれぬか。あとはよいように、するゆえ」

壁の一点をみつめて司祭は沈黙をつづけていた。通辞の饒舌(注2)《じょうぜつ》はうとましいよりは無意味な言葉のように耳を素通りしていった。

「なあ。これ以上面倒はかけんでくれ。本心から、このように頼んでおるのだ。まこと、わしも辛い」

「なぜ穴吊《あなづ》りになさらぬ」

「理をもって納得さすことができるなら、どこまでも教えさとせと奉行《ぶぎょう》さまはいつも申されておる」

司祭は膝に両手をおいたまま、子供のように首をふった。通辞はふかい吐息を洩《も》らして、長い間、黙っていた。一匹の蠅《はえ》が羽音をたてて飛びまわっていた。

「（ a ）」

【出典】

遠藤周作《えんどうしゅうさく》「沈黙」

遠藤周作〈大正12～平成8（一九二三～九六）〉は小説家。「白い人」「海と毒薬」「侍」「スキャンダル」など。

【参考問題】

1 (a)には通辞のことばが入る。次の中から最も適当なものを選べ。

ア ようし……覚悟しろ
イ だまれ……ばかもの
ウ だまれ……無礼者
エ そうか……よいよい
オ そうか……仕方ない

2 傍線A「転べ」の意を最もよく示す熟語を次から一つ選べ。

ア 改心　イ 改宗　ウ 改革
エ 改良　オ 改善

まだ坐っている司祭の耳に錠をかける音が鈍く聞えた。その鈍い音で、全ての説諭がこの瞬間に終ったのだとはっきりわかった。

拷問にどのくらい耐えられるかわからなかった。しかし衰弱した身心には山中を放浪していた時あれほど怖ろしかった拷問もなぜか現実感を伴わない。すべてがもうけだるいという気持である。今は一日も早く死がおとずれることのほうが、この苦しい緊張の連続から逃れられるただ一つの道のような感じさえする。もう生きることも、神や信仰について悩むことも物憂《ものう》い。この体と心との疲れが自分に早く死を与えてくれることを彼はひそかに願った。まぶたの裏に海の中に沈んでいったガルペの頭が幻のように浮んだ。あの同僚が羨《うらや》しかった。もはやこのような苦しみから解脱したガルペが羨しかった。

D想像通り翌日まず朝食が与えられなかった。昼近く錠が開いて、

「出ろ」

今まで顔も見せたことのない上半身、裸の大男が顎《あご》をしゃくってみせた。

(注1) 通辞＝通訳。
(注2) 饒舌＝おしゃべり。

〈着眼点〉

参考問題 **1** 直後に「全ての説諭がこの瞬間に終った」とある。通辞はついに拷問にかける決意をしたのである。しかし傍線Bの「わしも辛い」からわかるように、その拷問は通辞もできるだけやりたくないものであることに気づくこと。**2**「転ぶ」とは宗教上の転向を意味している。

【演習】

一 傍線Bの通辞の言葉を司祭はどのように受け取ったと考えられるか。次の中から最も適当なものを選べ。

ア お役目とはいえ、ほんとうに大変だな。
イ 頭を下げて頼むとは、情けないな。
ウ 心にもないことをよくも平気で言うな。
エ 言うことをきかないで申しわけないな。
オ そんなに言ったって、本気になれないな。

二 傍線Cの表現で作者が表そうとしたのはどのような情景だと想像されるか。次の中から最も適当なものを選べ。

ア うす暗く、空気もよどんでいるような感じの室内。
イ 小春日和の穏やかな日差しがさしている室内。
ウ うす汚く、騒がしい室内。
エ ひっそりと静まりかえった無気味な室内。
オ 汚いが、住み慣れた感じの室内。

三 傍線Dの表現は、この後司祭がどうされることを意味しているのか。二十字以内で説明せよ。

【演習】一 相手の言葉を無視して「なぜ穴吊りになさらぬ」と答えていることに注意。今まで何人もの人間を「穴吊り」にしているのである。二「羽音」が、むしろ牢内の静けさを示していることに気づくこと。三 直後の「裸の大男」の「出ろ」という言葉、直前の「拷問」に対するさまざまな思い、この二つを総合すると答えはおのずから出てくる。「拷問される」ということと、それが「転び」を強いるためになされるということの二点が必要である。

近代・現代の詩について

詩を味わうのに、散文を理解するときと同じ角度からしては、見当外れと言わなければならないでしょう。散文は、何よりも客観という土俵で勝負しなければなりません。論理的な文章はもちろんのこと、文学的な文章の場合にさえ、作者は客観化という残酷なものを必ず経なければならないのです。これに対して、詩の場合は、客観性を犠牲にしてでも、自分の心にうずまいているものを大切にしなければなりません。詩には、散文を読むときの角度とは全く違った角度から、接近するしかないのです。

とはいっても詩は、音楽が音を、絵画が色を手段とするのとは異なって、言語を手段とするものであるという意味では、散文と通ずるものもあるはずです。事実、詩の中には散文に近いものもあるし、散文におけることばの使い方と同じものが、詩の中にあることは間違いありません。詩だからといって、はじめから散文と通ずるものは何もない、ときめてかかるのは、かえってとんだ誤解と言うべきでしょう。**散文を読むときの姿勢でまず詩を読んでみる**ことは、むしろある意味では必要なことかもしれません。

ただしそれは、まず読んでみる、というまでのことで、ほんとうの読み方は、やはり散文の場合と全く異質なものであるべきです。たとえば、散文の場合ではほとんど問題にしなくてよかったリズムということが、詩では重要なウェイトを占めてくるでしょう。五七調とか七五調とかの、音の形式だけではないのです。用いられている語と語との組み合わせが、調和と緊張の関係をきり結びながら、また次に現れる語との間に、新たな調和と緊張を作り上げていく、そういう意味でのリズムもそこには含まれねばなりません。韻文は元来、舞や踊りとともに発達してきたものとされます。近代や現代の詩は、そのようなところを遠く離れているようですが、元来がそういうものであるだけに、詩におけるリズムは、今も詩が詩であることのために、最も重要なものの一つであるのです。

語と語とが調和と緊張の関係を作る、ということ自体は、散文でもあることですが、詩の場合は、語と語とが論理的な関係でかかわり合うのでなしに、イメージとイメージとの関係でかかわり合うので、リズムが特に重要なものともなるわけです。つまり、詩における一語一語は、知的な意義としてでなく、豊かなイメージとしてうけとられねばならないのです。たとえば、「月」という語一つにしても、あの天体に作者が何を発見し何を与えて「月」の語を用いているのか、そこのところを正しくつかむことが必須《ひっす》なのです。詩には比喩《ひゆ》が多いのですが、およそ比喩というものは一般に、ある対象において発見され与えられるものを、転じて他の対象にあてはめることなのですから、イメージを探ることを怠っては、詩はまったく理解を絶する世界へ遠ざかってしまいます。

近代や現代の詩は、俳句のように短小なものは少なく、たいてい何連かをつらねた形をとるものです。はっきり連にわかれていないものでも、それに類した流れがあります。その連と連とのつながりや流れは、これこそ全く散文の場合とは異質なもので、詩によってその質も千差万別です。**連と連との流れを考える**ことは、その詩が散文に近い論理性を含んでいるのか、またはイメージからイメージへの自由な飛躍によって成り立っているのか、あるいはまた軽妙な流れのごときものを生命とするか、沈痛な心の痛みのごときものを生命とするかなど、その詩の本質をつかむための、欠くべからざる味わい方と言わねばならないでしょう。

詩の読み方

1 散文を読むときと同じ姿勢で、とりあえず読んでみることは、詩の本当の味わい方への助走として意味がある。
2 一語一語が持つイメージに注意し、語と語との組み合わせが作るリズムを確かめる。
3 連と連との関係や詩全体の流れを考えることは、その詩の本質をつかむことにつながる。

【例題一四】

乳《う》母《ば》車《ぐるま》

三《み》好《よし》達《たつ》治《じ》

母よ——
淡くかなしきもののふるなり
紫陽花《あぢさゐ》いろのもののふるなり
はてしなき並樹《なみき》のかげを
そうそうと風のふくなり

時はたそがれ
母よ　私《わたし》の乳母車を押せ
泣きぬれる夕陽《ゆふひ》にむかつて
轔々《りんりん》と私の乳母車を押せ

1 「淡くかなしきもの」「紫陽花いろのもの」は何の比喩なのだろうか。別に何の比喩でもないのだろうか。

考え方 詩は散文のように、書かれた順序に従ってわかっていくものではありませんから、第一連だけを見て考えるのは無理なことです。

時はたそがれ　（6行）
泣きぬれる夕陽　（8行）

と第二連にあるのを、いっしょに同時につかんでみましょう。ひょっとするとこれは、夕陽の光を指すのだな、という気がしませんか。

淡くかなしきもののふるなり　（2行）
紫陽花いろのもののふるなり　（3行）

太陽の光を「ふる」と言うのは、よくあることです。詩のこんな所に、やはり散文にも通ずる言い方が残っているように思えます。

だが、「淡くかなしきもの・紫陽花いろのもの」の正体が、「夕陽の光」であるかどうかをつきとめることは、この詩をわかることではありません。仮にこれが夕陽の光の比喩だ

赤い総《ふさ》ある天鵞絨《ビロード》の帽子を
つめたき額《ひたひ》にかむらせよ
旅いそぐ鳥の列にも
季節は空を渡るなり

淡くかなしきもののふる
紫陽花いろのもののふる道
母よ　私は知つてゐる
この道は遠く遠くはてしない道

《例題一四の作品と作者》

乳母車　作者の処女詩集『測量船』（昭和5年刊）の巻頭にある詩。

三好達治　明治33（一九〇〇）年～昭和39（一九六四）年。詩人。詩集『測量船』『南窓《なんそう》集』『春の岬《みさき》』『艸《くさ》千里』『一点鐘』『故郷《ふるさと》の花』『駱駝《らくだ》の瘤《こぶ》にまたがって』など。

としても、それを「淡くかなしきもの・紫陽花いろのもの」と表現した作者の心を理解することのほうが、ずっとたいせつなのです。

夕陽は時に強烈なものです。けれどもこの詩の場合、そんな強烈なものとは程遠い感覚が全体を覆っています。

そうそうと（漢字デ書ケバ錚々ト）　（5行）
つめたき額　（11行）
旅いそぐ鳥の列　（12行）
季節は空を渡るなり　（13行）

すべてが秋、それも晩秋の感覚のものばかりです。だからなのでしょう。けれどもこれもまた、実景と見る必要はありません。作者は冬へ移ろうとする淋《さび》しい季節の、夕方という不安な時刻に象徴されるような心境にあるのでしょう。そのような作者の心をつつんでいるもの、心象風景を、「淡くかなしきもの・紫陽花いろのもの」と言ったので、これはむしろ作者の心境そのものなのです。

2　「母よ――」という呼びかけも、このような作者の心象風景の一環として、とらえられねばなりません。

考え方 この詩に対して現実の情況との対応を求めると、おかしなことになるのです。もし現実の情況とうけとるなら、

　母よ　私の乳母車を押せ　（7行）

は、作者が幼年時代を甘く回想しているのだ、ということになってしまうでしょう。「轔々」たる乳母車のひびき、「赤い総ある天鵞絨の帽子」、これらは幼年時代の母親につながる響き、色、触感ですが、これは過去を思い出してなつかしがっているというのでなく、いま「淡くかなしい」作者の心が、遠く母親を呼んでいるのでしょう。

　この道は遠く遠くはてしない道　（17行）

も、過去を向いた言葉でなく、過去・現在・未来を貫いて流れる一筋のもの、どこから来てどこへ行くのかもわからない何ものか、のように思えます。

1 この詩はたいへんわかりやすいでしょう。そのわかりやすさは、どこからくるのでしょうか。

考え方 この詩が、しつこいと感じられるぐらいに、「……じゃないか」ということばを繰り返すことは、だれでもすぐに気がつきます。その繰り返しの部分を省いてみましょう。

　何がおもしろくて駝鳥を飼うのだ。　（1行）

　人間よ、　（12行）

【例題一五】

ぼろぼろな駝鳥《だちょう》

高村《たかむら》光太《こうた》郎《ろう》

何がおもしろくて駝鳥を飼うのだ。
動物園の四坪半のぬかるみの中では、
脚《あし》が大股《おおまた》すぎるじゃないか。
頸《くび》があんまり長すぎるじゃないか。

雪の降る国にこれでは羽がぼろぼろ
　すぎるじゃないか。
腹がへるから堅パンも食うだろうが、
駝鳥の眼《め》は遠くばかり見ているじゃ
　ないか。
身も世もないように燃えているじゃ
　ないか。
瑠璃《るり》色の風がいまにも吹いてくるの
　を待ちかまえているじゃないか。
あの小さな素朴《そぼく》な頭が無辺大の夢で
　さかまいているじゃないか。
これはもう駝鳥じゃないじゃないか。
人間よ、
もうよせ、こんなことは。

もうよせ、こんなことは。　（13行）

これだけで十分に意味の通ることばとなります。省いた真ん中の部分は要するに「こんなこと」を具体化する部分だと言ってもよいくらいです。つまりこの詩は散文に似た論理を持ち、それで前後をかためているわけです。わかりやすいのはそのためだ、と言っておきましょう。

2 では、中にはさまれた繰り返しの部分は、どんな気持ちをうたったものでしょうか。

考え方「動物園」に飼育されている「駝鳥」が素材ですが、繰り返しうたわれているところは、要するに草原を走りまわっているのが最も自然な駝鳥を、「動物園の四坪半のぬかるみ（2行）」で飼うことの不自然さです。

脚が大股すぎる　（3行）
頸があんまり長すぎる　（4行）

など、すべてそういう不自然さを指摘したものですが、同時にこの両方ともが、自然の駝鳥に本来そなわっているはずの、大きさを指摘するものである点が注意されます。

羽がぼろぼろすぎる　（5行）

というのも、本来もっと立派な羽をそなえているはずの駝鳥が、「雪の降る国（5行）」で羽もぼろぼろになってしまったことを指すのです。

遠くばかり見ている　身も世もないように燃えている　（7行・8行）

瑠璃色の風がいまにも吹いてくるのを待ちかまえている　（9行）

小さな素朴な頭が無辺大の夢でさかまいている　（10行）

これらもすべて、駝鳥を擬人化して、抑えられている自然のそなわりを、憤りをもって指摘することばです。

3 だが、という気はしませんか。「駝鳥」はほんとうに「駝鳥」なのでしょうか。

考え方 この詩を素直にうけとって、自然のものを人間の手で不自然の中に閉じこめておくことへの憤り、の線で解釈するのも、決して誤解ではないでしょう。

にもかかわらず、「瑠璃色の風がいまにも吹いてくるのを待ちかまえ」、「遠くばかり見」て、「無辺大の夢」を見ているこの「駝鳥」が、かえって「駝鳥」をこんな目にあわせている「人間」そのもの、自分の作り出した文明にさいなまれている人間に見えてこないでしょうか。最後の句も、

これはもう人間じゃないじゃないか。

という叫びに、聞こえてこないでしょうか。どうでしょうか。

《例題一五の作品と作者》

ぼろぼろな駝鳥　昭和3（一九二八）年三月雑誌『銅鑼《どら》』に発表。「猛獣篇《へん》」といわれる作品群の一つ。

高村光太郎　明治16（一八八三）年〜昭和31（一九五六）年。詩人・彫刻家。詩集『道程』『智恵子抄《ちえ》』『典型』、翻訳『ロダンの言葉』、評論『美について』『造型美論』など。

【例題一六】

永《えい》訣《けつ》の朝

宮《みや》澤《ざわ》賢《けん》治《じ》

きょうのうちに
とおくへいってしまうわたくしのい①もうとよ
みぞれがふっておもてはへんにあかるいのだ
②（あめゆじゅとてちてけんじゃ）
うすあかくいっそう陰惨《いんさん》な雲から
みぞれはびちょびちょふってくる
（あめゆじゅとてちてけんじゃ）
青い③蓴菜《じゅんさい》のもようのついた
これらふたつのかけた陶椀《とうわん》に
おまえがたべる④あめゆきをとろうとして

1 まず、この詩が作られた情況を、頭の中で整理してみよう。出来事だけでなく、風土性や人間関係などをも、情況の一部として、正しくつかんでおこう。

考え方 この詩の冒頭にある表現は、しばらく読者を迷わせるかもしれません。妹が旅に出るのだと思った人はないでしょうか。

きょうのうちに　（1行）
とおくへいってしまうわたくしのいもうとよ　（2行）

という詠嘆は、あるいはこれは死のことなのかもしれないというけとり方を一方で含みながら、やはり旅立ちのことらしいという読み方を十分に可能にします。「きょうのうちに」という、決定的な言い方は、人間の意志にかかわらずにやってくる死を指すのには、あまりに決定的な言い方だからです。だが、

ああとし子　（16行）
死ぬといういまごろになって　（17行）

という所で、情況が「妹の死」であることは動かなくなります。その死を「きょうのうちに」と言うほどに、妹の死ぬ

わたくしはまがったてっぽうだまのように
このくらいみぞれのなかに飛びだした
（あめゆじゅとてちてけんじゃ）
⑤蒼鉛《そうえん》いろの暗い雲から
みぞれはびちょびちょ沈んでくる
ああとし子
死ぬといういまごろになって
わたくしをいっしょうあかるくするために
こんなさっぱりした雪のひとわんを
おまえはわたくしにたのんだのだ
ありがとうわたくしのけなげないもうとよ
わたくしもまっすぐにすすんでい

ことは確定的なのです。

その妹が、「きょうのうちに」死ぬことが明らかなほどの、いわば臨終の床から、兄である作者に頼んだ

あめゆじゅとてちてけんじゃ

という願いは、何度も繰り返されて読者の心を痛くするのですが、同時にこれが東北弁であることによって、はっきりとこの詩の風土性を規定しています。

雪に閉ざされた北国の、暗い家に死んでいく妹。暗い冬の日の風景が非情の美をかもし出し、この詩人特有の自然と人間の融合が、みごとで人をうちます。だが情況の詮索《せんさく》は、ここまででやめましょう。妹の年齢がいくつとか、何の病気なのかとかの、通俗的な想像の余地さえもうなくなっていることに気づいているでしょう。最後に一椀の雪を所望して死んでいく、いじらしい素直な女のひとの姿と、この妹をこのうえなく愛したに違いない作者の聖らかな悲しみが、ありありとしてきます。

2 詩の中に直接話法の形で引用される妹のことばの効果について考えてみよう。

くから
（あめゆじゅとてちてけんじゃ）
はげしいはげしい熱やあえぎのあ
いだから
おまえはわたくしにたのんだのだ
銀河や太陽　気圏⑥などとよばれた
せかいの
そらからおちた雪のさいごのひと
わんを……
……ふたきれのみかげせきざい⑦に
みぞれはさびしくたまっている
わたくしはそのうえにあぶなくたち
雪と水とのまっしろな二相系⑧をた
もち
すきとおるつめたい雫《しずく》にみちた
このつややかな松のえだから

考え方　この詩の作者は、詩の中に会話を生かすことが巧みでした。会話はそのままでは、最も詩から遠い、日常的なレベルのものです。しかし、この作者の手にかかると、会話の日常性の中から、実用的な側面はふるい捨てられ、その会話を発した人物の人間性だけがリアルに生かされて、詩の中で輝きを発するちりばめとなるもののようです。

あめゆじゅとてちてけんじゃ

もまた、いじらしい女性像をリアルにたたえた会話として、要所要所にちりばめられて輝きとなり、それが悲しくいじらしいリフレインとして、この詩の基調音となり、詩全体のリズムとハーモニーを作り上げてくるのです。

この妹の兄である作者が、「あめゆじゅとてちてけんじゃ」という妹のことばに、かえって聖められるようであるのも、そこからくるのでしょう。情況は繰り返し言われているように、

陰惨な雲　（5行）
蒼鉛いろの暗い雲　（14行）

の、東北の暗い冬の日です。だが妹の最後の頼みの雪をとりに行く前から

わたくしのやさしいいもうとの
さいごのたべものをもらっていこう
わたしたちがいっしょにそだってきたあいだ
みなれたちゃわんのこの藍《あい》のもようにも
もうきょうおまえはわかれてしまう
⑨(Ora Orade Shitori egumo)
ほんとうにきょうおまえはわかれてしまう
あぁあのとざされた病室の
くらいびょうぶやかやのなかに
やさしくあおじろく燃えている
わたくしのけなげないもうとよ
この雪はどこをえらぼうにも
あんまりどこもまっしろなのだ

　おもてはへんにあかるいのだ　(3行)

であり、その「へんにあかるい」という光の感じ方が、実は妹の、「けなげ(21行)」でいじらしいところからくることは、

　ああとし子　(16行)
　死ぬといういまごろになって　(17行)
　わたくしをいっしょうあかるくするために　(18行)
　こんなさっぱりした雪のひとわんを　(19行)
　おまえはわたくしにたのんだのだ　(20行)

というあたりでわかります。兄である作者は、死に臨んだ妹の口から出ることばによって、悲しみを聖められ、永遠の生命にふれる思いとなったに違いありません。

　Ora Orade Shitori egumo　(39行)

ローマ字で書かれて見ると、まるでラテン語の讃美歌かと思われるひびきですが、兄はこの妹のことばに天なる主への祈りを聞いたのかもしれません。

3 このようにして浄化されてゆく作者の悲しみを、詩の流れに即してよく味わってみよう。

考え方 遠いものに対してひざまずくような敬虔な気持ちに

あんなおそろしいみだれたそらから
このうつくしい雪がきたのだ
（⑩うまれでくるたて
　こんどはこたにわりやのごと
　ばかりで
　くるしまなあよにうまれてくる）
おまえがたべるこのふたわんのゆきに
わたくしはいまこころからいのる
どうかこれが⑪兜率《とそつ》の天の食《じき》に変わって
やがてはおまえとみんなとに
聖《きよ》い資糧《かて》をもたらすことを
わたくしのすべてのさいわいをかけてねがう

なっている作者は、妹のためにとすくう雪が、「銀河や太陽気圏などとよばれたせかい（26行）」のものであることを理解します。

　この雪はどこをえらぼうにも　（45行）
　あんまりどこもまっしろなのだ　（46行）

あまりに真っ白で、それはこの世のものとも思われず、作者は妹の雪によって、この世が浄らかなあの世とつながっていることを覚《さと》り、死んでゆく妹を介して、自分や「みんな（55行）」が聖なる神や「兜率の天（54行）」の仏とつながっていることを覚ります。

　これは安易なセンチメンタルでもなく、観念の組み合わせでもありません。その証拠に作者は詩の最後を

　わたくしのすべてのさいわいをかけてねがう　（57行）

と、詩の技巧などを超越した、静かな祈りのことばで結んでいるではありませんか。

（読解補注）

①いもうと―作者と三歳ちがいの妹、トシ子。一九二二（大正11）年十一月二十七日に二十四歳で死亡。

②あめゆじゅとてちてけんじゃ―雨雪（みぞれ）を取って来てください。岩手県花巻地方の方言。

③蓴菜―ヒツジグサ科の多年生水草。若芽、若葉は食用として珍重される。

④あめゆき―みぞれ。

⑤蒼鉛いろ―かすかに赤みを帯びた灰白色。「蒼鉛」は金属元素の一つ。ビスマス。

⑥気圏―地球をつつんでいる大気の存在する範囲。

⑦みかげせきざい―みかげ石（花崗岩）の石材。

⑧二相系―ここでは、固体と液体の二つが存在する状態。

⑨Ora Orade Shitori egumo ―わたしは、わたしで一人行きます。花巻地方の方言のローマ字書き。

⑩うまれでくるたて～うまれてくる―人に生まれてくるときは、こんどは、こんなに自分のことばかりで苦しまないように生まれてきます。花巻地方の方言。

⑪兜率の天―仏教用語。遠い将来にこの世に下降して、昔の釈迦《しゃか》と同じように衆生《しゅじょう》を救うと信ぜられる慈悲深い弥勒菩薩《みろくぼさつ》の治めている天。

《例題一六の作品と作者》

永訣の朝　大正11（一九二二）年の作で、詩集『春と修羅』第一集（大正13年刊）に収められている。

宮澤賢治　明治29（一八九六）年～昭和8（一九三三）年。詩人・童話作家。詩集『春と修羅』、童話集『注文の多い料理店』『風の又三郎』『銀河鉄道の夜』など。

練習問題 16

夕映

わが窓にとどく夕映は
村の十字路とそのほとりの
小さい石の祠《ほこら》の上に一際かがやく
そしてこのひとときを其処《そこ》にむれる
幼い者らと
白いどくだみの花が
明るいひかりの中にある
首のとれたあの石像と殆《ほとん》ど同じ背丈の子らの群
けふもかれらの或《あ》る者は
地蔵の足許《もと》に野の花をならべ

[出典]
伊東静雄《いとうしずお》「反響」
伊東静雄〈明治39～昭和28（一九〇六～五三）〉は詩人。「わがひとに与ふる哀歌」「夏花」「春のいそぎ」など。

或る者は形ばかりに刻まれたその肩や手を
つついたり擦《こす》つたりして遊んでゐるのだ
めいめいの家族の目から放たれて
あそこに行はれる日日のAかはいい祝祭
そしてわたしもまた
夕毎《ごと》にやつと活計からのがれて
この窓べに文字をつづる
ねがはくはこのわが行ひも
あゝせめてはあのやうな小さい祝祭であれよ
仮令《たとい》それがB痛みからのものであつても
またC悔いと実りのない憧れからの
たつたひとりのものであつたにしても

【参考問題】

1 上の詩の季節として最も適当なものを次から選べ。

ア 早春　イ 初夏
ウ 晩秋　エ 晩冬

2 傍線B・Cに託された心情に最も近いものを次からそれぞれ選べ。

B　ア 悲哀　イ 躊躇
　　ウ 忍耐　エ 苦慮

C　ア 怒り　イ 侮蔑
　　ウ 嘆き　エ 不安

〈着眼点〉

参考問題 1「どくだみの花」が咲き、夕映が「一際かがや」き、子供らがその中で遊ぶ季節である。2Bは「心の痛み」のこと。Cは今までの自分の生を省みて発した

【演習】

一 (1)右の詩の12行目までの特徴を示すのに適当な語を、次の中から二つ選べ。

ア 幻想的　イ 音楽的　ウ 絵画的

エ 象徴的　オ 牧歌的

(2)12行目までの光景は、作者にどのようなイメージを結晶させているか。それを示すのに最も適当な語を詩中から抜き出して記せ。

(3)右の詩を内容から四つの連に分けるとすると、第二、第三、第四連はそれぞれどこから始まるか。各連の始まりを行の上の数字で答えよ。

二 右の詩で、子供たちの遊んでいる場所はどのような所と考えられるか。次の中から最も適当なものを選べ。

ア 日中から人通りもなく、野原に囲まれた寂しい所で、子供たちが秘密に遊べる場所。

イ 村ではありふれた所で、大人は気にもとめないが、子供たちには大切で親しめる場所。

ウ 村人のすべてから特別に大切にされ、子供たちも信仰の思いにうたれる神聖な場所。

エ 村人にとって親しみ深く、村の古い歴史と伝統をしのばせる場所。

言葉。自身を後悔したときに感じる心情とは？

【演習】一 1から12行目までが前半、それ以降が後半となる。前半・後半とも、さらに二つに分けられるはず。二 アの「寂しい所」、ウの「神聖な場所」、エの「歴史と伝統をしのばせる場所」という説明はいずれも詩の内容に合致していない。三 遊ぶ、子供たちの「祝祭」のような明るさ、のびやかさ、楽しさ、といったものを考えてまとめればよい。四 子供たちが「家族の目から放たれて」のびのびと遊んでいる

三 傍線Aで、子供たちの遊びを作者が「かはいい祝祭」と受けとめているのはなぜか。五十字以内で説明せよ。

四 波線部にこめられた作者の思いとして最も適当なものを次から選べ。

ア 作詩が子供たちの遊びのように清純で高貴な心の表現であってほしい。

イ 作詩が子供たちの遊びのように魂の無垢な昂揚であってほしい。

ウ 作詩が子供たちの遊びのように観念の光り輝く劇であってほしい。

エ 作詩が子供たちの遊びのように精神ののびやかな行為であってほしい。

五 右の詩の中で「夕映」はどのようなものとして表現されているか。次の中から最も適当なものを選べ。

ア 夕暮れの静寂をかもし出し、詩全体に静かな光を投げかけてくれるもの。

イ 幼い者たちの祝祭を照らし出し、「わたし」の詩業を輝かせてくれるもの。

ウ 詩人の詩情をかきたて、夕暮れどきの浪漫的な雰囲気をつくり出すもの。

エ 村の人たちの生活を見守り、詩人の崇高な夕べの祈りにつながるもの。

ように、詩作にとりかかることによって、作者も「やつと活計からのがれて」自分の世界をとり戻すのである。そのとり戻した世界が、子供たちの遊びのようであれと願っているのである。**五** 「幼い者ら」と「わたし」の「祝祭」を照らし出してくれるものである。

論理的な文章

I　解釈の基本

1　一語一語の内容

――難解な語を理解する――

論理的な文章、つまり論説・評論の類には、はなはだむずかしい用語がしばしば現れます。しかし、それは本当にむずかしいものなのでしょうか。たしかに専門的な論文や哲学的な文章には、一度や二度読んでもわからない、むずかしい語句が多いことは事実です。けれどもむずかしそうに見える語が、注意して読めばじゅうぶんにわかってくる、という場合が少なくないことが忘れられてはいないでしょうか。まずその辺からはいっていきましょう。

論理的な文章を読みづらくさせるものの一つに、おびただしく使われる指示詞があります。指示詞とは、

［例］それが古典というものの本質である。

のように、何かを指し示し、その指示される対象の代理として文中で働きます。したがって、指示詞の実質内容は、その**指示詞の指示対象を正確につかむ**ことによって、そのつどに確かめねばなりません。指示詞については改めて後に詳しく扱いますが、右の例のように先行する表現を指示対象とするものばかりとは限らず、ときに後行する表現を指示対象とするものが

ありますから注意が肝要です。

むずかしい用語を使うとき、論者はしばしば自らその語の内容を比較的容易なことばで説明することがあります。そのような**論者自身の手による説明を探す**ことは、難解な語を理解するいちばんの近道と言えましょう。

［例］古典つまり国民の精神のより所は……

のように、「つまり」とか「すなわち、言い換えれば」などの語句に導かれて下される説明は、いかなる辞書よりも適切に、その文章の中でのその語の意味を解説するものです。ただし、このような説明は、常に説明される語の直後に置かれるとはかぎりませんから、見のがさないよう注意が必要です。

説明とよく似たものに言い換えがあります。「つまり」とか「すなわち」などと説明する態度を明示せずに、ただちに説明のことばをもって言い換えるやり方です。たとえば、

［例］こうした精神のより所は……

のように、一見した限りでは説明のような特長というべきものはなくて、しかも立派に説明になっているものです。**言い換え語句に気づく**ことは、一語一語の内容を正しく理解するためにもきわめてたいせつな基礎作業ですが、論理的な文章を解釈するときには、ほかにもいろいろの意味で重要な着眼点ですから、後に詳しく扱うつもりです。

言い換えと正反対でありながら、実際的にはそれと同じように重要なものは対義語です。

例をあげるまでもないかもしれませんが、たとえば、「通俗書」だの、

［例］精神に一時的な楽しみを与える書物は

などの表現が、「古典」という語とは正反対のものを表す語句、つまり対義語であることに気づけば、「古典」という語の内容は、逆の側から立派に理解できるでしょう。**対義語に気づく**ことは説明や言い換えと同じ程度にたいせつな着眼点と言わねばなりません。これも後に詳しく扱うつもりです。

一語一語の内容のとらえ方

1 指示詞の指示対象を正確につかむ。
2 論者自身が下す説明のことばを探す。
3 言い換え語句に気づくことは非常に重要である。
4 対義語に気づくことも、それに劣らず重要である。

【例題一七】

文学と青春 ―その1―

亀井《かめい》勝《かつ》一郎《いちろう》

設問 傍線の語の実質的な内容を、文中のことばを用いて説明しなさい。

1 最初の第一段（1〜9行）の中の傍線の語「これ」は指示詞です。この指示詞の指示対象は何ですか。それが設問の答えでもあるわけです。

考え方 最初はまず最もやさしい所から始めよう、というわけ

〈一段〉

青春時代に文学を学ぼうとする気持ちの中には、必ず人生いかに生くべきかという根本の問いがあるはずである。文学の問題は人生の問題と相わたる。そこでわたしはまず人生の根本問題について一言してみようと思う。これはわたしの持論であるが、人間の生涯《しょうがい》には四つの誕生日があるということだ。

〈二段〉

第一の誕生日は母親の胎内から生まれた時期、すなわちわれわれがふつう誕生日とよぶ時期であるが、第二の誕生日というのは青春時代のことであって、この時代に初めてわれわれは「自我」というものに目覚める。つまり人間としての独立性が現れるということで

です。この指示詞の指示対象は、この指示詞の前にはありません。「人生の根本問題について一言してみようと思う（6〜7行）」ことが指示対象である、などと誤解しなければ問題ありません。もちろん指示対象は「人間の生涯には四つの誕生日があるということ（8〜9行）」であり、それが「わたしの持論（7〜8行）」だというのです。後行する表現をあらかじめ指示する、というタイプはこれです。論者にはこれから言おうとすることが、もうあらまし頭の中に浮かんでいるから、このような指示詞の使い方が可能なのです。

2 第二段（10〜30行）の中の傍線の語「自我」には、説明がついています。それはだれの目にも明らかでしょう。ただし説明の語は一箇所だけではありませんから注意が必要です。

考え方 問題の「自我」ということばの説明はすぐに見つかるでしょう。直後に「つまり」で導かれる表現があるから、間違うはずはないと思います。

「自我」というものに目覚める。

つまり╱人間としての独立性が現れる

いうまでもなく「自我」の説明にあたる論者のことばは

ある。第三の誕生日というのは、われわれが壮年時代にはいって、人生の苦しみや時代の苦しみにまみれ汚れて、もう一度この世の中を新しい気持ちで生き直してみたいという再生の気持ちの起こる時、いわば宗教的誕生日といってもいい時期である。そして人間は最後には死ぬ。死ぬことによって神あるいは仏として生まれ変わる。これが第四の誕生日である。人生にはこうした四つの誕生日があるというのがわたしの持論である。

〈三段〉

今わたしのここで問題にしようとするのは、第二の誕生日である青春時代であって、この時代に初めてわれわれは人間としての自覚すなわち自発的にものを考えると

「人間としての独立性」です。

ただし、説明のことばがほかにもあることを見落としてはなりません。「自我」ということばの前後に目をくばるだけだからいけないので、遠く離れた所にも説明のことばがあることはまれではなく、説明としては間近にあるものよりも、遠く離れてあるもののほうが、より適切なものである場合もけっして少なくないのです。この場合、

この時代に初めてわれわれは「自我」というものに目覚める。（14〜16行）

という表現の「この時代」が、直前にある「青春時代（13〜14行）」であることに着眼し、もう少し「青春時代」のことを論じた部分がないかを探してみることです。第二段にはそれはありません。第三段（31〜45行）にそれがあります。

第二の誕生日である青春時代であって（32〜33行）

です。そしてこれの直後に、

この時代に初めてわれわれは人間としての自覚すなわち自発的にものを考えるということを始めるわけである。（33〜36行）

とあるのですから、第二段にあった

いうことを始めるわけである。したがってこの時代に文学に接するということは、さきに述べたように、人生に対するさまざまの疑問をいだき、自分の生き方を自発的に問うことである。当然の心構えというべきだが、この初心を一生忘れてはなるまい。はじめて文学に触れたときの、生き生きとした問いを見失わぬことが大事である。

この時代に初めてわれわれは「自我」というものに目覚める。

と、まずまったく同じ内容が繰り返され、こういう形で説明が繰り返し下されているかっこうになっています。すなわち「自我」の説明は少なくとも

人間としての独立性（16～17行）

人間としての自覚（34行）

自発的にものを考えるということ（35～36行）

の三回にわたって説明されているわけです。

3 第三段（31～45行）の中の傍線の語「この初心」は、言い換えによってその内容をつかむべきものです。言い換えにあたるのはどの語句ですか。

考え方「この初心を一生忘れてはなるまい」という文の直後に、言い換え——むしろ説明に近い丁寧な言い換え——があることにはすぐ気がつくでしょう。

はじめて文学に触れたときの、生き生きとした問いを見失わぬことが大事である。（43～45行）

がそれ。特に「見失わぬことが大事である（45行）」は「忘れてはなるまい」の言い換えであることに気づけば、

この初心――――――――――（ヲ忘レルナ）
‖
はじめて文学に触れたときの、生き生きとした問い――（ヲ見失ウナ）

という等式はすぐ発見できましょう。ただし「この初心」の内容として、「はじめて文学に～生き生きとした問い」を直接にあてることは、むしろ誤りです。なぜなら「この初心」の「この」はこの場合先行する表現に指示対象をもっていますから。すなわち「人生に対する～自発的に問うこと（39～41行）」が、「この初心」の直接の内容であると理解されねばなりません。念のために「したがって（36行）」以下のところの関係を図に示しておきましょう。

この時代に文学に接するということは、（さきに述べたように）――［人生に対するさまざまの疑問をいだき、自分の生き方を自発的に問うことである］
‖
（当然の心構えというべきだが）――［この初心］を忘れてはなるまい
‖
はじめて文学に触れたときの――［生き生きとした問い］を見失わぬことが大事である。

《解答》　これ＝人間の生涯には四つの誕生日があるということ。

自我＝人間としての独立性・人間としての自覚。

この初心＝人生に対するさまざまの疑問をいだき、自分の生き方を自発的に問うこと。

《例題一七～二〇の筆者と作品》

亀井勝一郎　明治40（一九〇七）年～昭和41（一九六六）年。評論家。北海道生まれ。東大美学科中退。はじめプロレタリア文学運動に参加。『転形期の文学』という評論によって文芸評論家として台頭。その後、保田《やすだ》与重郎・神保《じんぼ》光太郎らと文芸誌『日本浪曼《ろうまん》派』を創刊。同誌廃刊後は『文学界』を中心に活動。そのころから飛鳥《あすか》・奈良の古寺・古仏にひかれ、『大和古寺風物誌』を書いた。聖徳太子や親鸞《しんらん》に傾倒、戦後は文学の領域をこえて、むしろ宗教的立場からの自己の救済と文明批評を試みた。『愛の無常について』『現代人の研究』『中世の生死と宗教観』など。本文は、『亀井勝一郎全集　第十巻』によった。

練習問題

17

日本人が写真好きだということは、世界的に知られている。外国の街で、眼鏡をかけてカメラを持っていたら日本人だと思えというのは、①警句としても旧聞に属する。1そのおかげで日本のカメラ産業も今日の盛況を見たのだから、冗談でなく、一国の文化というものは逆に経済を支える力を持つのである。

日本人のカメラ好きといえば、写真はわが伝統芸術の「俳句」に似ているという②卓説があった。自然や身辺のささやかな断片を、瞬間の姿でとらえるところが、われわれの好みにあうのだという。実際には写真も俳句も複雑な技巧を必要とするのだが、できあがりがいかにも即興らしい単純さの見かけを持つことは事実だろう。細部

【出典】 山崎正和《やまざきまさかず》「混沌からの表現」

山崎正和（二八一ページ参照）

【参考問題】

1 傍線①「警句」②「卓説」の意味として最も適当なものを次から選び、記号で答えよ。

を組み立てて全体をつくるというよりは、どちらも、細部そのものを一輪ざしのように切りとって来る効果をねらう。カメラを肩に海や山へ出かけるひとたちには、さしずめ[2]矢立てを腰に行脚する素人宗匠《そうしょう》（注）というところかもしれない。

その一方、日本人はどこへ行っても、自然を肉眼で見ないで写真ばかりとっているという非難もある。われわれはもっぱら家へ帰って、[3]写真に写った自然を見るために旅行するのだと嘲笑《ちょうしょう》するひともある。

たしかに日本人には、現実をある枠の中に切りとって、そこに単純化された現実を見て安心する性癖があるらしい。「土佐日記」から「東海道中膝《ひざ》栗毛」にいたるまで、旅の印象は必ず歌に詠まれて、旅人のそのときおりの感情をしめくくっている。現実というより、現実についての自分の感動を、われわれはそのときどき、一定の形にしてしめくくっては、片づけて行くのが好きなのである。

（注）宗匠＝和歌・俳句・茶道・生け花などの先生。

【演習】

一　傍線1が指す内容を簡潔にまとめよ。

①
ア　真理を鋭くついた短いことば
イ　遠回しに真理を指すことば
ウ　相手に警戒心をうながすことば
エ　外国人が日本人を警戒することば
オ　相手のことをたとえたことば

②
ア　学者の意見
イ　簡単な説明
ウ　すぐれた意見
エ　テーブルスピーチ
オ　外国のことわざ

2　傍線2「矢立てを腰に行脚する」「宗匠」という表現をするとき、筆者の念頭には具体的にはだれのイメージがあるのか。その人物の姓名を記せ。

二　傍線3の内容を他の表現で言い換えた箇所がある。それを十字以内で本文中から抜き出せ。

三　日本人が写真や俳句を好む理由を筆者はどのように考えているか。それが最もよく示されている一文の最初の五字を示せ。

四　次の中から本文の内容と合わないものを一つ選び、記号で答えよ。

ア　日本人が写真好きだということは自然を肉眼で見ないからだ。

イ　日本人がカメラ好きなのは瞬間の姿で身辺をとらえるからだ。

ウ　日本人は現実よりも、現実についての自分の感動を表現したがる。

エ　日本人が写真や俳句を好むのはそれらが複雑な技巧を必要とするからだ。

オ　日本人は現実についての自分の感動をかつては歌に詠んでいた。

〈着眼点〉

参考問題 2「矢立て」「行脚」「宗匠」という語の意味を確実におさえ、それらの語から連想される俳人の名を答える。

【演習】一　内容は箇単に把握できるはず。的確にまとめられるかどうかがポイント。二　その直後の文が、ここの内容の言い換えになっていることに気づく。三　最終段落に注意。ここで「われわれ」が何を好むかということがもう一度述べられている。四　ちょっと変だなと思われるものもあるが、中に、完全に本文の内容と一致しないものが一つだけある。

亀井勝一郎と青春

亀井勝一郎は明治四十年、北海道函館《はこだて》に生まれた。父は函館貯蓄銀行の支配人だった。亀井の青春期にあたる大正末から昭和初期にかけての頃《ころ》は、マルクス主義が日本の知識人に圧倒的な影響力をもっており、当時の知識人のほとんどはマルクス主義の洗礼をうけていた。亀井勝一郎もその例外ではなく、銀行の支配人の息子という〈富《と》める者〉としての罪悪感をもっていたこともあって、彼は大正十五年に東京帝国大学に入学するとマルクス主義芸術研究会に出席するようになる。

大学で中野重治《しげはる》らと知り合った亀井は急激に左傾化し、昭和四年四月には治安維持法違反の疑いで検挙、投獄され、三年間を刑務所で過ごすことになる。釈放後、左翼組織の崩壊ということもあって、文芸評論家の道を歩み始めるが、亀井の心をとらえていたのは、政治的転向が彼の心に残した傷痕《しょうこん》を文学の世界でどのように昇華していくかということであった。聖書や仏教に親しみ、〈救い〉や〈信仰〉、〈愛〉や〈死〉というテーマを終生追求したのも、根底のところで、彼が彼の青春期の政治体験の意味を真剣に模索《もさく》しつづけていたからである。

亀井勝一郎はもちろん、明治・大正や昭和中期頃までの知的青年たちは、現在の青年たちは比較にならないくらい、〈人生〉の問題に煩悶《はんもん》していた。いかに生きるべきか、という問題は、彼らにとって人生最大の問題であった。亀井がマルクス主義の政治運動へ関わっていくのも、ひとつにはそのような問題意識からであった。彼は「私の読書遍歴《へんれき》」という文章の中で、高校時代、武者小路実篤《むしゃのこうじさねあつ》の「或る男」という告白体の小説に強いショックをうけた、と述べたあとで、次のように記している。

私はこの作品を文学作品として読んだわけではなく、一人間の魂の遍歴として読んだのだ。そのころの私は文学者になろうという気持ちはなかった。ただ一人間としていかに生きるかという青春の問いに対して、最も直接に答えるものは、こうした種類の告白なのではなかろうか。もしこの時期に、ルソーの『懺《ざん》悔録《げろく》』や、島崎藤村の『新生《しんせい》』のような作品を読んでいたならば、私はもっと強く「告白」に打たれたであろう。文学を志すと否《いな》とにかかわらず、青年に強く呼びかけるものはいつの時代でも一人間の魂の遍歴の記録であり、告白ではあるまいか。

2　一文一文の内容
―一文一文の内容をおさえていく―

論理的な文章を読むときのいちばんの基礎となるものは、一文一文の内容を正確につかむ、ということでしょう。一つの論説を読みとるというのは、一文一文の内容などよりも、全体を通して言おうとしている論旨を読みとることにほかなりませんが、そのためには着実に、一つ一つの文の内容をおさえていくことができていなければなりません。

ばかばかしいことのようですが、一つ一つの文の構造を分析してみて、その文の骨組みを抽出し、結局のところ「何がどうだ」と言おうとする文であるのかを確かめることが、必要に応じてすぐできるようになっていなければなりません。要するに**主語と述語とをつかむ**という、まったく基本的な作業のことです。

［例］人間は尊い。

という文は、主語と述語とだけから成り立っている最も簡単な構造の文ですが、この主語と述語との間にどのように複雑な修飾語が混じっていようとも、骨組みである主語と述語とが正しく見いだされさえすれば、その文の内容は、容易にほぐしていくことができるはずです。

ところで主語と述語とは、文の内容を大きく囲う枠《わく》のようなものであって、ときには修飾語がその文の内容の実質的な中心をなすことがあります。そのような**実質的に重要な修**

飾語をできるだけ早く見抜く必要があります。

［例］人間は考えることにおいて尊い。

という表現は、「考えることにおいて」という限定の下でだけ「人間は尊い」という判断が成り立つことを示します。この場合、修飾語「考えることにおいて」は、むしろこの文の内容上の中心と理解せねばなりません。

それ自体としては何かを指示する作用しかない指示詞は、文の内容を一つ一つおさえていこうとするときの、解釈のさまたげとなるものでしょう。その点は文学作品の場合も同様ですが、

［例］人間はこのことにおいて尊い。

という表現に即して言えば、「このこと」という指示詞の、指示対象を正しくつかむことの必要さは、文学作品の場合以上と言わねばなりません。論理的な文章では論理的な内容そのものに、表現の生命があるのですから。

言い換え語句は、ことのほかに注意を要します。言い換え語句も項目をあらためて後でも練習したいと思いますが、一つの語句は、言い換えられることによってその内容を一層はっきりと示すものであることは、前節でも述べたとおりであり、文の内容の正確な把握《はあく》には、言い換え語句の正しい把握を欠くことはできません。

［例］人間は疑うことにおいて尊い。

という表現を、言い換え語句に注意せずに一読したら、猜疑《さいぎ》心の強い人間ほど尊厳である、などというとんでもない解釈に陥る危険があります。「疑う」が「考える」の言い換えであることに注意すれば、人間は対象の表面にごまかされず、対象の本質を追求しつづけることによって、尊い、という正しい解釈が、自然に導かれると言ってもよいでしょう。

一文一文の内容のとらえ方

1 主語・述語を抽出して、その文の内容の範囲を把握する。
2 重要な修飾語を見抜いて、その文の内容の中心点を把握する。
3 指示詞の指示対象は正確につかむ必要がある。
4 特に言い換え語句については、必ず正確につかむよう注意する。

【例題一八】

文学と青春

亀井《かめい》勝一郎《かついちろう》

—その2—

設問 傍線①②の文の意味を、平易に解説しなさい。

〈四段〉

ところでどのような形で、第二の誕生日が開始されるか。それはまず第一に、大きな疑問をいだくことである。たとえば人生とは何か、自分とはどういう人間であるか、あるいは神は存在するかどうか、愛とは何か、現代社会の苦しみはどういうものか等々、人生と社会に向かって次々に問いを発するようになるが、こうした疑問こそ「我」が生まれるための最初の

この文例は「例題一七」の続きです。一連の論説ですから、本文の行数は「例題一七」から通して数えておきます。段落を呼ぶときも「例題一七」から数えます。

1 第四段（46〜76行）中の傍線の文には、指示詞があり、「精神の大きさを保証する」というような、特殊な言い方があります。慎重に読みとること。

考え方 まず指示詞の「それ」について。やはり最初に注目しなければならないのは、「それ」の直前の表現です。指示詞の項にもふれましたが、指示詞の指示対象は、指示詞の直前にある場合が最も多いのです。この場合は

「精神」と名づけられるものにとってたいせつなのは、解決の与えられそうにない大疑問を担うことである。（63〜66行）

がそれです。「精神」という語がはじめて用いられ、傍線の文の「精神」とあい応じている点に注意してください。

つまり次のような関係です。

「精神」と名づけられるものにとってたいせつなのは

陣痛といってよいであろう。ところが、これらの疑問はすべて大疑問であって、その中の一つとして簡単に答えの出てくるものはない。一生考えて自ら体験して、それでも解決の与えられぬような問題ばかりであるが、「精神」と名づけられるものにとってたいせつなのは、解決の与えられそうにない大疑問を担うことである。①それは精神の大きさを保証するであろう。簡単に解決されるような問題は避けて、いつまでたっても見通しのつかぬような難問題に直面すること、これが精神をきたえる第一の条件である。すべて一流の文学は、こうした難問題に直面したところから発生するのであって、われわれはそういう文学によって、翻弄《ほんろう》

［解決の与えられそうにない大疑問を担うこと］
［それ］は　精神の大きさを保証するであろう。→　である。

こうして「それ」が「大疑問を担うこと」であることがつかめれば、「それは精神の大きさを保証するであろう」というやや難解な文の主述関係は

大疑問を担うこと（主）→（述）精神に対してもつ意義・影響

という構造として把握することができましょう。だとすれば、大疑問を担うことが精神に対してもつ意義や影響を角度を変えて述べた、言い換え語句を正確につかむことにかかるべきです。さっきから引き合いに出してきた直前の文がすでにその一つです。形を逆に変えて、

解決の与えられそうにない大疑問を担うことが｝（主）―（述）｛「精神」と名づけられるものにとってたいせつである。

とすれば一層はっきりとするでしょう。直後の文はもっとはっきりしています。

……いつまでたっても見通しのつかぬような難問題に直面すること｝（主）―（述）｛精神をきたえる第一の条件（69〜72行）

されることが必要である。

〈五段〉

文学についてさまざまの入門書や解説書はあるが、文学というものはわれわれを一挙に人生のいちばん深いところへ導いてゆくものであるから、入門解説といったものは必ずしも無用ではないが、それによって文学がわかるという保証はどこにもないわけである。②文学がわかるということのいちばんの意味は、今述べたような難問題にふれて、そこでますます悩みを深め、翻弄されることである。つまり大問題に直面してわからなくなるということが、実は文学がわかるということの第一歩といってよいであろう。なぜなら、わからなくなるということは、それだけ

つまり「精神の大きさを保証する」というのは、「精神にとってたいせつ」なことであり、「精神をきたえる」ことでもあるのです。

それをまとめてみれば——大疑問を担うことによって精神はきたえられ成長する。大疑問を担うと、必ず精神はきたえられて成長する——ということです。「必ず」だから「保証」です。「成長する」のだから「大きく」なるわけです。だから精神にとって「たいせつ」だ、というわけです。

2 第五段(77～96行)の中の傍線の文は、比較的に長い構造の文です。もちろんたいしたことはありませんが、実質的に重要な部分はどれであるかに注意することが必要でしょう。

考え方 主語が「意味」であり述語が「こと(である)」である、というのは文法的な指摘にすぎません。ということは主語と述語とに注意することはナンセンスだ、という意味でないこともちろんです。この文の場合、主語・述語そのものからは何も重大なことは考えられない、というだけのことです。

さて重要なのは狭い意味での主語「意味」よりはそれを修飾する「文学がわかる」であり、また狭い意味での述語

> 真剣に問題と対決したことであるからだ。安易にゴマ化して通らなかったことであるからである。

「こと（である）」よりはそれを修飾する「難問題にふれ、悩みを深め、翻弄される」である、ということは、あまりむずかしい手続きを経なくてもつかめましょう。問題はその先にあります。

まず「難問題にふれる」ということから始めましょう。これは第四段によく出てきた「大疑問を担う」とよく似ていて、たいせつなちがいがあります。「を担う」の方は、第三段の「自発的にものを考える（35行）」あたりから始まって、第四段でも「大きな疑問をいだく（48行）」と繰り返されてきた、青年自ら抱く問題です。それに対して「にふれる」は、青年自身の外にある問題です。自ら課する問題ではないから「にふれる」というのです。当の青年以外に難問題をかかえているもの、それは何か。言うまでもなくそれは「文学」です。第一段の初めにすでに「文学の問題は人生の問題と相わたる（4〜5行）」とあったのが思い出されねばなりませんが、特に第四段に、

すべて一流の文学は、こうした難問題に直面したところから発生する……（72〜74行）

とあったのを、直接にはうけているのです。「難問題にふれて」はまず、文学作品がかかえている人生の大問題にふれることでなければなりません。

次に「悩みを深め」ということ。これはその前の「ますます」というちょっと大事な修飾語に注意せねばなりません。青年自らがまず「大疑問を担っ」て悩んでいること、それが、表には出ていないが重大な意味として、そこに言われているのです。自身の悩みを文学に接してますます「深め」る、というわけです。最後の「翻弄される」はいうまでもないでしょう。やっと自ら考え

始めた青年の難問よりも、もっと大きな難問を文学は含む、ということが「翻弄」という語で表されている点は注意してください。したがって、

青年＝自ら疑問に悩む
文学＝もっと大きな人生の問題を含む

のように本来は別々のものが、青年の側から文学に接して、文学の抱くもっと大きな問題にふれ、ますますわからなくなって悩みが深刻になること、それが「文学がわかる」ということの第一歩なのだ、と言いたいのです。

《解答》 ① 青年が自分に人生の大疑問を課することが、青年自身の精神をきたえ大きく成長させることに必ずなるのだ。

② 青年自身がまず人生の難問に悩み、そのおかげで文学作品がかかえているもっと大きな難問にふれることができると同時にますますわからなくなること、言い換えれば人生に関する自分自身の悩みを文学作品によってもっと拡大されることが、文学がわかることの第一歩なのだ。

18 我々の考え方や生活の仕方のなかには、多分に「合理性」を欠くものがあるということは、これはもう今日までに嫌というほど指摘されてきた。しかし、[1]合理的でないといっても、これは **1** 的なことであって、ほかの国民との比較の問題であることは言うまでもない。我々が合理的に考えることができないというのではなく、考えの中で、もうひときわ合理性を押し通そうとしないということで、それは感性的な世界に強く引かれるものにはありがちのことであるし、また義理人情というような旧《ふる》い社会生活の気分が残っている限りは、ものを理屈《りくつ》で割り切ることにはいろいろの障害がつきまとう。

理由はそんなところにあろうが、結果として合理性が弱いということは、勢い判断がバランスを失いがちになる。ものごとの大小軽重を判断して、それに応じて対処するのは、ごく普通のことであるが、その計量が狂ったり、目の前近くあらわれるものばかりを重視することになると、小さく軽い問題が大きく見えたり、大問題にそれ相応の関心を払わなかったりすることになる。そうして出来上がった世界像は、バランスを失ったものになろうし、それでは事実に即した世界を把持することになるまい。

［出典］ 笠《りゅう》 信太郎《しんたろう》「ものの見方について」

笠 信太郎〈明治33〜昭和42（一九〇〇〜六七）〉は評論家。「シュペングラーの歴史主義的立場」「〝花見酒〟の経済」「お城と勲章」「いかにして二十世紀を生きのびるか」「日本の姿勢」など。

【参考問題】

1 □1・2に適当な語を入れよ。

2 波線「これ」の指す内容を簡潔に答えよ。

2 この問題は、そのまま自主性の喪失といったことにも関わりがあろう。文化の受容ということでも、受け入れる対象の力に押されてそのまま取り入れてしまうか、それとも、これを変容して自分の考えに調和させたり、また自分の世界の中で然るべき地位を与えたりして、いわばこれを消化させるか、そのどちらを取るかによって、自分を失うことにもなるし、自分を豊富にすることにもなる。自主性を失わずに自分を豊富にするには、自分の調理法をもつことが必要である。これを調理し、摂取し、消化させ、新しいエネルギーに変えることができれば、自分の力は拡充する。そうでなかったら、模倣はできようが、［2］はできない。

【演習】

一 傍線1「合理的」と反対の意味で使われている語を本文中から抜き出して記せ。

二 傍線2「この問題」の具体的内容を本文中の十字前後の語句をそのまま抜き出して答えよ。

〈着眼点〉

参考問題 **1** 1は「ほかの国民との比較の問題である」という記述に注意。「比較の問題」なのだから〈絶対的〉なことではないのである。2は「模倣」の反意語が入るはず。**2** この前にも「これ」が二回出てくることに注意して、内容をまとめること。

三　次の中から本文の内容に合うものを二つ選び、記号で答えよ。

ア　事実に即した判断をしていくと、どうしても自主性を失ってしまう。

イ　文化を受け入れる場合にも、合理的で的確な判断がないと自分を失ってしまう。

ウ　我々の生活や考え方が合理的でないのは、他の国民との比較の問題であり、絶対的なことではない。

エ　義理人情の世界を守るために、自分なりの調理法を持つことが必要である。

オ　すぐれた外国の文化は価値が高いから、大いに取り入れるのがよい。

四　これからの日本人にとって最も大切なことは何だと筆者は述べているか。本文中から十字前後の語句を抜き出して答えよ。

【演習】一「合理的」とは、理屈でわりきる意である。二「自主性の喪失」ということに関わりのある「問題」とは何か。前段の内容に注意。三「合理性が弱い」と、「判断がバランスを失いがちになる」し、それは「自主性の喪失」につながるという指摘が、第二、三段落で行われている。また、日本人が「合理的」でないのは「ほかの国民との比較の問題である」ということも第一段落で指摘されていること。四第二段落の内容に注意して抜き出す。

3 段落の要旨

―段落の要旨を一つ一つおさえていく―

論理的な文章は、つきつめていけば、なんらかの問題をとり上げて(これを「題目」と呼びましょう)、それについてなんらかの判断を下した(これを「解説」と呼びましょう)もの、と理解することができます。たとえば「友情」という題目をとり上げて、それを「普遍的な愛の第一歩だ」と解説したものというように。けれども論理的な文章は、いわば結論めいたものだけを書くわけではなく、結局はその「友情とは普遍的な愛の第一歩だ」という結論が言いたいのであるにしても、その結論にどっしりとした肉をつけていきます。「普遍的な愛」とはどういうものか、についてもふれるでしょうし、どういう点で「友情」を「普遍的な愛」と認めうるかについてもふれなければならないはずです。あるいは「友情」の「普遍的でない」一面にもふれるかもしれません。

このように結論めいたものを、空疎な結論であらしめないための肉づけは、論理的な文章の部分として、それなりに独立した重さを与えられます。ここでは「普遍的な愛」というものの特色を説き、ここからは「友情に見られる普遍性」を説くというように。このように部分的ではあってもそれなりに独立したテーマを扱った一まとまり、それが**段落**です。各段落がよくまとまり、かつ段落と段落との脈絡がよくとれている時、結論はどっしりとした説得性をもちます。したがって、論理的な文章を解釈する時は、一つ一つの段落において言おうとしていること、すなわち段落の要旨を、一つ一つ正確におさえていくことが必要です。

段落の要旨は「何がどうだ」という形にまとめられるはずですが、まずその「何が」にあたるもの、つまりその段落で扱われている題目をとらえねばなりません。それにはその段落で**最もしばしば繰り返される語句を発見する**のが早いでしょう。最もしばしば繰り返される語句は、「何がどうだ」の「何が」にあたることが非常に多いからです。

ただし、同じ形で繰り返される語句、つまりまったく同一の語句ばかりにこだわることは禁物です。よく似た意味を表す類義語を始めとする言い換え語句は、一種の繰り返しですから、これを忘れずにピックアップする必要があります。またそれとは反対の意味を表す対義語も見のがしてはなりません。**類義語・言い換え・対義語を正しくとらえる**ことは、ただ題目を正しくつかむのに役だつだけでなく、論者がその題目をどういうものとしてとらえているかを理解することにも直接つながるたいせつな作業です。たとえば、「友情」が「他人への愛」と言い換えられ、「肉親愛」が対義語として用いられている。というようなことに気づけば、もう「友情」が「普遍的な愛の一種」として論じられていることを理解することは、半ばまで達成されていると言ってよいでしょう。

題目がつかめたら、それについて「どうだ」と解説しようとしているかの検討にはいらねばなりません。論者がいちばん言いたいことは、最後に言われる場合と最初に言われる場合とが最も多いということを知っているのは大変便利なことですが、要するに**その題目に関して述べてある、一文一文の内容を検討して、最も中心となっている解説を見いだす**とよいのです。さて、そのような手続きで段落の要旨がつかめたとしてもそれを今までの論の運びとの関係において位置づけなければなんにもなりません。**今までの論理の運びとの関係においてその段落の要旨を位置づける**ことは、段落の要旨をつかみそこなっていないかの検討のためにも、欠くことはできないと言わねばなりません。

段落の要旨のとらえ方

1 繰り返される同一語句に注意する。それは段落の要旨の題目にあたることがきわめて多い。

2 類義語・言い換え、それから対義語に注意する。それらは題目に対する論者の把握のし方を示すことが多い。

3 一文一文の内容を検討し、その題目に関して中心的な解説を見いだす。

4 今までの論理の運びとの関係において段落の要旨を位置づける。

【例題一九】

文学と青春 ——その3——

亀井《かめい》勝一郎《かついちろう》

設問 次の二つの段落のそれぞれの要旨をまとめなさい。

〈六段〉

人間が人間として独立するということは、自発的にものを考えるということである。考えるということは、今のべたように大疑問を自ら背負うことである。第二の誕生日である青春時代が、生涯にとってもっともたいせつな時期だといわれるのは、大疑問に対してすなおな態度をとれるからであって、それは生涯をつらぬく一つのすぐれた資質となるであろう。疑問が

この文例は「例題一八」の続きです。したがって、本文の行数は「例題一八」の続きとして数え、段落を数えるときも「例題一八」の続きとして数えることにします。

1 第六段（97〜122行）の題目は何でしょうか。

考え方 まず題目をとらえるのに有効な繰り返し語句は、簡単に見つかりそうにありません。けれどもこの段の最初の二文の間で

人間としての独立＝自発的に考える＝大疑問を自ら背負う（97〜101行）

のようなイコール関係が言われていることから素直にはいると、「大疑問」というのが後にもしばしば繰り返されているのに気づくはずです。まったく同じ形での繰り返しは第三文の「大疑問（104行）」だけであり、せいぜい第四文の「疑問が大きければ（107〜108行）」ぐらいまでですが、言い換えとなると、もうすべての中に必ず一回は出てくるのに気がつくでしょう。

とらえようのない問題（第五文110〜111行）

とらえようのない人生の謎（第六文115〜116行）

大きければ大きいほど苦痛が大きいのは当然である。青春の悩みというものは、すべてとらえようのない問題に直面したときのもどかしさにある。とくに恋愛の問題などに現れるわけで、多くの文学が主題としてさまざまの形で恋愛を取り扱っているのも、とらえようのない人生の謎《なぞ》がそこに含まれているからである。人類の存続するかぎり、恋愛は永遠の問題として文学に扱われるであろう。古今東西、一流の作品が描きつくしてなお描ききれない人生の根本問題である。

〈七段〉

　われわれが文学に心を向けるのは、自分の漠然《ばくぜん》たる悩みを、少しでも解決し、心のやすらいをえた

　永遠の問題　（第七文118行）

　描ききれない人生の根本問題　（第八文121行）

がそうです。こうして「人生の根本問題」が、この段落の題目であることは、ほぼ間違いありません。

2 ではその「人生の根本問題」について「どうだ」と論者は言いたいのでしょうか。ほとんどすべての文がこの題目にふれますが、中心となっている解説はどれでしょうか。

考え方 これも実ははなはだとらえにくいのです。「人生の根本問題は〜である」という形でまとめてある箇所があればありがたいのですが、そのように「人生の根本問題」についてはっきりと論断した文はありません。一文一文の内容を手堅く検討するよりほかはありません。

第一文　人間として独立すること＝自発的に考えること

第二文　考えること＝大疑問を自ら背負うこと

第三文　青春時代→大疑問に対して素直な態度をとる

第四文　疑問が大きいほど→苦痛は大きい

第五文　青春の悩み＝大疑問に直面したもどかしさ

第六文　文学が扱う恋愛の問題＝人生の根本問題

いという欲求をもっているからである。むろんその相手として、先生や先輩や友人に気持ちをうちあける場合もあるであろうが、われわれが文学書に向かう時の気持ちも、ちょうどそれと同じであるといってよい。いわば何かの書物に向かって、自分の悩みをうちあけようとする衝動があるわけで、ここにおいて書物とは死せる印刷物でなく、生ける人間に等しい姿をとるものである。少なくとも一個の人間のごとく親しくわれわれに向かってくる文学書、それに出会うことが青春の大きなよろこびといってよいであろう。

第七文　恋愛の問題→文学が永久に扱いつづける
第八文　恋愛の問題→文学がいくら描いても描ききれぬ大問題

ざっとでよいからこう整理してみると、第五文と第六文との境目あたりに、解説のわかれ目があることに気づくでしょう。前半は「人生の根本問題」を「青春時代の悩み」として、後半は「人生の根本問題」を「文学の永久の課題」として、それぞれ解説しようとしているのです。まとめて言えば、「人生の根本問題は、青春時代と文学との共通の問題だ」ということです。

この段の要旨が、今までの「例題一七・例題一八」との関係において占める位置は言うまでもないでしょう。青春時代ははじめて自分で人生について考え始める時代である（例題一七）。それは解決のつかぬ大疑問であるべきであり（例題一八第四段）、文学の扱ういっそう大きな疑問が青年の悩みを拡大して精神をきたえるのに役だつ（例題一八第五段）。という論をうけて、青春時代と文学とを、もう一度重ねて「人生の根本問題」にふれるという点で結びつけようとしているわけです。

3 第七段（123〜141行）の要旨はどうでしょう。そこではどういうことが言われていますか。

考え方 題目は発見しにくいかもしれません。この文章は論理を力強く張って進む、というよりは、随想風に書き流したような文章で、そのために本格的な論説とは様子の違う所があるのでしょう。

けれどもやはり「文学に心を向ける（123行）」「文学書に向かう（130行）」「書物に向かって（132〜133行）」「われわれに向かってくる文学書（138〜139行）」というふうに、どの文にもよく似た語句が使われているのに気づきます。それに気づけばおそらくほとんど同時に、「悩みを解決し（124〜125行）」「気持ちをうちあける（128〜129行）」「悩みをうち明けよう（133〜134行）」という繰り返し・言い換えに気づくはずです。いわば「文学に心を向ける」ということと「悩みをうちあける」ということとは、この文章では同一なのです。そしてその二つが同一であるということを、この段は言おうとしているのだと解されます。

ただしこの段の要旨を、「文学書に向かうことは、それに対して悩みをうちあけることだ」というように理解するのは、必ずしも正確ではありません。たしかにこの段の大部分はそういう要旨に沿って書かれています。けれども終わりのほうになると、様子が少しかわってきます。「文学に心を向ける」「文学書に向かう」「書物に向かって」のように、読者の方に主体性を置いて書いてあったのが、終わりの所では「われわれに向かってくる文学書（138〜139行）」と、文学書のほうに主体性を置いた書き方にすりかえられていることは、注意してよいことです。

これは読者が文学書に「悩みをうちあけ」れば、文学書のほうはその悩みをきいてくれてともに悩んでくれる、というような考えが論者にあることを意味します。だからこそ「書物とは死せる印刷物でなく、生ける人間に等しい姿をとる（135〜137行）」というのです。したがって、読者が悩みをうちあけ、文学書がそれに応じてくれる——そういう文学書にめぐり合うことの重要さを言うのがこの段の目的と解すべきです。この段の最終にある「それに出会うことが青春の大きなよろこび（139〜140行）」だという結びは、この段の要旨を最もはっきりと言い定めたものにほかなりません。

《解答》 第六段　人生の根本問題は、青春時代の真剣な悩みの対象であり、文学作品の扱うものも、同じ人生の根本問題にほかならない。

第七段　自分の悩みをうちあけることができ、またそれに応じてくれるような文学作品にめぐり合うことが、青春時代にはたいせつである。

練習問題 19

そろそろ夏休みが近づいてくると、皆、それぞれに、思いは旅へと向かう。新聞やテレビを見ても、海外旅行や海や山での楽しそうな話が、これでもかこれでもか、と満載《さい》されている。おまけに、内需拡大とかで、働きすぎの日本人の余暇をふやせだの、滞在型の旅の仕方などと、まるで、遊びの強制のように聞こえることもある。はてなという気がしないでもない。都会の繁華街で落とす

【出典】栗田《くりた》勇《いさむ》「捨ててこそ」
栗田 勇〈昭和4（一九二九）〜〉は小説家・評論家。「愛奴」「文学の構想—象徴と復権」「一遍上人」など。翻訳に「ロートレアモン全集」。

お金を、わざわざ遠い方まで行って、これも人工の楽園で落とすだけのことでいいのか、そんな疑問も起こる。（Ⅰ）

だが、旅というものは不思議なものだ。いくつになっても、旅を思うと、特別の感慨が体の底からわいてくるのは、私ばかりではあるまい。この独特の、まだ見ぬものへの□(A)のような感じは、いったいどこからくるのだろう。たしかに、旅に出て、知らないものを見たり、新しいことを知ったりする喜びはある。だが、もうひとつは、いつもの平凡な日常生活を抜け出す喜びも見逃せない。いいかげんうんざりしている自分の殻《から》をぬぎすてたいという気持ちは、だれにもある。フランスの世紀末詩人ボードレールは「この世でないならどこへでも」という詩まで書いている。（Ⅱ）

だが、日ごろの自分から逃げ出して、どこへ行けばいいというのだろうか。それが問題だ。やはり、フランスの作家で飛行家だったサンテグジュペリにこういう言葉がある。――船乗りは、港を船出したときから、心はすでに故郷へ向かっている――。私はこの句が好きだ。見かけは、七つの海へ金銀財宝を求めて勇ましく出帆している。しかし、結局は、宝を持って母や家族や恋人のもとへ帰ってくる幸せを思っているのではないか。人生は、この航海に似ている。一

【参考問題】

1 □(A)・(B)に入る適語を本文中から抜き出して記せ。

2 傍線1の「西行法師」に最も関係の深い作品を次から選び、記号で答えよ。

ア 万葉集
イ 古今和歌集
ウ 源氏物語
エ 新古今和歌集
オ 奥の細道

生涯、旅をつづけていて何になろう。しかし一方、どうせ帰ってくるなら、なにも旅に出ることもあるまい、旅に出る前と後と、どこにちがいがあるのか、という問いも聞こえる。そんな問いを抱きながら、私も何かに追われるように長い間、旅をしてきた。(Ⅲ)

　すると、旅の行く先々で必ず、山でも海辺でも、どこに行っても、先を越している人物がいるのである。歌人[1]西行法師と松尾芭蕉である。[2]二人は、生涯を旅に暮らしたといっていい。なぜだろう。その答えを探して旅をしているうちに、私は、もう一人の人物がいつも私の先に歩いているのに気づいた。(注1)遊行聖《ゆぎょうひじり》と呼ばれた一遍上人である。鎌倉時代、(注2)元寇《げんこう》の役《えき》のころから、念仏をすすめて、日本の国じゅうを歩いた。寺も建てず、安住の地を持たず、教団をつくらず、ひたすら一生を旅に生きた。ある時、人が、どのように念仏をしたらよろしいかと尋ねた。するとただ一言、「捨ててこそ」だという。極楽《ごくらく》を願う心も捨て、悟りも捨てて念仏申せ、と言った。これは大変なことである。私はこのとき、旅とは、時々刻刻(B)□□を捨てるものだと思い当たった。(Ⅳ)

　人は自分の中に埋没しやすい。我が我を失っているのに気づかない。そんな自分を切って捨てるとき、人は本当の自分に出会うので

〈着眼点〉

参考問題 **1** (A)は「この独特の、まだ見ぬもの」に対する「感じ」であり、それは、この直前で「特別の感慨」と言われているものと同じである。旅に対する「特別の感慨」をどのような言葉で呼んでいるかに注意。(B)は「捨てる」という動詞が、この前後で何度か使われていることに注意。「旅」の中で「捨てる」べきものは何か、と考える。**2**「古今集」は九〇五年、「新古今集」は一二〇五年の成立である。

はないか。旅の魅力とは、郷愁とは、じつは、日ごろ見失われている真実の自分に出会う願いと喜びなのではないか。(Ⅴ)

西行も芭蕉も、[C]ために旅をつづけた。私たちもそんな旅をしたいものである。(Ⅵ)

(注1) 遊行聖＝諸国を歩きまわる僧。
(注2) 元寇の役＝十三世紀の蒙古《もうこ》軍の襲来。

【演習】

一 傍線2の疑問に対する答えとなるものが[C]に入る。[C]に入る語句を二十五字以内で答えよ。

二 右の文章を起承転結に従って四つの段落に分けるとすれば、どのように分けるのがよいか。「承」と「転」に属する段落の段落番号をそれぞれすべて記せ。

三 筆者は旅の本質をどういう点に見いだしているか。それに対する筆者の考えを最もよく象徴している言葉を本文中の五字で記せ。

【演習】一「旅の魅力」とは「真実の自分に出会う」ことだと言われている。また、「真実の自分に出会う」には「自分を切って捨てる」ことが必要だとされている。この二点をポイントにしてまとめる。二(Ⅰ)が〈序〉であり、(Ⅴ)(Ⅵ)が〈結〉になることは明らか。〈転〉はどこからか? 三 一の説明を参照。「自分を切って捨てる」ことができるかどうかが「旅の魅力」をつかめるポイントになる。

4 全体の論旨

——全体としてどういうことが論じられているか——

論理的な文章を読むときに、全体としてどういうことが論じられているのかを読みとることが、その究極の課題であることはいうまでもありません。

まずたいせつなのは、その**文章全体を幾つかの段落に句切ってみる**ことでしょう。もちろん、たいていの場合われわれは、すでに段落の設けてある文章を読むわけで、何もわざわざ段落に句切る必要もないようですが、設けられたいくつかの段落を、もっと大きくまとめなおして、たとえば、第一段落と第二段落とが大きくはA段落にくくられ、第三段落と第四段落とが大きくはB段落にくくれる、というように、しだいに大きく段落をまとめていく、というようなことが、常に必要です。論理的な文章を一読して、これを段落に句切ってみることは、非常にたいせつな作業と思われるので、後で詳しくふれなおすことにします。

実は文章全体を幾つかの段落に句切るということは、各段落の要旨をつかむことができていなければ不可能です。もとの文章の第一段落と第二段落とが、大きくはA段落としてくくりうる、ということに気づくことは、そのA段落がどういうことを要旨とする段落であるか、に気づくことと同じです。逆に言えば第一段落の要旨と第二段落の要旨とが、大きくまとめうる、ということに気づくことは、第一段落と第二段落とが大きくA段落としてくくりうる、ということに気づくことと同じです。つまり常に**各段落の要旨を正確につかむ**ことが、どうしても必要なことと言えましょう。

　各段落の要旨を正確につかみ、幾つかの小段落をくくって大段落にしぼることができれば、その大段落の相互関係をつかむこと、言い換えれば**全体の構成をつかむ**ことに努めねばなりません。たとえば、最も簡単な構成のものならば、まず簡単な序論があって、次に詳しい本論が展開し、最後を確信に満ちた結論で結ぶでしょう。あるいはそれとは正反対に、まず結論を手短に述べておいて、それからその結論を証明するような形で、本論が展開することもあるでしょう。そのような論理の運びに注意しながら読み、それを整理しつつ読むのがよいかと思います。同じようなことですが、具体的な事例と抽象的な見解とを区別しつつ、両者の関連に注意しながら読むことも必要です。論理的な文章では、具体的事例は肉づけであり、抽象的見解が、論者の言いたいことの骨組みに当たるからです。

　段落の相互関係が整理できたら、全体の論旨をまとめてみることは、もう造作もないに違いありません。A段落は「芸術は人間をたのしませる」ということを要旨とし、B段落は「たのしみ自体は必ずしも人間を高めない」ということを要旨とし、C段落は「芸術は人間をたのしませるだけでなく、同時に人間を高める」ということを要旨とする。――たとえば、このような関係が明らかとなれば、全体としては、「芸術は人間をたのしませると同時に人間を高めることによって、芸術でありうるのだ」ということを論旨とするものであることは、容易につかむことができましょう。たいせつなのは、ただ結論を探るということではなくて、結論に到達するまでの論理の運びをしっかりとつかんで、なぜそうなるのかという論拠を見のがさずに、その論拠ぐるみに結論を把握《はあく》する、ということでしょう。**論拠にささえられた結論をつかむ**ということが、最もたいせつなことかと考えられます。

全体の論旨のつかみ方

1 文章全体を幾つかの段落に句切る。
2 各段落の要旨をつかむ。
3 各段落の相互関係、すなわち全体の構成を整理する。
4 それらを通して、結論を、論拠にささえられた形でつかむ。

設問

「例題一七」から読み通し、全体としてどういうことが言いたいのか、論旨をまとめてみなさい。

【例題二〇】

文学と青春
亀井勝一郎《かめいかついちろう》
——その4——

この文例は「例題一九」の続きです。本文の行数も段落数も「例題一九」からの続きとして数えておきます。

1 まず「例題一七」から読みなおして、段落に句切るにあたり、本文に設けてある各段落の要旨をまとめるところから始めます。

〈八段〉

わたしは人生におけるいちばん大事な問題は、出会いであるとしばしば語ってきた。われわれが人間に形成されてゆくのは、けっして自分ひとりだけの力によるものではない。第二の誕生日にも必ず助産婦がある。自己を生まれさせてくれるものがある。その人と出会うことが人生の大事なのである。ある時は先生であり友人でもあろうが、文学書がこの助産婦の役割を果たしてくれることが非常に多いと思う。ある一冊の小説を読んで、なるほど自分の悩みに一つの形を与えてくれた、自分の心に喜びを与えてくれた、今これを読んで実によかったと思うことがあるであろう。わたしはそれを出会い

考え方

例題一七	第一段	人間の生涯には四つの誕生日がある。
	第二段	その四つの誕生日とは、肉体の誕生日、自我の誕生日、宗教的誕生日、死亡による仏としての誕生日、をいう。
	第三段	自我の誕生日である青春時代は、人生へのさまざまの疑問を抱き始める時期であり、この時期に文学に接することは、自分の生き方を問うことでなければならぬ。
例題一八	第四段	青春時代は、簡単に解決できそうもない大疑問を抱く時期であり、そのことによって人間の精神の成長が約束される。
	第五段	文学も同様に人生の大疑問をもっとつっこんだ形で扱うものであり青年は文学に接して、ますますわからなくなるのだが、それこそ文学がわかるということの第一歩にほかならない。
例題一九	第六段	人生の根本問題は、青春時代の真剣な悩みの対象であり、文学作品の扱うものも、同じ人生の根本問題にほかならない。
	第七段	自分の悩みをうち明けることができ、またそれに応じてくれるような文学作品にめぐり合うことが、青春時代にはたいせつである。
例題二〇	第八段	人間形成は自分ひとりの力によるものでなく、助産婦の役割を果たしてくれるものが要る。青春時代の自我の誕生における助産婦は、文学書であることが多い。そのような文学書に出会うことは人生の幸福である。
	第九段	文学書を読む最終の目的は、そこに自分の道しるべとなるような人間像に出会うことである。

の喜びとよび、またそれを人生の幸福の一つであると思っている。

〈九段〉

文学書を読む最後の目的は、そこに自分の心の道しるべとなるような人間像に出会うことである。自分の精神生活を確立するもっとも合理的な方法は、さまざまな迷いのうちに、一つの書物に出会い、それを書いた人間を尊敬の対象として心のうちに確立することである。むろんただひとりでない場合もあろう。また長い間には不満を感じてそれを否定したくなることもあろう。しかしたとい否定しても、ひとたび出会いのよろこびを味わい、尊敬の念をいだいたということは、必ず心のうちによき痕《こん》跡《せき》をのこすものである。

第十段	すぐれた文学作品は読者に自己否定を迫り、そのことによって読者の側には「我」が誕生するのである。そのような作品に出会うことがたいせつである。

2 これら小段落をいっそう大きな段落にまとめてみよう。どの小段落とどの小段落とをくくることができますか。

考え方 しばしば言うようにこれは随想風な文章で、もう一つ論理的なきびしさがありませんが、だいたい次のようにまとめることが可能でしょう。

A段落	第一段 第二段 第三段	人間の生涯にある四つの誕生日の中で（第一段）、第二の誕生日である青春時代は自我の誕生日であり（第二段）、この時期に文学に接することは自分の生き方を問うことにほかならない（第三段）。
B段落	第四段 第五段	青春時代は人生への大疑問を自らに課し、それによって精神の成長する時代だが、文学は同じ問題を扱いつつ（第四段）もっとつっこんで扱うので、文学を読んで青年はますますわからなくなるに違いなく、実はそれこそ文学がわかるということの第一歩にほかならない（第五段）。
C段落	第六段 第七段	青年も人生の大疑問を自ら課し、文学もそれを課題として扱う（第六段）。青年は自分の悩みをうちあけるにたる文学書に出会うべきだ（第七段）。

〈十段〉

東西古今のすぐれた芸術家の生涯をみると、必ずそこに強烈な影響を与えた先輩がいる。自分の尊敬する理想の人間像を、導師として仰ぎ、信従し、学び、模倣する、そういう長い修練の道を歩まなかった者はひとりもない。その上ではじめて自分の独創をあらわしている。独創的たらんとするよりは、自分の尊敬する人間の前に、まず自己を否定することがたいせつである。われわれを感動させる文学作品は必ずこうした自己否定を迫る。おのれを無とし、いわば心を空《むな》しくして接せざるを得ないのであるが、そういう自己否定を通して初めて「我」というものが誕生するのである。これは青春時代の

D段落	
第八段 第九段 第十段	その出会いは青春時代の自我の誕生を助ける助産婦に出会う幸せにほかならない（第八段）。それは自分の心の目標となるような人間像に出会うことである（第九段）。理想的な人間像はいったんは青年に現在の自己の否定を迫るが、その自己否定を通してはじめて「我」が誕生するのだ（第十段）。

ざっとA〜Dの四段落にくくってみることができるでしょう。このようなくくり方はこれらA〜Dの段落の相互関係を、どのように把握することでしょうか。

3 各段落相互の関係はどうなっていますか。それを考えることは、段落のまとめ方、段落の要旨のとらえ方と深く関連します。

考え方 A段落が「文学と青春」との関係を述べるに先立っての序論にあたることはいうまでもないでしょう。B段落からはそろそろ本論にはいるわけですが、本論の進め方に関して、ぜひとも気づいてほしいことが一つあります。それは、「文学と青春」との関係を、共通性と相違性との二面から述べ進めているということです。共通性のほうはすぐ目にとまるでしょう。たいせつなのは相違点のほうです。これは表だっていないだけに、これに気づくか気づかないかが、この文章の構成をうまくつかめるかつかめないかの分かれ

みに限ったことではなく、生涯のさまざまな時期に、今までのべたような出会いをもつことがたいせつである。

目になるように思います。

第五段で、文学に接してますますわからなくなることが文学がわかることの第一歩だ、と述べてあったのを思い出してください。これは青年が自ら課する問題よりも、文学が扱う問題の方が、もっとつっこんだ形である、ということを意味します。さきにB段落の要旨をまとめるとき、「文学は同じ問題をもっとつっこんで扱うので」としておいたのは、そういう意味を出そうとしてです。つまり、この文章では、文学は青年と同じく人生の根本問題ととり組むが（共通性）、一層つっこんだ扱い方をするものだ（相違性）、という相違性が設けられているのです。

この共通性・相違性とに着目すれば、B〜Dの本論の部分の構成は

B	第四段	文学も青年も共に人生の大疑問を扱う	共通性
	第五段	青年は文学によってもっとわからなくなる	相違性
C	第六段	文学も青年も共に永遠に解決できぬような問題を扱う	共通性
	第七段	青年は悩みをうちあけるべき文学書に出会うべきだ	共通性
D	第八段	自我の誕生を助けるような文学書に出会うべきだ	相違性
	第九段	理想とすべき人間像を描いた文学に出会うべきだ	相違性
	第十段	理想像との出会いが自己否定を迫り、「我」の誕生を促す	相違性

こうして青春と文学との共通性の中にある相違性をしだいに明瞭にしつつ、いわば指導者としての良き文学への出会いの重要さを強調しようとするのです。

4 **最後に結論と論拠です。どのようにまとめるのがよいと思いますか。**

考え方 青春時代に良き文学に出会うことがたいせつだ、というのが結論です。だがこの結論へ到達するまでに繰り返し述べてあったこと、文学が青年に対してもつ共通性の中にある相違性の重要さを、論拠としてしっかりとらえねばなりません。

青春時代は自我の誕生の時期であること　A段
それにはまず自ら人生の大疑問に真剣に悩む必要があること　B段
文学作品も人生の大問題を扱い、青年の問いに応ずるものであること　C段
特に文学作品は青年以上につっこんだ所まで人生を追求するから、青年の理想となるべき人間像を描いて、青年に自己否定を迫り、それによって「自我」の誕生を促してくれる。そのような良き文学書に出会うことが青年時代にはたいせつだ。　D段

というような論の運びを、もっと圧縮してまとめてみればよいでしょう。

《解答》 青春時代に、初めて人生の難問題に悩む時に、文学作品はしばしばこれにこたえてくれるが、文学は同じ人生の大問題をもっとつっこんで扱い、理想とすべき人間像を描いて、青年に自己否定を迫り、こうして青年の「自我」の誕生を促す力をもつ。そのような良き文学作品に出会うことが、青春時代にはたいせつである。

20

近ごろ、科学技術の振興ということが非常に叫ばれております。そういうふうに科学の振興ということが言われますその裏に、科学というものは非常に役に立つという見方がございます。たしかに科学が、いままでいろいろ新しい技術を生み出し、あるいは医学の進歩が、人間の病気を減らす。あるいは農学の進歩が穀物の収穫をふやす。その他、諸々の利点があることは確かでございます。

[A]、科学には、そういう功利的な意味だけがあるのであろうかということを、考えてみたいと思うのです。もし功利的なことだけで物事の価値を判断するとしますと、[B]芸術はどういう意味で価値があるだろうか。小説を読んでおもしろいとか、あるいは教養になるとか、あるいは人生に対する洞察が深くなる、そういうことが考えられるわけです。また、たとえば美術にしますと、見ていて非常に楽しくなる。あるいは音楽でも同様です。気持ちがよくなるとか、心が静まる。あるいは悩んでいるときに慰めになる。まあ、いろいろなことが言われるでありましょうけれども、しかし悩んでいるときに慰めてくれるのは、[C]芸術でなくても、私などもよくやる手でありますが、一ぱい飲むという手もあるのです。一ぱい飲んでうさばらしするよりも、芸術というのは、より高い価値があると

［出典］

朝永振一郎《ともながしんいちろう》「鏡の中の世界」

朝永振一郎〈明治39～昭和54（一九〇六～七九）〉は物理学者。「量子力学Ⅰ・Ⅱ」「量子力学的世界像」「物理学とは何だろうか」など。理論物理学の分野で優れた業績をあげ、ノーベル物理学賞を受賞。

【参考問題】

1 [ ] A～Eに入れるのに最も適当な語を次のア～カの中から選んで、記号で答えよ（一回とは限らない）。

ア 必ずしも
イ たしかに
ウ しかしながら
エ おのずから
オ たとえば
カ もしも

いうふうに考えざるを得ないのはなぜであろうか。いったいそれはどういう理由であるか。美術、文学、あるいは音楽を、それは一つの価値であるというふうに考えざるを得ないように、人間が作られているということではなかろうかと思うのであります。科学もやはり同じように、人間に内在するやむにやまれぬ、一つの文化の柱として価値あるものと考えなくてはいけないと、私は思うのです。[D]いろいろな技術を生み出し、かついろいろ人間の生活を豊富にするということ、これはむしろ結果であって、科学そのものの価値は[E]、そういう結果だけによって定められるものではない、私どもはそう考えたいのであります。

【演習】

一　次の文のうち、本文の論旨に合致しているものを選び、記号で答えよ。

ア　科学技術の振興がさけばれるのは、科学は非常に役にたつという見方があるからである。

イ　人々の病気を減らしたり、穀物の収穫を増やしたりするところに、科学の価値は認められねばならない。

ウ　科学の価値は、芸術の価値と同様に考えられなければならない。

2　筆者は科学をどのようなものと考えているか。それを最も示す語句を本文中から七字以内で抜き出せ。

〈着眼点〉

参考問題　**1**空欄前後の意味関係、修飾・被修飾の関係をよく考えること。**2**科学に対する筆者の考えが全面的に述べられているのは第二段落である。

エ　悩みを慰めてくれる一杯の酒は、文学・音楽・美術と同等の価値をもつと考えざるを得ない。
オ　人間は、芸術を価値あるものと考えざるを得ないように作られていると考えられる。
カ　科学の価値は、さまざまの技術によって、人間の生活を豊かにするという点にあると考えねばならない。
キ　小説の価値は、読んでおもしろかったり、人生について洞察が深くなるというところにある。
ク　科学や芸術の価値は功利的な意味だけで定められるものでない。

二　本文の内容にふさわしい題を、本文中の語を使って五文字でまとめて記せ。

【演習】一 第一段落で、科学に対する一般的な見方を否定し、第二段落で筆者の見解を提出している。**二** 第二段落の内容に注意してまとめる。

練習問題 21

わが国のばあい、ひとりひとりが全体的な視野と深い洞察力をもって計画的に思考し行動することは不得手である。その必要性は頭の中では十分わかっているのだが、いざ共通目的をもつ集団の中にはいると、理屈ぬきで本能的に先を争ってしまう。結果としてはつねに忙しく、時間がない。それは互いに自分自身が無意識のうちにつくり出した集団的興奮状態でありながら、主観的にはすき好んで忙しくしているのではなく、いつも追われている感じである。

[出典] 木村尚三郎《きむらしょうざぶろう》「もたれあいの中での競争」

木村尚三郎〈昭和5～平成18（一九三〇～二〇〇六）〉は東京大学名誉教授。「ヨーロッパとの対話」「歴史の発見」「粋な時間にしひがし」など。

現代日本は、激しい社会的流動化現象のなかで、有史いらいの競争社会を現出しつつあるといわれる。

しかしながら日本人がよく働くことは事実であっても、現代日本の社会をアメリカ的な競争社会というのは間違いだ。自らの実力しか頼るものがなく、社会的地位や名声もあてにはできずに、個々人が孤独に競争し、闘争し合うアメリカのばあいと異なり、日本は端的にいって、もたれあいの社会である。もたれあいであるからこそ、人々はたがいに他人の動静をうかがいつつ、ひとしくまなじりを決して走り、ひとしく働くのである。そこには、かつての農村共同体の倫理、ないし生活感覚とまったく同一のものが支配しており、人々にはひとり怠ける自由も、またとび抜けてひとり働く自由もない。ましてや集団・組織を離れてひとり行動する勇気は、大勢としては持ち合わせていない。

ひとり怠ける者、ひとり働く者は仲間外れにされ、衆人のさげすみなじる視線を浴びねばならず、普通人には、これに堪えるだけの強い神経はない。戦争中の「非国民」というとらえ方や、「出る杭《くい》は打たれる」という古くからの諺《ことわざ》は、いまも立派に生きているといえよう。

互いに激しく競争するといっても、つまるところはもたれあいの群

【参考問題】

1 傍線1のように言えるのはなぜか。その理由として最適なものを次から選び、記号で答えよ。

ア 集団の中にあって理屈抜きにカッとなり、他を抜きんでる力を分散させてしまうから。

イ ひとり飛び抜けて働く自由を持ち合わせていても、それを生かすだけの実力がないから。

ウ 内外から指摘されるように日本には強烈な個性を持った人間が輩出していないから。

エ たがいに他人の動静をうかがい、集団組織の枠内でしか行動しえないから。

オ 集団へのもたれあいを不

れの中で、小差のところを抜きつ抜かれつするだけであるから、それによって強烈な集団的エネルギーが総体として発揮されることはあっても、集団内部にあるのは、端的にいって無風の状態であり、すぐれて個性的な行動や発想は発現を妨げられる。古来、わが国に偉大な思想家や強烈な個性をもった英雄が輩出しないのは、内外からよく指摘されるところである。

もちろんわが国にも、優秀な個性、創造的な個性は数多く存在したに違いない。しかしその足を引っぱり、彼らを社会の最前線から引きずり落としてしまう見えない力は、昔も今もきわめて強いと言うべきであろう。あまりにも切れすぎる政治家は有徳の人として迎えられず、指導者としては失格であり、また国際的に著名な学者・芸術家は、国内の学界・芸術界からは往々にして冷たい眼で見られる。つまり大多数の人々にとって日本ほど心なごむ安住の地はなく、反対に一部少数の個性的な人々にとって日本ほど息苦しい国はない。真に競争する者にとって、自分以外の者は、日本人であれ外国人であれ、また善人であれ、悪人であれ、すべてライバルであることに変わりはない。彼はつねに自己の名前で、自己の責任において考え、行動する。

満に思い、行動への積極的意欲が欠けてしまうから。

〈着眼点〉

参考問題 1集団の中では「とび抜けて」先に行くこともできないし、ひどく遅れることもできない。組織の枠内でしか活動できないことに注意。

この点で国際社会に活躍する自由主義諸国民のうち、日本人ほど顔の上に国名入り、企業名入りの面をつけた国民はなく、また日本人ほど外国語の下手な国民もない。外国人にとって、日本人は顔も口もない。無気味な、いわば[2]アリの軍隊にも見えよう。日本人ひとりひとりに、□態度はない。

【演習】
一 傍線2の比喩が意味する内容に合致するものを次から二つ選び、記号で答えよ。

ア 本能的な先陣争い　イ 組織内での自由のなさ
ウ 主体性のなさ　エ 国際性のなさ
オ 組織内の競争の激しさ　カ 組織内での集団的エネルギーの発揮

二 本文中の□に入る語句を本文中から二十五字以内で選び、そのまま抜き出せ。

三 本文につける題として最も適当な言葉を本文中の八字の語句で答えよ。

【演習】一 直前の「日本人は顔も口もない」という表現は、日本人に主体性がない、ということを意味している。「無気味な」という表現も「顔も口もない」主体性放棄の状態を言ったものである。また、アリは小さいながら組織となると大きな力を発揮するものであることに注意する。二 文全体としては、「ひとりひとり」に主体性がないから、という意味になるはず。三 日本人の競争は、組織内の秩序を乱さず、組織の枠を突破しないように配慮しながら行われる。組織の枠を突破すまいとすることを筆者は「もたれあい」という言葉でも表現していることに注意。

Ⅱ 論の重点について

1 指示詞の実質内容

—コソアドの指し示すものの内容を正しくつかむ—

論理的な文章の内容を理解しようとするときに、一つの小さな障害となるのは指示詞でしょう。指示詞は実質的な意味を持たず、他の語句を指示することによってそれの代理として働くという性質があるために、そのつど具体的な実質内容を確かめねばならないからです。指示詞の指示対象を正しくつかむこと、言い換えれば、指示詞の実質内容を正しく把《は》握《あく》することは、論理的な文章を解釈するときの一つのたいせつな着眼点です。

まず**指示詞の体系を知る**ことが第一です。「近称・中称・遠称」の三つが「定称」として「不定称」と対立する、というごくあたりまえの知識です。念のため表にまとめておきましょう。

<table>
<tr><th colspan="2"></th><th>基本形</th><th>指示代名詞</th><th>指示連体詞</th><th>指示副詞</th><th>基本的用法（場面指示としての）</th><th>文脈指示詞としての用法</th></tr>
<tr><td rowspan="3">定称</td><td>近称</td><td>こ</td><td>これ</td><td>この・こんな</td><td>こう</td><td>話し手に身近なものを指す</td><td rowspan="2">主として直前（ときに直後）の語句を指す。</td></tr>
<tr><td>中称</td><td>そ</td><td>それ</td><td>その・そんな</td><td>そう</td><td>聞き手に身近なものを指す</td></tr>
<tr><td>遠称</td><td>あ</td><td>あれ</td><td>あの・あんな</td><td>ああ</td><td>話し手・聞き手から遠いものを指す</td><td rowspan="2">あまり文脈指示詞としては使われない。</td></tr>
<tr><td colspan="2">不定称</td><td>ど</td><td>どれ</td><td>どの・どんな</td><td>どう</td><td>不明・不定なものを指す</td></tr>
</table>

実は指示詞の体系を知っているだけでは何にもなりません。基本的用法を知っていることもすぐには役だちません。ただし、文脈指示としては**「承前の指示」と「予告の指示」とがある**ことを知っていることはたいせつです。

> 【例】 ㋑森が見えた。そこが私の目的地であった。
> ㋺これは実話である。N銀行の裏口で……

㋑のように先行する語句を指すのが承前の指示で、㋺のように後続する語句を指すのが予告の指示です。承前の指示はたいてい直前の語句を指し、予告の指示は多くの場合直後の語句を指す、ということは、だいたいの傾向にすぎませんが知っておいてよいことです。そして、承前の指示が圧倒的に多く、予告の指示はずっと少ない、と知っていることはもっと役にたちましょう。

文脈指示詞としてこの両用法がある、と知っていても実は何にもならないことが多いのです。たいせつなのは、その指示詞が文中でどういう役割を果たしているか、ということの検討です。たとえば、

> 【例】 花に蜂がたかっていた。それは白い色をしていたが、花の名を私は知らない。

という文の指示詞を、指示対象は直前にあると決めて「蜂」を指すと理解してはたいへんです。直前とは言っても、直前に述べられた叙述の中にある、というまでで、はたして直前の叙述の中のどの語句を指示対象とするかは、**実際に指示対象と思われる語句を指示詞に代入して文脈を検討する**以外に方法はあ

りません。指示詞を含む文の意味が、まとまりのつかぬものになったら、指示対象をつかみ違えているのです。もちろんその文が内容的に複雑な文である場合には、言い換え語句への注意をはじめ、先行後行の文章を考え合わせ、要旨をも正確につかむ、などのことを怠るべきではありません。

コソアド（指示詞）の実質内容のとらえ方

1 近称・中称などの指示詞の体系を知ること。
2 文脈指示として最も多い承前の指示と、ときどき用いられる予告の指示とを区別する。
3 指示対象と思われるものを実際に指示詞に代入し文脈を検討する。

指示詞の指示対象をつかむことは、それほどむずかしいことではないでしょう。さっそく読み進めていくことにしましょう。

【例題二二】

青春について

伊藤《いとう》　整《せい》

設問

傍線（ア）（イ）（ウ）の指示詞は何を指しているか、それぞれの実質内容を明らかにしなさい。

1 傍線（ア）の「それ（13行）」が、もう少し前にある「それ（6・9行）」と、すこし内容が違うことに気づいていますか。

考え方 まず6行め・9行めの「それ」について考えること

社会的に言えば、われわれは、家、すなわち父母や兄弟から切り離されることによって、独立の生活を始めざるを得なくなる。その時期を「青春」と呼んでいるもののようである。それは、花が生殖の時に散るのに似ているし、また木の実が熟してもとの木から落ちるのに似ている。それは、「名も知らぬ遠き島より流れ」て寄る椰子《やし》の実のようなものであり、または風に吹き送られて散るタンポポの、羽根のある実にも似ている。（ア）それは、もとの木のそばにいることができない。もとの家やもとの国家秩序を是認することができない。私たちは謀反《むほん》し、切り離されることを願い、否定し、革命しようとする。それゆえ、青春は自分自身

にしましょう。これも決して簡単な指示詞ではないからです。これを直前の言葉を使って、

　青春（5行）

を指すのだ、と理解することは決して間違いではないのですが、もう少し丁寧な読みがほしいのです。というのは、この文中で「青春」は、

　社会的に言えば、われわれは、家、すなわち父母や兄弟から切り離されることによって、独立の生活を始めざるを得なくなる（1〜4行）

という書き出しの文の言い換えにあたり、したがって、この書き出しの文は、逆に「青春」の説明になっているのですが、特に「〜ざるを得なくなる」と書かれている所がたいせつと思われます。

　つまり、ある時期が来ると、必然的にそうなっていくものだ、という考えが筆者にあるのです。だから、

　花が生殖の時に散る（6〜7行）

　木の実が熟してもとの木から落ちる（7〜8行）

のと似ているというのに違いありません。

　「名も知らぬ遠き島より流れ」て寄る椰子の実（9〜11行）

のもとの性質、すなわち伝統や民族性への反逆と逃亡の衝動をもって始まるもののようだ。それは滅亡か、新生かを賭《か》けて、新しい土地と新しい生活とを求める新しい世代の自然な、そして当然な生の働きである。

その可能性の実現されざる空想の全体が青春の所有であり、新しい生活への焦燥感である。そして人間社会における革新への衝動は、この青春の特質を力として組織されている。文学における革新、社会の革新は、「青年」がするのではないにしても、人間の「青春」がすることである。青春の時に、古い秩序から切り離された若い心の求める新しい生活への希望が、革命家や科学者や社会学者や文学者た

風に吹き送られて散るタンポポの、羽根のある実（11〜13行）も、みな「〜ざるを得ない」ものの例でしょう。だから6行め・9行めの「それ」は、「人間がある時期になると、社会的に独立せざるを得なくなること」を指すのです。それが、「青春」というものなのだ、というのです。

2 ただし、問題の「それ（13行）」は、「〜ざるを得なくなること」ではありません。ではその実質内容は、何でしょうか。

考え方 問題の「それ」が、「もとの木のそばにいることができない（14〜15行）」の主語であることに気づけば、答えは簡単に決まってしまうように見えるかもしれません。

　生殖の時に散る花、熟してもとの木から落ちる木の実、
　流れて寄る椰子の実、タンポポの実

これらがその内容なのだ、と思えるかもしれません。けれどもその次にある、

　もとの家やもとの国家秩序を是認することができない。
　（15〜16行）

という文の主語もまた、問題の「それ」であることを見逃さないように。「花・木の実・椰子・タンポポ」はすべて比喩《ひゆ》

ちの心の中に生きて、その仕事を新しい考え方の上に築き上げていき、(イ)それが今までの人類の進歩の歴史を形成してきたと見ることができるであろう。そのような意味では、青春は、個人にとっての、未完成な一時期としての意味において存在するだけのものではない。人類全体が、青春というものによって、停滞から救われ、その血を新鮮にし、自己批判をし、自己の安定を求める古い本能に反して、改革を重ねて今日まで進歩してきたと言うことができるであろう。

そのような、人類の革新衝動すなわち、新しい芽ばえとしての青春なるものは、個人として、(ウ)その中に生きている人間から見ると、それは聖なるものへの高まりと生

であり、真の実質内容は、「青春を迎えて社会的に独立せざるを得なくなった人間」と解すべきです。

3 傍線(イ)の「それ(41行)」は、傍線(ア)の場合よりも、もっとわかりやすいでしょう。

考え方 ただし、傍線(イ)の「それ」を含む文は、すこし構造が複雑で長い形をしています。格別にむずかしいわけではありませんが、やはりこの長い文の構造を正しく分析することが先決です。だがその前に、

文学における革新 ｝は｛「青年」がするのではないにしても、
社会の革新 ｝　 ｛人間の「青春」がすることである。

という対句めいた言い方の中の、「青年」と「青春」との違いを、はっきりとつかんでかかる必要があります。簡単に言ってしまえば、「青年」は、青春を迎えた時期の人間を指すのに対して、「青春」は、青年時代に芽生えた「滅亡か新生かを賭けて、新しい土地と新しい生活とを求める(22〜24行)」精神のあり方を指すのだ、と言ってよいでしょう。ですから「青春」は、もう「青年」ではなくなった「革命家・科学者・社会学者・文学者(37〜38行)」の中にも、生きつづ

活の崩壊との間に危うく保たれている仮の存在と思われるような苦しいものとして意識される。それは、自分を失うという恐怖や、自分の存在が無意義だという劣等感や、生命を賭《と》しても新しい仕事をしなければならないという焦燥となって、暴風のように彼を襲い、彼を翻弄《ほんろう》する。そして、洪水《こうずい》のあとのような荒廃の中に個人を取り残すという結果をも産み出すもののようである。だから、ある個人が自分の青春を生きることは、彼の意識とは関係なく、人類の血を新しくしていることになるわけである。

ける、ということになるわけです。

4 さて、このように準備をととのえたうえで、傍線（イ）の「それ」にかかりましょう。

考え方 この「それ」を含む文を、わかりやすく言い換えながら進んでみましょう。

青春の時に → 青春時代に（芽生えた）

古い秩序から〜新しい生活への希望が → 青春の精神、つまり新しい秩序を求める精神が

革命家や〜文学者たちの心の中に生きて → もう青年ではなくなったにしてもまだ青春の精神の持ち主である人々の心に生きつづけて

その仕事を新しい考え方の上に築き上げていき → 古い秩序に替わる新しい秩序を創り出して来て

ということになるでしょう。したがって、この文脈をうけて、41〜42行にわたって続く

> それが今までの人類の進歩の歴史を形成してきた

という言い方の「それ」は、先行文脈の内容をひとまとめにしたようなものを、実質的に指示しているわけです。まとめるのにそう骨を折らずにすむでしょう。

5 最後の傍線(ウ)「その(55行)」は、すこしむずかしいでしょう。よく読み、考える必要がありそうです。

考え方 指示対象は「人類の革新衝動(53行)」だろう、簡単ではないか、と思うでしょう。それが正しいのですが、その指示対象を指示詞に代入して作られる、

個人として、人類の革新衝動の中に生きている人間

という表現のもつ意味がわかっていなければ、ただ答えがあたったというだけのことにすぎません。

これはみんなと連帯して革新運動に参加している、というような低次元なことではありません。「青春」とは個人の課題なのです。自分一人で対決し悩み進んで行かねばならないものなのです。だからそれは、

洪水のあとのような荒廃の中に個人を取り残す(66〜67行)

結果になったりもします。けれども一人一人の個人の「焦燥(64行)」や荒廃を超えて、全人類の青春活動は、

彼(=個人)の意識とは関係なく(70〜71行)

人類を進歩させるのだ、その「人類の革新衝動」の中に、個人は生きて行かねばならないし、現に生きているのだ、ということなのです。

《解答》(ア) 時期が熟して木を離れて行く木の実や種と同様に、青春を迎えて社会的に独立せざるを得なくなった人間。

(イ) 革命家・科学者・社会学者・文学者たちの心に生きつづける、新秩序を求める青春

的精神。

（ウ）人類全体の青春、すなわち革新衝動。

《例題二一の筆者と作品》

伊藤 整 明治38（一九〇五）年〜昭和44（一九六九）年。小説家・評論家。北海道生まれ。詩から出発、ついでジョイスら二十世紀の新心理主義文学の研究・翻訳、その後小説家として認められた。

日本の私小説の方法と西洋の心理的手法を総合した作品群や、現代機構中における人間を描いた作品群があるが、代表的な評論『小説の方法』はその理論的立場の解明であり、放棄と調和という思想が展開する。小説に『得能《とくのう》五郎の生活と意見』『火の鳥』『若い詩人の肖像』『氾濫《はんらん》』、評論集に『新心理主義文学』『小説の認識』、翻訳に『チャタレー夫人の恋人』『ユリシーズ』、詩集に『雪明りの路《みち》』など。本文は『伊藤整全集 第十七巻』によった。

練習問題

22

自我の尊厳、個性の尊重は民主政治の理想ではあったが、それはあくまでも抽象的な理念にとどまっていて、政治制度としての民主主義はそれを実現する場所を備えていない。［A］、民主政治は一方で個性と矛盾する平等の理念をめざすために、現実には、しばしば個別性と多様性を殺す方向に働くことになる。いわば、前産業化時代の社会において、［ア］の人間が「誰でもないひと《ノーボディー》」であったとすれば、①産業化時代の民主社会においては、それがひとしなみ

【出典】 山崎正和《やまざきまさかず》「新しい個人主義の予兆」

山崎正和〈昭和9〜令和2（一九三四〜二〇二〇）〉は劇作家・評論家。「世阿弥」「劇的なる精神」「劇的なる日本人」「鷗外 闘う家長」「柔らかい個人主義の誕生」など。

に尊重され、しかし、ひとしなみにしか扱われない「誰でもよいひと《エニボディー》」に変わった、といえるだろう。[B]、そうであればこそ、この時代は国家の統一的な政策の有効な時代であり、制度的な義務教育、国民皆兵の徴兵制、一律的な福祉政策といった、人間を集合化する問題解決の方法が発達したのである。

[C]、いまや多くのひとびとが自分を「誰かであるひと《サムボディー》」として主張し、それがまた現実に応《こた》えられる場所を備えた社会が生まれつつある、といえる。これまで日本社会では、そういう場所は家庭と企業内の小集団のなかにあって、そこでは、ひとびとは家族や同僚や上司から個人的な気配りを受けることができた。定説によれば、西洋諸国にくらべて、日本ではそういう場所がなおよりよく機能しており、そのことが国民の心理的安定や勤勉さの維持に役立ってきた、と考えられている。おそらくこの認識はいまも正しいであろうし、今後とも、家庭や企業内集団のそうした役割が急減するとは想像できない。しかし、確実なことは、今後、②それらが③そういう場所として唯一のものではありえなくなり、ひとびとは「誰かであるひと《サムボディー》」として生きるために、広い社会のもっと多元的な場所を求め始める、ということであろう。それは、しばしば文化サーヴィスが商品とし

【参考問題】

1 空欄アを補う言葉を、次の中から選び、記号で答えよ。

ア 半数　イ 大多数
ウ すべて　エ 一部

2 傍線部①「産業化時代の……扱われない」について、その理由を五十字程度でわかりやすく説明せよ。

〈着眼点〉

参考問題 **1**「いまや多くのひとびとが自分を『誰かであるひと』として主張」する社会になったという部分と対応関係にあることに気付け

て売買される場所でもあろうし、また、個人が相互にサーヴィスを提供しあう、一種のサロンやヴォランティア活動の集団でもあるだろう。当然ながら、多数の人間がなま身のサーヴィスを求めるとすれば、その提供者もまた多数が必要とされることになるのであって、結局、今後の社会にはさまざまなかたちの相互サーヴィス、［D］、サーヴィスの交換のシステムが開発されねばなるまい。

［E］、それは自発的な同好の集団を組織したり、そうでなければ、テニス・クラブの顧客である主婦が、一方でレストランのパートタイムの仕事をする、といった散発的な仕方で行われている。だが、将来は、たとえば主婦のなかからスポーツ指導員を育成するとか、市民大学講座の聴講者を講師として養成するとか、サーヴィスの相互交換のために、さまざまな制度的な方法も検討されることになるだろう。そのさい、いずれにせよ、重要な役割を負うのは地域社会という世界であって、現代が地域の時代だというのは、じつはこの意味でこそ主張されるべきなのである。

ば容易である。**2**直前の「民主政治は一方で個性と矛盾する平等の理念をめざすために、現実には、しばしば個別性と多様性を殺す方向に働くことになる」という部分を踏まえてまとめればよい。

【演習】一「そういう場所は家庭と企業内の小集団のなかにあって」という部分に着目すれば、②は容易である。③は4行前にも同じ言葉があることに注意。**二** 文章の前後関係からよく考えて選ぶことが大切である。Aは並列累加の形で接続している。

【演習】

一　傍線部②「それら」、③「そういう場所」は、それぞれ何を指しているか。本文中の語句を使って記せ。

二　空欄AからEを補うのに最も適当な言葉を次の中から選び、記号で答えよ。

ア　そして　　イ　いまのところ　　ウ　あるいは
エ　それどころか　　オ　これにたいして

三　右の文章に題をつけるとすれば、どれが最も適当か、次の中から選び、記号で答えよ。

ア　新しい個人主義の萌芽　　イ　趣味の形成
ウ　職場と家庭の縮小　　エ　産業化時代の民主社会

Bは単純な接続である。Cは「……発達したのである」に対して、「いまや……生まれつつある」というように対比的に述べられている。Dは「相互サーヴィス」と「サーヴィスの交換」という語句を並列させている。Eは今後の方向を示唆したうえで、今の現状を述べている。

三「政治制度としての民主主義はそれ（自我や個性の尊重という民主政治の理想）を実現する場所を備えていなかったが、「いまや多くのひとびとが自分を『誰かであるひと』として主張し、それがまた現実に応えられる場所を備えた社会が生まれつつある」という部分に着目する。

練習問題 23

(A) 字引を引くと、スノッブという言葉には時流を追う人間だとか重要な人物に思われたがる俗物だとかいう説明が与えられている。してみると、それは「虚栄の市」の特権階級であると共に、また新しい傾向や運動のなかなかの立役者であると思って大過ない。思想の分野においても、これは例外をなすまい。人はスノッブなしには何ら①大したことをなし得ないであろうし、スノッブあるがゆえに、思想はその波紋を大きくし、その影響圏を拡げてゆくことができるのである。

(B) 新しきに就《つ》くということは古きを守ることと共にきわめて古くからある人間的習性であろう。それにもかかわらずスノッブが心あるものの笑いを買う所以《ゆえん》は、この②何ら努力の要らない「安価」な行為が何かオリジナルな高尚な事績ででもあるかのように③彼らによって思いこまれているからだ。自己のない空虚な人間ほどこうした「ヘロイズム」にやすやすと身を投ずることができるということを彼らはさとっていないのである。

(C) 例えば、あいついで起こった人道主義とマルクス主義と新日本主義とがその陣営の中に同じ顔ぶれを持つことができたという不思議きわまる事実は、この凡庸な空っぽな精神の大胆さと怯懦《きょうだ》とを同時に

[出典]
林《はやし》 達夫《たつお》「思想の運命」
林 達夫〈明治29〜昭和59(一八九六〜一九八四)〉は評論家・翻訳家。「歴史の暮方」「社会史的思想史」(共著)「共産主義的人間」(共著)など。翻訳にはファーブル「昆虫記」などがある。

発揮する思想的スノビズムの存在によってのみ説明され得ることであろう。

(D) スノッブとは私の狭い見聞の限りでは、知識層の表面に浮いている泡沫層《ほうまつ》のことであり、一見能動的に見えて、その実最も受容的な社会的分子のことである。物見高くて球場にもスキー場にも喫茶店にも映画館にも研究会にも必ず事あるごとに顔を見せている手合で、思想についていえば、思想的送迎といった特に目立った場所にはきっと列席している「常連」である。

(E) 葬儀委員になったり歓迎会の顔役になったりして斡旋《あっせん》の労を取ることの好きなのは、どうも大半はこの種の手合らしい。しかも、④彼らの存在を内心少なからずうるさく苦々しく思っているものがあっても、彼らなしには事はそううまく運ばないこともまた事実である。

(F) 私は諷刺しているのではない。むしろ弁明しているのである。というのは、思想の興亡を論ずるものが、判で押したようにこれらの徒輩を軽蔑してまるで勘定に入れていないから。勝利を早めるにも没落を徹底化せしめるにも、彼らの協力の貢献するところは僅少なものではないのに。それにもう一つ。わが国では、思想的スノッブたちだけが寄り合って花火のように華やかに空に打ち上げた思想の見

【参考問題】

1 傍線部②「何ら努力の要らない『安価』な行為」とは何を指すか。文中で該当する箇所（十字前後）を抜き出し、初めの三字を記せ。

2 傍線部④「彼らの存在を……思っているもの」と性質上同一もしくは最も近い意味に用いられている語（五字前後）を抜き出して記せ。

〈着眼点〉

参考問題 1なぜ、「努力の要らない『安価』な行為」と言えるのかを考えること。2スノッブに対して冷笑的な態度をとるものである。

られたことも一再ではなかった。目撃者はその音も色も今ではろくにもおぼえていないが、それでもその爆音がそのつど人の足をとめてその目をみはらせたことは確かである。思想的スノッブに対して頌徳《しょうとく》表をささげる時ではあるまいか。

【演習】

一 傍線部①「大したこと」とは、具体的にどんなことだろうか。本文中で内容的に最も近いと思われる箇所(句読点を含め二十五字前後)を抜き出し、その初めの三字を記せ。

二 傍線部③「彼ら」とは何を指すか。該当する語(五字前後)を抜き出して記せ。

三 (A)から(F)の段落中、「スノッブ」について(1)最も率直な言い方をしている段落、(2)最も反語的あるいは皮肉な言い方をしている段落を一つずつ選び、それぞれ段落の記号で示せ。

【演習】一「大したこと」とは皮肉の表現である。スノッブにできることは何かを考える。二 安価な行為を高尚な事績と思い込むような人々のことを指している語である。三 (1)「スノッブ」を筆者自身の言葉で定義している段落をさがす。(2)表向き、最もスノッブをたたえている段落はどこかを考える。

2 具体的事例と抽象的見解
――引き合いに出された実例――

文学的な文章の場合もそうでしたが、論理的な文章でも、より具体的な表現とより抽象的な表現とが、文章を立体的に彩色していきます。文学的な文章では具体的な人物や事件が表現されて、その人物の性格や事件のもつ意義などを、わざわざ抽象して述べていない場合も多く、したがって、そういう文章では、具体的な人物の行動や発言から、その人物の性格や心理を抽象し、あるいは具体的な事件の進展から、その事件に含まれる意義を抽象する、というふうに、抽象化の作業が読者の解釈の主眼となることがしばしばでした。

論理的な文章は、論理という抽象的なものを展開する文章ですから、具体的なことばかりが書かれる、ということはまずありえません。具体的なことは――比喩《ひゆ》もその一つですが――抽象的な理屈を肉づけするための材料としてもっぱら利用されるものであり、したがって、具体的な事例を述べること自体は従の位置にあり、抽象的な見解が真に言いたいことの中心として、必ず表現されるはずです。したがって、論理的な文章の中から、具体的な事例や比喩は論のための材料としてよりわけ、抽象的な見解を、そういう具体的な事例によって肉づけされたものとして、抜き出すことができればよいわけです。論の重点は、具体的事例や比喩の方になくて、抽象的な見解の方にあることはいうまでもないことなのですから。
ところが具体的・抽象的というのは相対的な概念であって、たとえば、一つの語はAの語に対してはより抽象的だが、Bの語に対してはより具体的だ、というような関係にあるものです。これらの相対的な関係を手早くとらえるためには、それらの**語の概念を内包・外延の角度から検討する**要領を知っているのが便利です。
内包の豊かな概念ほど外延は狭く、外延の広い概念ほど内包に乏しい、という関係があることは論理学の常識です。

概念の内包　ある概念を特徴づける内部的性質――
［例］「動物」の内包→自ら移動して食物を摂取し繁殖する　ナド
概念の外延　ある概念のあてはまる外部的範囲――
［例］「動物」の外延→人間・犬などの哺乳類や両棲類・魚類　ナド

そして論理的な文章を現代文として読むかぎりでは、もちろん内包が乏しい（外延の広い）語ほど抽象的で、内包の豊かな（外延の狭い）語ほど具体的だ、と考えておく程度のことは知っているべきです。

僕は朝パンを食べる　人間は毎日食事をする　動物は食物を摂取する　生物は栄養を補給する

とならべた上のものほど具体的で個別的、下のものほど抽象的で一般的、という関係にあることはいうまでもありません。

さて論理的な文章で、最も抽象的な見解を示す部分が、その文章の論の重点、いわば結論的な見解であるかというと、必ずしもそうとは言いきれないのです。言いたいことに一つの根拠を与えるために、いっそう一般的なことが引き合いに出されることもあり得るからです。したがって、より抽象的な見解はどれか、ということばかりに気をとられることなく、むしろその文章で**最も繰り返し力説される見解はどれか、に注意する**ことがたいせつです。

結論的な見解がしばしば文章の最後に置かれ（「**末尾型**」などと呼びます）、それと同じぐらいしばしば文章の冒頭に置かれる（「**冒頭型**」などと呼びます）、ということ、つまり**結論的見解の表現の型を知っておく**のも有効です。もっともこれもよくある型というまでのことですから、信用しすぎるのは禁物です。結局はそういう補助手段を有効に使いながら、論者が最も繰り返し力説していることをつかむことです。その要領については次節に述べることにしましょう。

具体的な事例と抽象的な見解のとらえ方

1 概念の内包・外延をたよりに、より抽象的な見解を、より具体的な事例から区別する。
2 ただし最も繰り返し力説される見解はどれか、に注意することを怠らないようにする。
3 末尾型・冒頭型など、結論的見解の表現の型を知っておいて、有効に活用する。

【例題二三】

失われた両腕

清《きよ》岡《おか》卓《たか》行《ゆき》

設問 次の文章の要点をまとめなさい。

①ミロのヴィーナスをながめながら、彼女がこんなにも魅惑的であるためには、両腕を失っていなければならなかったのだと、ぼくはふと不思議な思いにとらわれたことがある。つまり、そこには、美術作品の運命という制作者のあずかり知らぬ何ものかも、微妙な協力をしているように思われてならなかったのである。

②パロス産の大理石でできている彼女は、十九世紀の初めごろメロ③ス島で、そこの農民により思いが

1 この文章はいきなり「ミロのヴィーナス」という具体的な美術作品のことから始まります。この世界的に有名な彫刻を具体的事例として、筆者は何を言おうとするのでしょうか。

考え方 ミロのヴィーナスが「両腕を失っ（3行）」た姿をしていることは誰も知っていると思います。つまりこの彫刻は、制作された当初の完全な姿から言えば、不完全なものでしかないのです。

だがその不完全さに対して、この文の筆者は、格別の判断をくだします。

彼女がこんなにも魅惑的であるためには、両腕を失っていなければならなかったのだ（2〜4行）

というのがそれです。両腕の喪失はこの彫刻にとって必然だった（なければならなかった）というのです。そのおかげでこの彫刻は、「こんなにも魅惑的」であり得たのだ、というのです。

けなく発掘され、フランス人に買い取られて、パリの[4]ルーヴル美術館に運ばれたと言われている。その時彼女は、その両腕を、故郷であるギリシアの海か陸のどこか、いわば生臭い秘密の場所にうまく忘れてきたのであった。いや、もっと的確に言うならば、彼女はその両腕を、自分の美しさのために、無意識的に隠してきたのであった。よりよく国境を渡って行くために、そしてまた、よりよく時代を超えて行くために。このことは、ぼくに、特殊から普遍への巧まざる跳躍であるようにも思われるし、また、部分的な具象の放棄による、ある全体性への偶然の肉迫であるようにも思われる。

ぼくはここで、逆説を弄《ろう》しよう

2 これは両腕を失ったヴィーナスを、そのままで完全だと認めることです。筆者はだから、完全と不完全との問題について、論じ進めなければならなくなります。

考え方 もちろん筆者がミロのヴィーナスに認める完全は、美的完全であって、整形的完全ではありません。量的完全ではなくて、質的完全を問題にしているのです。けれども本来の制作者は、整形的にも完全な形で、この彫刻を作ったはずです。だから整形的に不完全な今のヴィーナスこそ、むしろ美的に完全だ、と認めることは、制作者の意図を無視することになります。両腕まで完全に作ったに違いないもとの制作者は、かえって美的には余分なもの、言い換えれば美的には不完全なものを作ったことになるからです。その矛盾をつなごうというのが、

美術作品の運命という制作者のあずかり知らぬ何ものかも、微妙な協力をしているように思われてならなかった（6～10行）

という考え方です。それはもはや「運命」と呼ぶしかない「何ものか」なのです。原作者の、敢えていうなら失敗は、この運命によって救われた、というわけです。

としているのではない。これはぼくの実感なのだ。ミロのヴィーナスは、いうまでもなく、高雅と豊満の驚くべき合致を示しているところの、いわば美というものの一つの典型であり、その顔にしろ、その胸から腹にかけてのうねりにしろ、あるいはその背中の広がりにしろ、どこを見つめていても、ほとんど飽きさせることのない均整の魔がそこにはたたえられている。しかも、それらに比較して、ふと気づくならば、失われた両腕はあるとらえがたい神秘的な雰囲《ふんい》気《き》、いわば生命の多様な可能性の夢を深々とたたえている。つまり、そこでは、大理石で出来た二本の美しい腕が失われたかわりに、存在すべき無数の美しい腕への暗示

3 だがその「運命」が、先にも言ったように、この彫刻のためには必然であったのだ、ということを、続く文脈に即して確認しておきましょう。

考え方 運命というものは、予測し難いものだという角度から言えば「偶然」です。しかし、なるほどこうなるしかなかったのだと振り返る意識から言えば「必然」です。筆者はそれを、ヴィーナス像を擬人化することによって、

彼女は、その両腕を……うまく忘れてきた（17〜20行）

彼女はその両腕を……無意識的に隠してきた（21〜23行）

と表現します。「忘れ」「無意識的」が偶然性を、「うまく」「隠す」が必然性を、それぞれ匂わす言い回しとして用いられ、この運命の巧みさを礼讃する気持ちが十分に表されているのに気付くでしょう。

4 それにしても、ミロのヴィーナスの整形的不完全という具体的事例に対して、美術作品にとっての必然的な運命という抽象的な見解を下すについては、さらにもっとつっこんだ見解が必要なのではないでしょうか。

という、不思議に心象的な表現が思いがけなくもたらされたのである。それは、確かに、半ばは偶然の生み出したものだろうが、なんという微妙な全体性へのはばたきであることだろうか。その雰囲気に一度でも引きずり込まれたことがある人間は、そこに具体的な二本の腕が復活することを、ひそかに恐れるにちがいない。たとえ、それがどんなに見事な二本の腕であるとしても。

　したがって、ぼくにとっては、ミロのヴィーナスの失われた両腕の復元案というものが、すべて興ざめたもの、こっけいで⑤グロテスクなものに思われてしかたがない。もちろん、そこには、失われた原形というものが客観的に推定される

考え方 なぜなら「運命」という概念は、先にも言ったように、ある種の偶然に対して、これが必然だったのだなあと認めることを意味します。論理的に説明のつかないものを納得する容認のことばではあっても、見解と言えるようなものではありません。つまり筆者は、まだこの段階では、ヴィーナスの整形的不完全が、この彫刻の美的完全のために、どういう意味で必然であったと言えるのかを説明しておらず、一種の詠嘆のレベルにとどまっていると言ってよいのです。だから筆者は、この運命の必然性について、論理的に説得する見解を述べなければならないはずです。

5 その論理的見解が展開しはじめる所を、すばやくつかむことが非常にたいせつです。

考え方 それはヴィーナスを擬人化して述べてあった文の直後です。つまり、

　よりよく国境を渡って行くために、そしてまた、よりよく時代を超えて行くために。（24〜26行）

の部分です。この対句的言い方の中の、「国境を渡る」「時代を超える」の組み合わせが、空間と時間を超越すること

はずであるから、すべての復元のための試みは正当であり、ぼくの困惑はかってなものだろう。しかし、失われていることにひとたび心から感動した場合、もはや、それ以前の失われていない昔に感動することはほとんど出来ないのである。なぜなら、ここで問題となっていることは、表現における量の変化ではなくて、質の変化であるからだ。表現の次元そのものがすでに異なってしまっているとき、対象への愛と呼んでもいい感動が、どうして他の対象へ遡《さかのぼ》ったりすることが出来るだろうか？　一方にあるのは、おびただしい夢をはらんでいる無であり、もう一方にあるのは、たとえそれがどんなにすばらしいものであろうとも、限定

を意味するためのものであることは、言うにも及ばないと思います。ヴィーナスの整形的不完全は、この彫刻が芸術作品として、時空を超えた永遠の美的生命を持つために必然だったのだ、という解釈です。ギリシアという特定の地域、ヘレニズム時代という特定の時代に作られた一彫刻作品が、地域と時代との刻印を消し去るための必然だった、ということです。

特殊から普遍への巧まざる跳躍（27〜28行）
部分的な具象の放棄による、ある全体性への偶然の肉迫（29〜30行）

は、そのような考え方を煮つめた言い方に該当するでしょう。そしてこれが、この文章全体の中に示されている、最も重要な見解だと理解してよいと思います。

6

なぜなら、筆者はここで、一つの特殊な芸術作品がもつ永遠性という、最も本質的なことにふれたことになるからです。あとは、どうしてこれが美的に完全なのか、どうしてこれ以上のつけ加えが余分なのか、ということを論ずることしか残っていないのですから。

されてあるところのなんらかの有である。

たとえば、彼女の左手はりんごを手のひらの上にのせていたかもしれない。そして、人柱像に支えられていたかもしれない。あるいは、盾を持っていただろうか？　それとも、笏《しゃく》を？　いや、そうした場合とは全く異なって、入浴前か入浴後のなんらかの羞恥《しゅうち》の姿態を示すものであるのかもしれない。さらには、こういうふうにも考えられる、実は彼女は単身像ではなくて、群像の一つであり、その左手は恋人の肩の上にでも置かれていたのではないか、と。――復元案は、実証的に、また想像的に、さまざまに試みられているようである。ぼくは、そうした関係の書物

考え方 したがって、文脈は、残された論点に即して進みます。もう一度注意をしておきますが、以下に展開する論点を欠いたならば、筆者はただ、ミロのヴィーナスの整形的不完全を認めることと、両腕を欠いたヴィーナスの美的完全さに陶酔することとの間を、「美術作品の運命」という論理的ならざる概念による詠嘆で埋めているだけになってしまう、ということを忘れないでください。それをただの個人的な詠嘆のレベルにとどめずに、もっと客観的な認識のレベルに引き上げるために、筆者は両腕を失ったままのヴィーナスの美的完全性を説明しようとするのです。問題が美の問題であるだけに、論証は苛酷な作業となるでしょうが、それは避けてはならないことなのです。と同時に以下の文脈は、要するに、

特殊から普遍への巧まざる跳躍

部分的な具象の放棄による――全体性への肉迫

という抽象的な見解への、具体的な肉づけにあたるのだということをも忘れないように。

を読み、その中の説明図をながめたりしながら、おそろしくむなしい気持ちに襲われるのだ。選ばれたどんなイメージも、すでに述べたように、失われていること以上の美しさを生み出すことが出来ないのである。もし真の原形が発見され、そのことが疑いようもなくぼくに納得されたとしたら、ぼくは一種の怒りをもって、その真の原形を否認したいと思うだろう、まさに、芸術というものの名において。

（読解補注）

①ミロのヴィーナス―Venus de Milo 一八二〇年、ギリシア領メロス島で発掘された。高さ二・〇四メートル。古代ギリシア彫刻中の傑作。

7 まず筆者の論証は、両腕を失ったままのヴィーナスの美しさの指摘から始まります。

考え方 さきにも言ったように、問題が美の問題であるだけに、論証はなまやさしいことではありません。

これはぼくの実感なのだ（33〜34行）

ということばは、直接には前段の、「特殊から普遍への巧まざる跳躍」「部分的な具象の放棄による、全体性への肉迫」という見解について言われたものですが、以下に展開するヴィーナスの美の指摘についても、効果をもった言い方です。

その顔にしろ、その胸から腹にかけてのうねりにしろ、あるいはその背中の広がりにしろ（38〜41行）

つまり「どこを見つめていても（41行）」、

高雅と豊満の驚くべき合致を示しているところの、いわば美というものの一つの典型（35〜38行）

だということは、まさに「実感」として言うことによって説得力を持つのだし、また「実感」としてしか言いようもなく、わかってもらいようもないからです。

②パロス—Paros　アテネの東南約一六〇キロメートルにある。
③メロス島—Mlois　パロス島の南西約七五キロメートルにある。
④ルーヴル美術館—パリのセーヌ川北岸にあるフランス国立美術館。
⑤グロテスク—grotesque(仏)　異様。不気味。

8 したがって筆者の論法は、さっそく、もしこのヴィーナスに両腕があったら、という、消去法の論法をとりはじめます。

考え方 もちろん初めは両腕のないことの美しさを指摘することばが続きます。

　あるとらえがたい神秘的な雰囲気、いわば生命の多様な可能性の夢（46〜48行）

　存在すべき無数の美しい腕への暗示（50〜51行）

などがそれです。

　だが、ここで誤解しないでほしいのです。筆者はやはり、「多様な可能性」とか「存在すべき無数の美しい腕」とか、両腕の存在を想像する角度からヴィーナスの美を認めていて、両腕の無いこと自体に美を認めてはいないことになるではないか、などと思わないでほしいのです。これは「特殊（27行）」に限定された「部分的な具象（29行）」のマイナスを、裏から言おうとして、「多様な可能性」「存在すべき無数の腕」とか言っているにすぎないのです。「特殊に限定された部分的な具象」がない、ということのプラスをいうには、こういう言い方も止むを得ないのです。

9 そのことを示すように、以下は「特殊に限定された部分的な具象」のマイナスを、正面から指摘する文脈が連なります。

考え方 筆者にとってヴィーナス像に対する「特殊に限定された部分的な具象」のつけ加えは、「美

というものの一つの典型（37〜38行）」への破壊行為であるのです。と同時に、

　　失われた両腕の復元案（65〜66行）

なるものは、せっかくの「運命」によって「国境を渡り時代を超え（24〜26行）」るだけの永遠の美的生命を獲得したものを、再びギリシアとヘレニズム時代という「特殊」にとじこめるような

　　興ざめたもの、こっけいでグロテスクなもの（66〜68行）

でもあるわけです。それは美術史的には大きな問題でしょうが、美学的には、

　　おそろしくむなしい（110〜111行）

ことに違いないのです。具体的に92行以下に示される

　　左手はりんごを手のひらの上にのせて、人柱像に支えられていた

　　入浴前か入浴後のなんらかの羞恥の姿態を示すものであった

　　群像の一つで、左手は恋人の肩の上に置かれていた

などの整形的に完全な姿が、「むなしい」ものであることは、それこそ「実感」をもって誰もが納得するところでしょう。ミロのヴィーナスを知っているものはすべて、

　　（両腕が）失われていることにひとたび心から感動した場合、もはや、それ以前の失われていない昔に感動することはほとんど出来ない（74〜77行）

ようになっているのです。

10 最後に「特殊から普遍への跳躍」「部分的な具象の放棄による、全体性への肉迫」という見解を頂点として、この文章全体の要旨をまとめてみよう。

考え方 美術評論文なので、論の運びを振り返りながらわかりやすく表にまとめてみましょう。下にあるものほど抽象的、上のものほど具体的という形にしてみましょう。

ミロのヴィーナス像は両腕がないという整形的不完全の故にかえって美的である。	現在の両腕のないままのヴィーナス像はそのままで、高雅と豊満の驚くべき合致をもった、美の一典型として完全である。
↓	↑
制作者の意図に反した運命が作品にプラスすることがある。	制作者の意図を再現しようとする試みは、かえって作品を特殊化する愚かな試みであり得る。
↓	↑
作品は制作の時代や地域という特殊性を持っているがある種の特殊を捨てることで普遍の命を持つ。	

《解答》ミロのヴィーナス像は、両腕がないという整形的不完全の故にかえって美的である。このことは制作者の意図に反した、美術作品の運命のしわざとしか言いようがない。つまり、偶然に、腕が失われることによって、制作の時代と地域という特殊性が捨てられる結果となり、かえって普遍の命を持つことが出来た。だから、原形を復元し、制作者の意図を再現しようとする試みは、かえって美を破壊する愚行と言われねばならない。現在のヴィーナス像は両腕のない姿のままで、高雅と豊満の驚くべき合致をもった、美の一典型として完全である。

《例題二二の筆者と作品》

清岡卓行　大正11（一九二二）年～平成18（二〇〇六）年。詩人・小説家・評論家。中国大連生まれ。東大仏文科卒。昭和23年引き揚げてきたが、愛する年少の友原口統三の入水自殺を知り衝撃を受け、それまでの形而上的傾向から、日常の方へ「いわば追放されてきた」といわれる。生活のためプロ野球日程編成の仕事などに従事した。第一詩集『氷った焔《ほのお》』によって詩人としての地歩を確立。また、真知夫人を喪い、その影響下で、供養の意もこめて書かれた私小説ふうの作品『アカシアの大連』が芥川賞を受賞。ほかに『四季のスケッチ』など。本文は『手の変幻』によった。

練習問題 24

それにつけても思い出すのは、日本が生んだ輝かしい原子物理学者である故朝永振一郎博士が、晩年に深い関心をもって憂えていられた一つのことです。私は一九七五、六年に、時の文相永井道雄氏が開催された文明問題懇談会に朝永氏と一年間同席し、その説を聴くことが出来、深い感銘を受けました。

氏は自然科学的な知識は元来、原罪の意識を内在させていると言い、それをギリシャ神話のプロメテウスの物語の中に見ていました。神々が大地に死すべき者どもを作り出した時、プロメテウスは天へ昇って太陽の二輪車の火を炬火《たいまつ》に移し採り、また火を使う技術その他もろもろの技術とともに、賜物《たまもの》として人間に与えました。[A]、

【出典】山本健吉《やまもとけんきち》「刻意と卒意」

山本健吉（一九〇七～八八）〈明治40～昭和63〉は評論家。「私小説作家論」「古典と現代文学」「芭蕉―その鑑賞と批評―」「柿本人麻呂」「漱石　啄木　露伴」「正宗白鳥」「詩の自覚の歴史」など。

それは天上からの盗みの罪を犯したことになり、ゼウスは彼をコーカサスの山上の岩に鎖でつなぎ、その肝臓を兀鷹《はげたか》につつかせるという責苦の刑罰を与えました。この神話は、悲劇詩人アイスキュロスに『縛られたプロメテウス』として詩劇化され、プロメテウスの行為は権力者ゼウスへの反抗という英雄的行為として讃えられました。それは人間に火と技術という、大きな贈物をしたことから身に受けた罪であります。そのようなプロメテウスの讃歌は、人間に知識と技術をもたらした者として、後の世の詩人、ゲーテ等からも讃えられていますが、朝永氏はこの神話に潜む別の意味に目をつけます。火を盗むとは、言わば森羅万象を作り出した神の理法を盗むことであり、それを原罪とする思想がこの神話には潜んでいると見ました。［B］その罪は、自然の理法を盗むことを務めとする今日の科学にも伝わっていると――。

原爆実験が成功した時、オッペンハイマー博士は、「物理学者たちは罪を知ってしまった。そしてそれはもう失くすことの出来ない知識である」と言いました。自責をこめてのこの言葉は、痛切な響きをもって私たちに訴えます。核という微小なものが、破壊に際して実現するおそろしく強大なエネルギー、それを人類が一たび知ってしまった

【参考問題】

1 空欄AからCにあてはまる最も適当な語を次の中から選び、それぞれ記号で答えよ。ただし、同じ語は一度しか使えない。

ア そして　イ だから
ウ したがって　エ けれども
オ それとも

2 傍線部②の「藁をも摑もうとする溺れる者のはかない心頼み」という思いにかられるのはなぜか。その理由を最もよくあらわす部分の最初と最後の五字（句読点を含む）を本文中から抜き出して記せ。

今日、もはや知らなかった昔に還ることは出来ません。このことほど、私たちの心を恐怖に陥れ、絶望に充たす事実がありましょうか。その源はプロメテウスが人類のために天上の火を盗んだことにあり、その火を賜った人間が今日に到ってついに核爆発という劫火《ごうか》を自ら生み出してしまったのです。これは朝永氏が言うように、①科学そのものに内在する原罪でありましょうが、それは同時に科学の進歩の上に安穏なあぐらを搔《か》いて来た私たちすべての担うべき罪でもあるはずです。

この科学の罪、知識の罪、また技術の罪の犯しに対する制禦力を、文学は持っているのではないでしょうか。朝永氏は、『ファウスト』において悪魔に魂を売り渡した錬金術師、言わば神の理法を盗もうとする科学者を書いたゲーテに、その一端を見ているようです。［C］、そう考えるのは、②藁《わら》をも摑《つか》もうとする溺《おぼ》れる者のはかない心頼みに過ぎないのでしょうか。私は、そうではないし、そうあってはならないと考えます。その期待があればこそ、私たちはここに集まって話し合うのです。③ペンは剣よりも強いのだ、このことを終局的に信ずればこそ、私たちは［D］しないで生きて行くことが出来るのです。

3 空欄Dにあてはまる最も適当な語を、本文中から抜き出して記せ。

4 本文に標題をつけるとすればどのような標題が適当か。十字以内で記せ。

〈着眼点〉

参考問題 **1** Aは「賜物として与えました」と「罪を犯したことになり」から考えて逆接。Bは単なる接続。Cは並列累加。**2** 核の脅威にさらされている現在の状況をどう表現しているかに注意する。**3** 核に魂を売り渡した人類の未来には絶望しかない。**4**「この科学の罪……に対する制禦力を、文学は持っているのではないでしょうか。」という部分に注意する。

（注）右の文章は、国際ペン東京大会（一九八四年）の開会式における筆者の祝辞の一部である。

【演習】

一　傍線部①の「科学そのものに内在する原罪」は何をすることによってもたらされるのか。それを示す最も適当な語句を本文中から十字以内で抜き出して記せ。

二　傍線部③の「ペンは剣よりも強いのだ」と同じ内容をあらわす部分を本文中から四十字以内（句読点を含む）で抜き出して記せ。

三　次の中から本文の論旨にあうものを一つ選び、記号で答えよ。

ア　文学者たちはプロメテウスの物語を誤って解釈している。

イ　原爆の劫火をもたらした張本人はプロメテウスである。

ウ　科学者は悪魔に魂を売り渡した錬金術師である。

エ　人類の幸福は科学的知識の否定のうえに形成される。

オ　今日の文学は科学の罪の問題と離れて考えることはできない。

【演習】一　プロメテウスの原罪は「神の理法を盗」んだことの中にあった。それに対して科学の原罪はどのような行為の中に生じたのか。二「ペンは剣よりも強い」とは、「文学は武力よりも強い」の象徴的な言い方である。三　核時代において、文学の担うべき役割は何かということを中心に据えて考えること。

練習問題 25

現代には様々の思想、流派、立場がある。いずれをとるべきかを我々は考えるが、それよりも前に、どれにも共通してあらわれている精神の危機の諸現象を、まず自他において正視することが大切ではあるまいか。思想や党派の差異も重要だが、全く異なっていると思いこんで対立している人々のうちに、私はしばしば同一現象あるいは同一心理を見る。それについて語る私もまた、それにおちいっていることがある。私は今までも機会あるごとに語ってきたが、本論の前提となるので、さきに述べた混乱の諸条件の中の精神の危機に関する部分を更に敷衍《ふえん》しながら、改めてまとめておきたい。

第一は、言葉の崩壊、或《あるい》は表現能力の著しい衰弱である。①言葉は精神の脈搏である。ア精神が異常を呈したときは、必ず言葉が乱れてくるものだ。私がさきに述べた機械的な対立観念、乃至《ないし》は機械的な裁断は、すべて精神異常に基づく言語表現の衰弱からくることが多い。

万人が経験していることにちがいないが、多少とも複雑な問題を抱いたとき、或は、イ心に深い感動をうけたとき、表現能力を失うものだ。言葉が出てこない、まずこの状態を尊重すべきだと私は言いたい。

我々のいつも経験することは、ウすこし問題がこみいってくると、言葉は支離滅裂になるということだ。そのとき使用する言葉を、も

［出典］亀井勝一郎《かめいかついちろう》「日本人の精神史」
亀井勝一郎（二三三ページ参照）

し一語でもとりあげて厳密に検討してみるなら、悉《ことごと》く曖昧ならざるものはないことに気づくだろう。この曖昧な言葉を多様に組みあわせて、すこしでも正確さに近づこうとするのが表現能力というものだ。しかしそうして表現されたものが、理解されるとはかぎらない。「理解」したと思いこんでいるところの、いかに多くの「誤解」があるか。真の理解というものがあるとすれば、それは人間同士の理解とは誤解から成立しているかもしれないということへの、絶えざる懐疑だと言ってよかろう。

人間の言説、表現能力は、心に感じていることの何十分の一にすぎないかもしれない。②そこから推敲の無限性も生じてくる。だから言うに言われぬ思いという沈黙状態に、まず沈潜してみることが必要である。言葉はこの沈黙という母親の胎内で、沈黙の苦汁を吸いつつ忍耐しなければならない。エこの忍耐による成熟、そこから健全な言葉は生まれる。もうこれ以上黙っていられないということの背後には、こうした沈黙が必ずなければならぬはずである。現代は饒《じょう》舌《ぜつ》の時代だ。沈黙への忍耐を失った時代だ。機械的裁断とは言葉の流産現象に他なるまい。

人間性の尊重とは、具体的には、言いあらわそうと思っていても、

【参考問題】

1 逆説的表現を用いて効果をあげている箇所を第四段落までの中から二十五字以内で抜き出せ。

2 傍線部③「それがたとえ正義であっても、画一性を帯びた正義は不正である」について、この考え方の根拠となる一文を本文中から抜き出し、最初の五字を記せ。

容易に表現出来ないでいるその沈黙状態への愛だと言ってもよかろう。或は、その人が口に出して言った言葉だけでなく、その言葉を通して、言いあらわそうと悶えている心情への鋭敏な感受性だと言ってもよかろう。ここに生ずる様々なニュアンスを私は尊重したい。ニュアンスを抹殺するのが、人間性の冒瀆《ぼうとく》ということではあるまいか。現代は裁断と裁断の合戦時代だ。可能なかぎり正確な判断に達しようとするための時間が失われている。そしてここに生ずるのは言うまでもなく精神の画一性である。裁断が激しくなるにつれて、誰もが同じことを言う。③それがたとえ正義であっても、画一性を帯びた正義は不正である。

【演習】

一 傍線部①「言葉は精神の脈搏である」の具体例としてふさわしくないものを本文中の波線ア〜エの中から一つ選び、記号で答えよ。

二 傍線部②の文中での意味として最も適当なものを次の中から選び、記号で答えよ。

〈着眼点〉

参考問題 1 逆説的表現とは、「負けるが勝ち」という諺のように、真理に背いているようで、よく考えると一種の理を言い表している表現法のことで、パラドックスとも言う。2 筆者は「人間性の尊重」を第一において論を展開している。「画一性を帯びた正義」は「人間性の冒瀆」につながると考えているのである。

ア　人間の表現能力は十分でないから、正しい理解を得るためには、繰り返し説明することが必要となってくる。

イ　人間の表現能力では自分の思いや考えを、相手に正しく伝えることが難しいので、自分の表現したいことを、何度も検討して表現しなければならない。

ウ　人間の言葉では、心に思っていることを十分に表現し、伝えることが難しいので語句をよく整え、理路整然と述べることが必要となってくる。

エ　人間の表現能力は十分でないから、正しい理解を得るためには、字句をよく検討し、選んで表現することを繰り返さなければならない。

【演習】一　①は、言葉は、それを発する人のそのときどきの精神状態をよく反映するという意味である。二「そこ」という指示語がどういうことを指しているのかを正確に押さえたうえで考える。三「推敲」とは、詩や文章を作るに当たって、その字句や表現をよく練り直したり書き直したりすること。中国唐の詩人、賈島が、「僧推月下門」という詩句の「推（おす）」を「敲（たたく）」に改めた方がよいかどうか苦慮したという故事に基づいている。

3 語句の照応
—繰り返されているもの・対比されているもの—

論理的な文章では、いちばん言いたいこと、つまり論の重点は、必ず繰り返し角度を変えて論じられるものです。したがって論理的な文章において、何が論の重点であるかを正しく解釈するには、繰り返し論じられ、あるいは角度を変えて論じられているものをつかむのがいちばんです。そしてそのためには、語句の照応を押さえていくにこしたことはありません。

語句の照応と一口に言ってもいろいろあります。まず内容的には同じあるいは同じに近いものが、前後で照応することが非常に多いですから、これら**類同の照応を正確におさえること**が肝要です。

類同			
繰り返し	同一語句を繰り返し使う	人間は……人間が……	無力である。……無力である。
類義語	意義の近似した語句を使う	人間は……人類が……	無力である。……無能である。
言い換え	別の言い回しを使う	人間は……考える存在が……	無力である。……たいしたことはできない。

類同の照応は、論理的な文章の中で繰り返し主張されているものを発見するのには最もたいせつなことですが、これと同様にたいせつなものに、対比の効果のために用いられる反対のことばがあります。すなわち対比の照応で、この**対比の照応をつかむ**ことも、繰り返し主張されているものを逆の角度からとらえるのにははなはだ有効です。

対比			
対義語	反対の意義の語句を使う	人間は…… 神は……	無力である。……全能である。
その類義語	それと意義の似た語句を使う	人間は…… 全能者の……	無力である。……万物の創造者だ。
その言い換え	それを別の言い回しで言う	人間は…… 無限なもの……	無力である。……人間をさえ創造した。

このように同じことと反対のこととを一つ一つ見分けながら読んでいくと、何に最も力を入れて論じようとしているかは、よくつかめるのではないかと思います。

以上に述べたことの中に含まれているとも言えるのですが、論者が否定しようとしている見解と主張しようとする見解とは、対比の一種として間違いなく見定めて進まねばなりません。特に注意を要するのは、いったん正しいと認めておいてあとで否定するという論法や、否定を婉曲《えんきょく》に表したり、主張を婉曲に表したりするための、もって回った論法です。

明瞭な否定	人間はけっして全能ではない。	否定の「ない」その他「無理だ」など否定的な語で結ぶ。
婉曲な否定	人間の能力は強大であろうか。	「肯定＋疑問」で反語となる。「疑問」と混同せぬこと。
二重否定	人間の能力は微弱でないことはない。	否定を二度重ねて肯定にもってくる。
一時的肯定	人間は能力に富む。しかし……	いったんの肯定にまどわされないこと。「しかし」以下で結局否定される。
婉曲な主張	人間は微力なのではなかろうか。	「否定＋疑問」で反語となる。「疑問」と混同せぬこと。
明瞭な主張	人間の力には限度がある。	肯定の語で結ぶから問題はあるまい。

このような**否定と主張の型を知って、論者の主張を正しくとらえていく**ことが必要だと考えます。もちろんこういう形だけにたよってはなりません。必ず内容の検討を経て文脈に合うか合わないかを確かめることがたいせつです。

語句の照応のとらえ方

1 類同の照応によく注意して、最も繰り返し主張されていることをつかむ。
2 対比の照応にもよく注意し、論の重点を逆の角度からつかむ。
3 否定と主張の型を知って、論者の主張を正しくとらえる。

【例題二三】

読書の方法

三《み》木《き》　清《きよし》

設問 筆者の言う「発見的」な読書態度とはどういうものか、自分のことばでまとめてみなさい。

読書においても人は自主的でなければならず、発見的であることがたいせつである。各人は自分に適した読書法を見いださねばならぬように自分に適した本を見いだすことに努めなければならぬ。単に自分にこびるというのでなくて、自分に役だち、自分を高めてくれるような本を読むようにしなければならぬ。おのおのの人間には個

1 書き出しの文で、「発見的」という読書態度が、「自主的」という読書態度とならびあげられています。この二つの態度はどのような関係にあるのでしょうか。まずその辺から入ってみましょう。

考え方 結論的な見解はしばしば文章の最後に書かれる、ということの例を、さっきの「例題二二」で見たばかりですが、この文章は、結論的な見解を示すもう一つの代表的な型、すなわち文章の最初に結論的な見解を示す型、の例のように見えます。少なくとも39行までの第一段に関してはそのとおりで、そこまではこの最初の文で示された

自主的でなければならず、発見的であることがたいせつである。（1〜3行）

という見解の線に沿って、それをもっとていねいに説明するための文章がつづく形となっています。たとえばすぐ次の第2文（3〜6行）は、

自分に適した　読書法を　見いださねばならぬように
自分に適した　本を　見いだすことに努めなければならぬ。

のように、「読書法」と対象としての本とに関して、きれい

性があるのであるから、ひとりの人間に適する本がすべて他の人間にも適するというわけではない。読書においても個性は尊重されねばならぬ。一般に善い本といわれるものの中でも自分に適したものとそうでないものとが自分の個性によって決まってくる。読書において人は何よりも特に古典の中から自分に適したものを発見するように努力しなければならぬ。それによって、自分の思想というものも作られてくるのであり、愛読書といわれるものも定まってくるのである。愛読書を有しない人は思想的に信用のおけない人であると

な対句構成で述べる形になっていますが、両方に共通する「自分に適した」は「自主的」の言い換えであり、「見いだす」は「発見的」の言い換えであることが明らかでしょう。つまり「発見的」と「自主的」とは、二つのことなのではなくて、両方そろって一つとなるような関係にある、と考えてよいでしょう。だから「発見的」とはまずこの段階で、単に「見いだす」ことではなくて、「自分に適した」ものを見つけ出すこと、に限られてくるわけです。

すでに気づいている人があるかもしれません。「自分に適した」ものを「見いだす」というのは、結局「自分」自身を「見いだす」ことではないのか――と。そのとおりで、たとえばその次の第3文（6～10行）に、

> 単に自分にこびるというのでなくて、自分に役だち、自分を高めてくれるような本

ということばで示されている本は、「自己の発見」をうながす本のことにほかなりません。けれども少なくとも39行までの第一段では、論は「自己の発見」にまで発展してこずに、「自分に適した本を見いだす」という線へもどっているのです。

さえいうことができるであろう。自分に適した善い本が決まってくれば読書もおのずから系統だってくるのであって、すなわちそれと同じ系統に属する書物を、あるいは過去にさかのぼりあるいは現代にくだって、読むようにすればよい。もとより他の系統のものを読まなくてもよいというわけではなく、かえって、偏狭にならないためにひろく読むことは常に必要なことである。けれども無系統な博読は濫読にすぎない。

―中略―

2 「自分に適した本を見いだす」ということが、39行までの論の重点であることを、確かめよう。

考え方 それを確かめるのは決してむずかしいことではありません。同じことばの繰り返しに着目するだけですむことです。

人は　何よりも特に古典の中から　自分に適したものを発見するように努力しなければならぬ。(19～21行)

自分に適した善い本が決まってくれば(28～29行)

の二箇所が、その繰り返しの部分です。39行にわたる第一段の中で、三箇所にわたって同じ主張が繰り返されるとすれば、それは、その段全体を通して筆者が言おうとする最も重要なことと認めてよいでしょう。もちろん同じことが、ただくどくど繰り返されているのではなくて、たとえば、

人は　何よりも特に古典の中から　自分に適したものを

……

などでは、「古典」というものの重要さがあわせ説かれているわけであり、

それによって、自分の思想というものも作られてくるの

（中略した部分の要旨）

善いものを読むだけでなく、自分の見識にしたがって正しく読む必要がある。そのためにゆっくりかみしめつつ最後まで読むことがたいせつである。

ということは繰り返し読むことでもある。読み返す度に気づいたり、新しい発見をしたりなかなか楽しいものだ。

繰り返し読むことは、細部を味わうためにも必要なことだ。一見むだに見える部分に、思いがけぬ真理を発見することも少なくない。繰り返し読むことは発見的に読むためには、特にたいせつだと言える。

○

発見的であるということは読書

であり（21～23行）

と続く表現によって、新しい自己の形成ということまで説かれているのですが、やはりそれも先へ大きく発展しようとする勢いを示さないで終わります。

3 したがって、「自分に適した善い本が決まってくれば（28～29行）」以下も、この段の内容を大きく発展させるものではありません。

考え方 「自分に適した善い本が決まってくれば」とあるわけですから、あとは新しい方向へ論が進みそうに期待されますが、このあと言われることは、

読書もおのずから系統だってくる（29～30行）

ということにすぎません。27行まで読み進めても同じことです。さきにちょっとふれてあった「古典」のことが、

あるいは過去にさかのぼり（31～32行）

という形でまた顔を出しますが、それも「あるいは現代にくだって（32～33行）」と同じ重さのものでしかありません。「古典」のことも、「新しい自己の発見」と同様に、この段の主要テーマには上ってこず、この段はあくまで、「自分に

において何よりもたいせつである。もちろん著者の真意を理解するということはあらゆる場合に必要なことであり、それにはできるだけ客観的に読まなければならず、そしてそれには繰り返して読むということが必要な方法である。自分の考えで勝手に読むのは読まないのと同じである。人はそれから何物かを学ぼうという態度で書物に対しなければならぬ。理解は批評の前提として必要である。かようにして客観的に読むということはたいせつであるが、しかし書物に対しては単に受動的であることはよくない。発見的に読むというこ

適した本を見いだす」ことの重要さを論の重点として書かれているわけです。

4 中略した部分では、「発見的」ということは、どのような意味を与えられていますか。39行までと同じかどうか、に注意して読むこと。

考え方 中略部は三段から成り立っています。要旨もそれにあわせて三段にまとめておきましたが、要旨というものの性質上こまかな点はきりすててあります。だがその要旨の中からでも、「発見的」ということに、今までとは違う意味が加わって来ることに気づくでしょう。まず、

自分の見識にしたがって、ゆっくり読む（一段め）

のところは、前に出ていた「自主的」な読書態度を、「ゆっくり読む」という具体的な読み方に結びつけたものと解してよいでしょうが、

繰り返し読んで、新しい発見をする（二段め）

のところは、今までどおりの「発見的」な読書態度を、「繰り返し読む」という具体的な読み方に結びつけたもの、と解するだけでは不十分な点を含んでいます。39行までの

とが最も重要なことである。発見的に読むには自分自身に何か問題をもって書物に対しなければならぬ。そして読書に際しても自分で絶えず考えながら読むようにしなければならぬ。読書はその場合著者と自分との間の対話になる。この対話のうちに読書の真の楽しみが見いだされねばならぬ。自分で考えることをしないで著者に代わって考えてもらうために読書するというのはよくない。もとより自分自身だけでなんでも考えることができるものであるならば、読書の必要も存在しないであろう。読書は思索のためのものでなければ

「発見的」は、「自分に適した本」を発見することでした。それに対して今度の「発見的」は、「本に含まれている意味」を発見することです。何かを「見いだす」という点は同じですが、見いだすべきものの方が、「本」から「内容」へと変わってきたわけです。そして細部にわたって味わう必要を説く次の段が、

　繰り返し読むことは発見的に読むためには、特にたいせつだ（三段め）

ということばでしめくくられているように、「発見的」ということの重点は、むしろ「内容」の発見の方に、しだいに移ろうとしているのです。

5 40行以下は、「発見的」ということが最も詳しく論じられる部分です。注意ぶかく読めば、「発見的」な読書態度が、似た態度の類似と相違を利用して、しだいにはっきりと論じられていく手順に気づくはずです。

考え方 まずはじめに気づいてほしいのは、中略部のところで説かれていたことと矛盾するようなところが、ここに含まれている点です。

ならず、むしろ読書そのものに思索が結びつかなければならない。悉《ことごと》く書を信ずれば書なきに如《し》かずと古人もいった。批評的に読むということは自分で思索しながら読むということであり、自分で思索しながら読むということは単に批判的に読むということにのみとどまらないで、発見的に読むということでなければならぬ。しかも、発見的に読むためには自分自身の読書法を身につけることが必要である。そしてこの読書法そのものも自分が要求をもって読書することによっておのずから発見されるものである。

自分の見識にしたがって正しく読む必要がある。（中略部一段め）

自分の考えで勝手に読むのは読まないのと同じである。（47～49行）

の二つがそれで、この二つが矛盾するように見えて実は矛盾するものでないことを、早く理解する必要があります。すこしていねいに考えましょう。「自分の見識にしたがって」読まねばならぬというのは、「自主性」がなければならない、ということとの言い換えで、読者自身がしっかりとした自分の意見を持っていなければならない、ということです。けれども読者に意見があるように、著者の側にも著者の意見があるわけで、著者の意見は読者が自分流に勝手に理解してしまうべきものでないことも事実です。したがって、真の読書のあり方は、読者の意見と著者の意見とのぶつかりあい、という形をとるべきものだ、ということになりましょう。このために読者は、自分の意見と著者の意見とを、両方ともたいせつにする必要があります。「自分の考えで勝手に読む（47～48行）」のは、著者の意見を無視する態度で、最も良からぬ読書態度であり、だから

人はそれから何物かを学ぼうという態度で書物に対しなければならぬ。（49〜51行）

わけなのです。著者の意見を「理解（51行）」することは、自分の意見とそれとをかみあわせる「批評（51行）」のために、不可欠だというわけです。中略部で、「内容」に関して「発見的」に読むことの重要さが説かれていましたが、著者の意見こそは、書物において読者が発見すべき最も重要な内容にほかならないことは、ここに注意するまでもないと思います。

6 著者の意見を理解する必要の方を強調すると、もう一つの方、すなわち読者の意見の方は軽く扱われる感じになりがちです。それを修正するために、論者はどういう読書態度を引き合いに出していますか。

考え方 読書においては、著者の意見がたいせつなだけでなく、読者の意見もたいせつなのです。著者の意見の理解に説明の重点が置かれた次は、読者の意見の重要さが強調される番です。まず、

書物に対しては単に受動的であることはよくない。（54〜56行）

と、著者の意見の理解ばかりが読書のあり方ではないことが指摘されます。「よくない」と否定される「受動的」の裏をかえせば、「能動的」な読書が主張されていることです。そしてこの文脈をうけた説明の形で、

発見的に読むということが最も重要なことである。（56〜57行）

と続く所に注意してください。「発見的」とは、「自分自身に何か問題をもって（58〜59行）」能動的に書物に対する態度なのです。自分の意見・問題意識をしっかりともちながら、著者の意見を正しく客観的に読みとっていく態度、それが「発見的」な読書態度なのです。

読書はその場合著者と自分との間の対話になる。（62〜63行）

とあるのは、読書の理想的な態度にほかならない、と言うべきでしょう。

7 そして、この「著者との対話」を通して、実は「新しい自己」が発見されてくるのです。「新しい自己」ということばは使ってありませんが、それにあたる語句はもちろん見つかるはずです。

考え方

自分自身だけでなんでも考えることができるものであるならば、読書の必要も存在しないであろう。
(68〜71行)

という発言は、この場合重要です。自分の意見・問題意識は重要ですが、それだけではかたよりが強すぎますし、まだ思考も不十分です。自分とは違う人間の意見・問題意識をつきつけられて、それと自分との対決を通して、新しい問題意識や意見が自分の中に育っていく、それが真の読書のあり方だ、と論者は言いたいのです。ずっと前、8〜10行に、

自分に役だち、自分を高めてくれるような本を読むようにしなければならぬ。

とあったのが、ここと遠くひびきあっているのを見落とさないように。そして72行からたて続けに出てくる「思索」という語は、このようにして読者が、より大きな新しい自分自身を育て発見していく過程を指す語である、という点にも、できるだけ早く気づいてほしいものです。

《解答》自分に適した本を見つけ、著者の意見の細部にもよく気づき、自分自身の考えと著者の考えとの対決を通して、新しい自己を育て見いだしていく、という読書態度。

《例題二三の筆者と作品》

三木　清　明治30（一八九七）年〜昭和20（一九四五）年。哲学者・評論家。兵庫県生まれ。京大哲学科卒。西田幾多郎の『善の研究』に感動、その門下に入る。ドイツに留学し、ハイデッガーに師事。帰国後、三高、法政大学教授を歴任。唯物史観研究にも着手。西田哲学・実存主義・マルクス主義の影響下に「三木哲学」を樹立。学術的著作とともに、するどい時代感覚と理解力で思想的危機を解明、多くの評論を発表した。昭和20年、反戦思想の疑いで検挙され、そのまま獄中で死去。主著に『パスカルに於《お》ける人間の研究』『唯物史観と現代の意識』『人生論ノート』など。本文は『如何に読書すべきか』によった。

練習問題

26　戦後経験の第一は国家（機構）の没落が不思議にも明るさを含んでいるという事の発見であった。その意味で丁度明治維新と逆の経験がそこには在った。維新では立国の明るさが輝いていたのに対して戦後には国家の崩壊が持つ明るさが発見されたのであった。そこに、明治国家と昭和国家との質的な違いを探る思考が生まれることになったし、その質的差異がもたらされた歴史的経過を探ろうとする知的関心が生まれたのでもあった。（中略）

さてむろんのことであるが戦後の明るさは決して唯《ただ》の明るさではなかった。周知のように悲惨と欠乏と不安とが一々叙述するまでもなく色々の形で渦《うず》巻いていたのであった。住まま居が焼き払われた惨状の中にどこかアッケラカンとした原始的ながらんどうの自由が感

【出典】

藤田省三《ふじたしょうぞう》「精神史的考察」

藤田省三（昭和2（一九二七）〜平成15（二〇〇三））は法政大学名誉教授。「言説の底にあるもの」「『安楽』への全体主義」「維新の精神」など。

じられたように、すべての面で悲惨が或《あ》る前向きの広がりを含み、欠乏が却《かえ》って空想のリアリティーを促進し、不安定な混沌《こんとん》が逆にコスモス（秩序）の想像力を内に含んでいたのであった。かくて戦後の経験の第二の核心はすべてのものが①両義性のふくらみを持っていることとの自覚であった。色々の具体例は省略してよいであろう。一つの要約だけを言えば、事実としての状況が混沌そのものである時そこで発想される秩序はすべてユートピア（何処《どこ》にも無い世界）としての性格をもち、そのユートピア性が明るさを保証していたのであった。私的生活の面で欠乏が事実として在ったから食い物その他について の全《すべ》ての欲望がイメージの面で解放されて様々な空想を生んだように。（例えば今日頭に描く焼肉と戦後の欠乏の中で空想した焼肉とは、経験の世界では全く異質な別物であったのである。）事実としての混沌や悲惨や欠乏がユートピア的明るさを包蔵するという、こうした両義性は今日の世界にはない。制度化の全社会的貫徹はとりも直さず一義性の支配である。私たちは直接的な生活資料の豊かさを得ることとの交換に一物一価と一問一答と偏差値的一列縦隊の圧力の中で今両義的ふくらみを完全に失わされているのである。だからそこから「戦後体験」を見る時、悲惨は唯の悲惨だけとしか感じられないの

【参考問題】

1 **傍線部②の「それ」とは何を指すか。本文中から抜き出して答えよ。**

2 **次の中で、本文の論旨にあうものには○、そうでないものには×をつけよ。**

ア　戦後の明るさの根底には、秩序の混沌が存在する。

イ「相互性の塊としての経験の喪失」は一義的な思考の結果である。

ウ　ユートピアを構成する規準となるものは、未来に関するたくましい想像力の中に存在する。

エ「昔は昔、今は今」という時間感覚が、戦後の経験を支配している。

である。相互性の塊としての経験の喪失はそのような形で現れている。

戦後の混沌が生むユートピアは、それでは、どのような規準に従って造形されたであろうか。いつの場合でも造形の規準は既に存在しているものの中からしか出て来ないであろう。それを改作するにしても、神ならぬ身は無からの創造ではなくて、現に在るもの、隠されて在ったものの中から造形規準の基礎を発見して来なければならない。かくて戦後の経験の第三の核心は「もう一つの戦前」、「隠された戦前」の発見であり、同時に「もう一つの世界史的文脈」の発見でもあった。私たちはとかく戦後の「価値転換」という表面に眼を奪われるあまり、戦後の思考の実質が実は「もう一つの戦前」によって形成されていたことを見失い易い。しかし戦後の経験を思考によって造形する際に働いていたものは殆《ほとん》ど尽《ことごと》くと言っていいぐらい「もう一つの戦前」なのであった。「もう一つの戦前」が次々と姿を現し、一つ又一つと発見されて行く過程が戦後史なのであった。［ⓐ］についての発見が［ⓑ］を形造り［ⓒ］の在り方を構想させるという、動的な時間感覚の存在と働きが其処《そこ》にはあった。そこでは［ⓓ］は既存の所与ではない。更《あらた》めて発見されるものであり、その意味で［ⓔ］の営みであり、明日にも又更めて発見されるものであるとい

〈着眼点〉

参考問題 **1**「一端」という表現に着目して、すぐ直前をさがせばよい。**2**ウの「未来に関するたくましい想像力」、エの「戦後の経験」という表現がそれぞれ不可。

う点で［ⓕ］なのでもあった。「もう一つの」という言葉の意味はそこにあり、複合的な時間意識と「［ⓖ］を含む歴史意識」がそこに躍動していた。この時間の両義性と可逆関係が戦後経験の第四の核心をなしていた。そうして言うまでもなくそういう時間感覚は今日の日常生活の中にはもはや無い。今では意識的な「故事新編」の努力を行う場合を除いては、「昔は昔、今は今」という平板な一義的時間感覚が日本社会を蔽《おお》っている。「ナウ」とか「今」とかへの関心の集中もそういう平べったい時計的時間感覚の現れの一端なのであり、過去としての歴史への関心の高まりも又②それの他の一端なのである。③高度成長の経済大国はかくの如《ごと》く人間の内的実質を変えて了《しま》った。

【演習】

一 空欄ⓐからⓖには、ア過去、イ現在、ウ未来のいずれかの語が入る。それぞれの箇所にあてはまる語を選び、記号で答えよ。

二 傍線部①について、次の問いに答えよ。

(1)「両義性」と対照的に用いられている語を本文中から一つ抜き出して記せ。

(2)「両義性のふくらみを持っている」という表現を具体的に説明している部分を本文中から抜き出し、三十字以内（句読点を含む）で答えよ。

【演習】一『もう一つの戦前』が次々と姿を現し、一つ又一つと発見されて行く過程が戦後史なのであった」に着目すれば、ⓐは過去以外考えられない。ⓐがわかれば後は比較的容易である。二(2)「こうした両義性は今日の世界にはない」という部分に着目すれば、その直前にあるはず。三「制度化の全社会的貫徹はとりも直さず一義性の支配である」という表現に注意する。

三　傍線部③に「高度成長の経済大国はかくの如く人間の内的実質を変えて了った」とあるが、筆者は「人間の内的実質」を変えた根本的な原因を何に求めているか。次の中から最も適当なものを選び、記号で答えよ。

ア　「もう一つの戦前」の発見　イ　制度化の全社会的貫徹
ウ　秩序の混沌　エ　生活資料の豊かさ　オ　戦後の明るさ

[出典]
山本健吉《やまもとけんきち》「いのちとかたち」
山本健吉（三〇一ページ参照）

練習問題 27

芭蕉の芸術論の根底は、ものの「いのち」、言いかえれば「乾坤(注1)の変」を捉えることであった。その「いのち」の自由無碍《むげ》に嬉戯する相を捉えようとして、晩年の芭蕉は「かるみ」を説いたのだ。山川草木、鳥獣虫魚、地水火風、日月星辰、そのすべてを、「いのち」あるもの、それゆえに無限に生滅変転して行くものと見た。これは何も芭蕉独自の考えではない。日本の芸術家の大方はそう考えたのだし、いや日本人の大方が暗々裡にそう考えて来たのだった。連歌、俳諧、発句などという独特の文学ジャンルが生まれ、またそれらが四時の転変を重んじて来たのも、由来するところは、このような日本人の自然観、芸術観のうちにあった。

自然に対立する概念として、ヨーロッパでは人為が考えられた。人為には、広義においては文化、技術、精神、自由などを含めているようだ。この点では、東洋ことに日本人の考え方は至極曖昧で、その境界線をまぎらかし、その両者を対立したものと見ず、人間は自然の中に抱き取られてしまうものと見ているのである。

自然を［A］して捉えるという姿勢が、日本人には希薄だった。これは自然科学的な思考を発達させるには、きわめて不適合な姿勢だった。だが、そのことのプラス・マイナスは、にわかに断じがたく、それは巨大科学の功罪がきびしく問われている今日以後に、課題として残されている。今は主題を、芸術のことに限定して言う。アリストテレスは、技術は（1）が仕上げることの出来ないものを完成させる、と言う。ヨーロッパには、（2）は（3）によって初めて完成される、という思想がある。

昭和四十八年十一月に、田中美知太郎氏が主宰する日本文化会議の「自然の思想」をテーマにしたセミナーで、このことが問題とされた時、高階秀爾氏が、日本ではむしろ、（4）が（5）的なものを完成させる、という考え方が強いのではないか、と発言した。私はそのセミナーに出席したわけではなく、後にその議事録を読んで知ったのである。

言われてみればもっとも千万のことであるが、そのことをこうはっきり指摘した人があったかどうか、寡聞にして私は知らない。その時高階氏は、日本の庭や陶器を例として挙げながら言った。ヨーロッパの庭は、造園家が最後の仕上げを施した時に、完成されたものと考えている。だが日本の庭は、庭師の手を離れた時、それはまだ完成への過程に過ぎないと。

庭師は人工の限りを尽くした果てに、ある時点に来て「作る」ことを放棄し、その完成を自然と歳月と、すなわち造化の働きに委ねるのである。そのような人工の限界を知り、あきらめの潮時を知っているのが、もっとも経験に富んだ、すぐれた庭師の叡知《えいち》なのだ。それが芭蕉のいう、造化随順の心である。修学院離宮や、西芳寺の苔庭に、私はことに①自然が手を藉《か》した庭の傑作を見るが、すぐれた日本の庭においては、龍安寺の石庭を除き、すべてそのことが言えよう。西芳寺のあの見事な苔を見て、あれだけになるまでに、どれほどの歳月を経ているか、思い半ばに過ぎよう。

茶碗は形を作り、絵や字を描き、釉薬《うわぐすり》を塗って、いったん窯《かま》に入れてしまえば、あとは火加減を見たりする外、陶工が直接手を施すすべはなく、結果を念じながら待つより仕方がない。ことに日本では、井戸茶碗などのちぢれのきつい(注2)かいらぎを美しいと見た。利休

【参考問題】

1 傍線部②「完成を自然と歳月の手に委ねる」について、

(1)この実例として筆者が挙げているものを、文中から十五字以内で抜き出して記せ。

(2)また、この芸術精神を表している四字の熟語を文中から抜き出して記せ。

2 傍線部③「一瞬の生命の高揚」を重んじる態度には日本人の自然観が反映している。日本人は、自然をどのように見ていたのか、文中の語句を抜き出して答えよ。

時代以降は、形の整いや端正さより、自然さ、「あるべきやう」をこそ第一とするようになった。だが、あの鮫膚《さめはだ》状のかいらぎは、焼き不足から来る熔《と》けの不足で、その出来損ねを美しいというのなら、極言すれば、それは全く偶然の産物であって、手を藉した造化の功という外なかろう。

芸術という出来上がった造形物に、最後まで責任を負うのが、ヨーロッパの芸術家なら、②完成を自然と歳月の手に委ねる日本の芸術家は、如何にも［B］が弱いという外はない。だが日本の芸術家たちは、造形のさらに彼方に、一瞬であってもいい、「いのち」の最高の輝きを得たいと思い念じている。彼等は芸術などという、濃厚に技《わざ》を主とした総体的な呼称など、思いつきもしなかった。人間が技として作り出すものというより、風に随って飄々《ひょうひょう》としておのずから成るもの、といった感じで、時に風雅と呼ぶことはあった。自然と生活と芸術と、曖昧に三者の境界線をぼかしながら、その向こうに「いのち」の輝きを考えていた。それは造形の芸術というより、生命の芸術という方が適当だった。永遠の［C］な造形をめざす芸術に対して、③一瞬の生命の高揚があれば足れりとする芸術である。前者はヨーロッパの芸術、後者はそれ以外のあらゆる地方の芸術に多か

〈着眼点〉

参考問題 **1** (1)「日本の庭は、庭師の手を離れた時、それはまだ完成への過程に過ぎない」を踏まえた表現になっていることをつかめば、「日本の芸術家」とは「庭師」のことになる。(2)「庭師は人工の限りを尽くした果てに、ある時点に来て『作る』ことを放棄し、その完成を自然と歳月と、すなわち造化の働きに委ねるのである」という部分に注意する。**2** 第一段落に書かれている日本人の自然観を押さえる。日本人は自然というものを「無限に生滅変転して行くものと見た」のである。

れ少なかれ見られる特質とすれば、後者こそ本来の芸術で、前者は例外と言えるかも知れない。

（注1）乾坤の変＝天地自然の変化。
（注2）かいらぎ＝焼きが不足で、釉薬がちぢれたようになった陶器の状態。

【演習】

一 傍線部①「自然が手を藉した」は、前のどの語句を受けてこう言っているのか。表現上最も近い関係にある、十字以内の語句を文中から抜き出して答えよ。

二（　）1から5には、ア「人工」またはイ「自然」のいずれかの語が入る。それぞれ記号で答えよ。

三 空欄A・B・Cに入れるべき語は、それぞれ次のうちのどれか。最も適当なものを選び、記号で答えよ。

A　ア 絶対化　イ 対象化　ウ 意識化　エ 合理化
B　ア 完成意欲　イ 制作意欲　ウ 造形意欲　エ 芸術意欲
C　ア 記念碑的　イ 不死鳥的　ウ 鳥瞰図的　エ 記念塔的

【演習】一「自然」＝「造化」であることが分かれば容易である。二 日本人とヨーロッパ人の自然観を対照的にとらえている筆者の考え方を押さえたうえで考える。三 A 自然に対立する概念として、ヨーロッパでは人為が考えられたが、日本人は、人間を自然の中に抱き取られてしまうものと見ている。Bはあとに続く、「造形のさらに彼方に」という語句に注意すれば容易である。Cはヨーロッパの芸術家の自然観・芸術観について言っていることがわかれば比較的容易である。

■論理的な文章■

Ⅲ 論の構成について

1 段落の設定 ——接続詞をつかまえるだけでは不十分——

論理的な文章を適当に段落に句切り、A段の部分の主張はa、B段の部分の主張はb、というように、各段落の要旨をまとめながら読むことは非常にたいせつなことです。要するに論の進展や屈折に注意し構成を正しくつかむということで、それには**接続詞をしっかりつかまえる**ことが必要です。論の進展や屈折は接続詞によって示されることが多いからです。

話題転換	話の方向を他に転ずる	「ところで、時に、さて」ナド	雨がはげしい。**ところで**気温はどうだろう。
逆態接続	話を反対方向へまげる	「しかし、けれども、だが」ナド	雨がはげしい。**だが**寒くない。
順態接続	話を新しい方向へ進める	「だから、したがって、故に」ナド	雨がはげしい。**だから**寒い。
追加要約	説明を加え要約するだけ	「また、あるいは、つまり」ナド	雨がはげしい。**つまり**天気が悪い。

屈折の鋭い順にあげたのですが、これも絶対的なものではありません。「また」などは追加ばかりでなく話題転換の接続詞として使われますし、「しかし」とあっても少しも話が反対方向へまがっていない文章もあります。

これらの接続詞は一様に、先行する表現を受けて、話を進展させたり屈折させたりする導きとなるものですが、どれだけの範囲を受けて（これを承前範囲と呼びましょう）どれだけの範囲を導くか（これを支配領域と呼びましょう）は、文脈によって様々です。だから接続詞は常に**承前範囲と支配領域を検討して文脈内での屈折の大きさを計る**必要があります。

［例］雨がはげしい。だが風はない。だから一行は出発することにした。

この文で、逆態接続の「だが」それ自身の屈折度は、順態接続の「だから」それ自身の屈折度よりも深いはずです。けれども「だが」は「雨がはげしい」を承前範囲とし「風はない」を支配領域とするのに対して、「だから」の承前範囲は「雨が……風はない」という天候全体であり、支配領域は「……出発することにした」という一行の行動です。「だが」は天候の話の中での、鋭いが小規模な屈折にすぎず、「だから」は天候から行動への、鈍いが大規模な屈折です。だからもしこの文章を二つに句切るとすれば、「だが」の所ではなく、「だから」の所で句切らねばなりません。接続詞はこのように承前範囲と支配領域の検討を経た上でなければ、段落設定の手がかりとして使うことはできないのです。

最後に注意しなければならないのは、論のまがりかどに常に接続詞が使われるとは限らない、というあたりまえの事実です。接続詞が使われている時は、それに先行する話が意識の中にしめくくられ、それを受けて以下の話が展開するのですから、たしかに論にはしめくくりと屈折とがあるのですが、しめくくりと屈折とは、接続詞のような明瞭な形を使わずに、ただ文脈そのもののしめくくり、屈折として表現されることがまれではありません。

［例］雨がはげしい。だが風はない。彼らは相談の末やはり出発することにした。

などはその一つの例にすぎません。接続詞に注意することはたいせつですが、それにたよりすぎることは禁物です。**文脈に注意して話そのもののしめくくりと屈折に注意すること**が、何よりもたいせつなのです。接続詞の承前範囲と支配領域の検討も、要するに文脈そのものの検討にほかなりません。

段落の句切り方

1 接続詞をしっかりとらえる。どういう接続詞が鋭い屈折を示すかを知っておく。
2 接続詞の承前範囲と支配領域を検討し、規模の大きい屈折を発見することは、いっそう重要であり不可欠である。
3 接続詞がなくても、文脈そのもののしめくくり、屈折に注意し、規模の大きい屈折のありかを発見する。

【例題二四】

手首の問題

寺田《てらだ》寅彦《とらひこ》

設問 次の文章を段落に分け、各段落の要旨をまとめなさい。

バイオリンやセロをひいてよい音を出すのは、なかなかむずかしいものである。同じ楽器を同じ弓でひくのに、下手と上手では、まるで別の楽器のような音が出る。下手な者は、無理に弓の毛を絃《げん》に押しつけこすりつけて、そうしてしいていやな音をしぼり出しているようにみえるが、上手なくろうととなると、実にふわりと軽くあてがった弓を通じて、あたかも楽器の中からやすやすと美しい音の

1 まず接続詞を探し出すことから始めよう。そして、これらの接続詞については、直ちに承前範囲と支配領域とを検討しておこう。

考え方 狭い意味での接続詞としてあげうるのは、この文章ではだいたい次の七語だけでしょう。

そうして(7行)　しかし(38行)　そうして(44行)　また(51行)
そうして(62行)　しかし(64行)　そうして(84行)

ではこれらの承前範囲と支配領域とはそれぞれどの部分でしょうか。まず最初の「そうして」ですが、これは

下手な者は　無理に弓の毛を絃に押しつけこすりつけて　（承前範囲）
そうして　しいていやな音をしぼり出している　ようにみえる　（支配領域）

のように理解されます。つまりこの「そうして」は追加の接続詞としてそれ自身屈折の角度が浅いだけでなく、「下手な者」の楽器のひき方の話の中でだけ働くもので、屈折の規模ははなはだ小さいといわねばなりません。

このような検討を他の接続詞についても行ってみましょう。

流れをぬき出しているかのようにみえる。これは我々しろうとの目には実際一種の魔術であるとしか思われない。くろうとの談によると、強い①フォルテを出すのでも、必ずしも弓の圧力や速度だけではうまく出るものではないそうである。たとえば、②イザイの持っていたバイオリンは、③ブリッジが低くて絃が指板《しばん》にすれすれになっていた。他人が少し強くひこうとすると、絃が指板にぶつかって困ったが、イザイはこれでやすやすと驚くべき強大なよい音を出したそうである。この魔術の大事の④品玉《しなだま》は、まったくあの弓を導く右手の手首にあるらしい。手首の関節が完全に柔らかく自由な屈撓《くっとう》性を備えていて、きわめて微妙な外力の変化

要するに文脈のしめくくり、屈折の検討そのものの作業です。

もちろん　これに関しては……正確なことはいわれないであろうが　(34～38行)

しかし　いわゆるボーイングの秘密……疑いのないことのようである　(38～41行)

物理学的に考えてみると

一度始まった絃の振動を……進行させ　(42～43行)

そうして　そのエネルギーの…注ぎこんでゆく　(44～47行)

用弓に……無理があると

せっかく規則正しく……じゃましたり　(49～50行)

また　急に……まぎれこませたり　(51～52行)

この微妙な反応機巧は

絃と弓とが……形成していて　(60～62行)

そうして　外部から……加わらない　ことが　(62～63行)

絃も楽器全体も……本当だと自分には思われる。　(81～84行)

そうして　音の振動数は……調節にあるように思われるのである。　(84～89行)

すべて承前範囲も支配領域も狭く、大規模な屈折をもつものは一つもありません。

に対しても、鋭敏にかつ規則正しく弾性的に反応するということが必要条件であるらしい。もちろん、これに関してはまだじゅうぶんに科学的な研究はできていないから、あまり正確なことはいわれないであろうが、しかし、いわゆるボー⑤イングの秘密の最も主要な点がここにあるだけは疑いのないことのようである。物理学的に考えてみると、一度始まった絃の振動をその自然の進行のままに進行させ、そうしてそのエネルギーの逸散を補うに足るだけの供給を、絃と弓の毛との摩擦にうちかつ仕事によって注ぎこんでゆくのであるが、その際もし用弓に少しでも無理があると、せっかく規則正しく進行している振動を一時じゃましたり、

段落設定の手がかりとなる接続詞はしばらく除外した、「しかし(64行)」だけです。それの承前範囲、支配領域の検討はたいせつですが、そこまでの文脈を初めから整理しておいた方が便利でしょう。

2 まず第一段の段落を設けてみよう。冒頭から始まってどの辺までを第一段と考えたらよいと思いますか。また、その要旨は何ですか。

考え方 冒頭の文は、バイオリンやセロをひくのはむずかしいものだ、というかなり一般的な見解を示すものです。これにつづく「同じ楽器を〜音が出る(3〜5行)」の第二文は、第一文の「むずかしい」という抽象的判断を、「下手と上手」の対比を利用して具体化したものです。第三文「下手な者は〜かのようにみえる(6〜14行)」は、さらに第二文の「別の楽器のような音」をいっそう具体化し、下手な者のひき方、上手な者の演奏法を具体的に対比したものです。もちろん下手な者は上手な者のひき立て役として利用されているので、したがってここまでは冒頭の文に示した、バイオリンやセロを「よい音」でひくことの「むずかしさ」

また急に途中から別なよけいな振動をまぎれこませたりして、そのために音がきたなくなってしまうのである。そういうことのないようにするためには、弓がきわめて敏感に絃の振動状態に反応して、ちょうど絃の要求するエネルギーを、必要にしてかつ有効な位相《いそう》において供給しなければならない。この微妙な反応機巧は、絃と弓とが一つの有機的な全系統を形成していて、そうして外部からわがままな無理押しの加わらないことが緊要である。しかし、弓の毛にも多少のむらがあるのみならず、弓の根元に近いほうと尖端《せんたん》に近いほうとではいろいろの関係がちがうから、そういう変化にも臨機に適当に順応して、自由な絃の運動を

を、具体的事例によって肉づけたものに該当します。

次の第四文「これは～思われない（14～16行）」からは、「むずかしさ」から離れて楽器をよい音でひく「要領」の方へ話が屈折しかけます。しかし、その次の第五文「くろうとの（16行）……」から第七文「……出したそうである（26～27行）」までは、再び話が「イザイ（20行）」という名人の具体的演奏法にもどります。そしてそれが「くろうと（16行）」の演奏法の、具体的事例にあたることは見のがせません。つまり途中で「演奏の要領」へちょっと屈折しかけはするものの、ここまでは結局第一文にいう「楽器演奏のむずかしさ」を、具体化し繰り返して述べているわけです。

ところが、次の第八文「この魔術の大事の品玉は……（27～29行）」で、話は「楽器演奏の要領」へと移ります。第四文でちょっとそちらへ行きかけたその方向へ、いよいよ話が本式に屈折する様子です。つづく第九文「手首の関節が（29行）……」以下を読んでも、再び「楽器演奏のむずかしさ」へ話がもどりそうなけはいはありません。だから第一段は第七文「……出したそうである（26～27行）」までと考えるのが適当です。要旨は「楽器の演奏はむずかしい」

助長し一様に平滑によい音を出すためには、ただ機械的に一定圧力、一定速度で直線的に弓を動かすだけではいけないであろう。それには、もっとデリケートな調節器官が入用であって、そのたいせつな役目を務めるのが、弓を持った演奏者の手首であるらしい。普通の初等物理学教科書などには、絃が独立した振動体であるようなことになっているが、あれも厳密にいえば、絃も楽器全体も弓も演奏者の手もおよそひっくるめた一つの系統として考えるほうが本当だと自分には思われる。そうして音の振動数は主として絃で決定するが、音色を決定する因子中の最も主要なものが、手首の運動をつかさどるところの筋肉の微妙な調節にあ

ということです。

3 第八文「この魔術の（27行）……」からは第二段です。では第二段はどこまででしょうか。またこの段落の要旨は何ですか。

考え方 話が「楽器演奏の要領」に移っていることはすでに検討しました。それはこの段の題目であって、要旨ではありません。「楽器演奏の要領は……にある」という「……」の部分つまり解説が確認できないと、題目と解説のそろった要旨とは言えません。だがそれを見いだすのはこの文章の場合容易なことです。「この魔術の大事の品玉は、まったくあの弓を導く右手の手首にあるらしい」とある第八文（27〜29行）は、そのまま「要領」という題目に対して解説した文、つまりそのままこの段の要旨と言える形をしているのですから。

そして続く第九文「手首の関節が〜必要条件であるらしい（29〜34行）」は、右の解説の「右手の手首」を「手首の関節のはたらき」として具体化し限定したものに該当します。

さらに第十文（34〜41行）では、この「手首の関節のはたらき」

るように思われるのである。

（読解補注）

①フォルテ―forte（伊）音楽用語。強く、という意味。通常fの記号で示す。

②イザイ―Eugine Xsaye（一八五八〜一九三一）ベルギーのバイオリニスト。

③ブリッジ―bridge（英）音楽用語。弦楽器の弦を支えるこまのこと。

④品玉―手品のたねのこと。

⑤ボーイング―bowing（英）音楽用語。用弓法。

については「じゅうぶんに科学的な研究はできていないから、あまり正確なことはいわれないであろうが（35〜38行）」とことわりつつも、

しかし、いわゆるボーイングの秘密の最も主要な点がここ（＝手首の関節のはたらき）にあるだけは疑いのないことのようである。（38〜41行）

と、強く断定しています。第八、九、十の三文は、「楽器演奏の要領は右手の手首の関節のはたらきにある」という要旨で統一されています。

では第十一文（41〜54行）はどうでしょうか。すぐに気づいてほしいことが一つあります。第八、九、十の三文で最も力説されていた「手首の関節」のことに、全くふれていない、という点です。念のために第十二文（54〜59行）まで読んでみても、「関節」という語も、そして「手首」という語さえ、一度も使われていません。そうなれば、もうこのあたりは、別の要旨で統一された別の段落なのではないか、と疑ってかかるべきです。

第十一文が「物理学的に考えてみると（41〜42行）」ということばで始まるのは、この意味で注目に値します。つまり第八、九、十の三文のまとまりは、「演奏の要領」を「手首の関節」という「生理的な」観点からとらえたもので、第十一文以下の「物理学的な」観点からとらえる文脈と対

立するのです。「生理的」というようなことばは一回も使ってありませんが、「物理学的」との対比に気づくことがカギです。第二段は第十文の終わり（41行）までです。

4 第三段は「物理学的に……」以下どこまででしょうか。その要旨は何ですか。

考え方 今まで残しておいた接続詞「しかし（64行）」は、ここで深い関係をもってきます。まずその「しかし」までの所をまとめてみましょう。そこまでは、「演奏の要領」は、供給されるエネルギーの問題としてもっぱら論じられています。「物理学的に考えてみると」という前置きのとおりです。では「しかし」のあとはどうでしょうか。まず「しかし」で始まる第十四文は比較的に長い文ですが、要するに

ただ機械的に一定圧力、一定速度で直線的に弓を動かすだけではいけない（71〜73行）

ということを主張する文です。この「圧力・速度」などは物理学的な概念ですから、まだ物理学的な見方が続いているようですが、それは「だけではいけない」と否定される点に注意をしてください。そして、早くもここで「弓を動かす」という演奏者の動作、言い換えれば「生理的な」動作が顔を出している点も見のがさないように。

つまりここからは「物理的なことだけではなく生理的なことがたいせつだ」という方向に、再び話が屈折するのです。だから次の第十五文に「デリケートな調節器官（74行）」という生理的な語が使われ、再び「演奏者の手首」が登場するのです。「しかし」は「物理的」な解釈から「物理的＋生理的」な解釈への、屈折を示しているのです。その承前範囲は「物理学的に（41行）……」から「……緊要である（64行）」までの長い部分です。「しかし」はこの文章の中の他の接続詞とは違って、

きわめて規模の大きな屈折を示す接続詞だと言わねばなりません。

最後に「しかし」の支配領域です。「しかし」は第十四文の一部ですが、第十五文「それには〜手首であるらしい（73〜77行）」は、第十四文の「ただ〜弓を動かすだけではいけないであろう（71〜73行）」の説明にすぎないという意味で、やはり「しかし」の支配領域に入ります。そればかりか第十六文の前半、

普通の初等物理学教科書などには、絃が独立した振動体であるようなことになっているが（77〜80行）

は、もっぱら物理的な見方を否定しようとする態度を示し、後半はやはり生理的な見方をつけ加える必要を説くものであり、最後の第十七文（84〜89行）も

音の振動数は主として絃で決定するが　　物理的
音色を決定する……手首の筋肉の微妙な調節　　生理的

のように、物理的、生理的の両者が演奏に関係することを説くという構造で、結局は第十四文の延長にすぎないのです。「しかし」の支配領域は単に第十四文だけでなく、以下最後までの全体に及ぶと見ねばなりません。

《解答》**第一段**　バイオリンや〜出したそうである。（［要旨］楽器の演奏はむずかしいものだ）

第二段　この魔術の〜疑いのないことのようである。（［要旨］演奏の要領は手首の関節の生理的なはたらきにあるらしい）

第三段　物理学的に〜緊要である。（［要旨］演奏の要領は物理学的にはエネルギーの必要かつ有効な供給ということにある）

第四段　しかし～思われるのである。（［要旨］だが演奏は物理学的に割り切れるものでなく、手首の生理的調節に左右される点が大きいことは否定できない）

《例題二四の筆者と作品》

寺田寅彦　明治11（一八七八）年～昭和10（一九三五）年。物理学者・随筆家。東京生まれ。熊本の五高を経て、東大物理学科卒。宇宙物理研究のため、ドイツ・イギリスに留学。帰国後東大教授。理学博士。学位論文は『尺八の音響学的研究』というユニークなテーマであった。五高時代、漱石に英語を学び、また正岡子規に親炙《しんしゃ》して俳句をはじめ『ホトトギス』に発表。大正9年ごろからは吉村冬彦《よしむらふゆひこ》のペンネームで随筆を発表しはじめる。近代日本文学史上、最大の随筆家といわれる。主著に『団栗《どんぐり》』『冬彦集』『藪柑子集《やぶこうじ》』『万華鏡《かれえどすこうぷ》』などがある。本文は『寺田寅彦全集第六巻』によった。

練習問題 28

①　ことばは社会とともに生き、また人間とともに成長・衰退しているようであるが、いったいことばの生きていること、およびことばの生命とはどのような場合をいうのであろうか。まさにことばが生きているとか、死んでいるとかいうことがいわれるが、ことばを一つの生命にたとえてみると、きわめて著しい［A］が見いだされるのである。

②　たとえば、まず誕生がある。何かのものやことがらを記号で表す必要性が生じてことばが生まれる。それがやがて成長するとたくさん

［出典］ 入谷敏男《いりたにとしお》「ことばの生態」
入谷敏男〈昭和7～平成15（一九三二～二〇〇三）〉は東海大学名誉教授。「話しことば―その仕組と展開」「言語心理学のすすめ」「ことばと人間関係」など。

の「時」や「所」で用いられるようになる。そしてその成長が最大限に達し、それだけで一つの機能が達せられないようになると、分裂して二つに分かれる。ここに語形の変化、新しい意味の発生が生ずる。そして新しいことばが成長すると古いことばは役に立たなくなり、やがて死滅する。ついで新しいことばにまた分裂が起こる……という過程をへてつぎからつぎへと淘汰《とうた》していくようにみえる。

③　ある生物は寿命が長く、他の生物は短い。ことばについてもこれがいえる。あるものは(1)流行語のように寿命が短く、他のものは国際語のように寿命が長い。生物も成長して子どもをつくり、やがて年をとって死んでいく。この点ではまったく同じである。

④　ところで根本的に違うところが一つある。生物体は死滅すればくちはててしまうが、ことばはいったん死んでも、なおその〝魂〟は復活することがある。［B］、現代においても、すでに死亡している過去のことばや詩文が現代においてもなお時と場所によっては使われるし、また古典語であるラテン語やギリシア語も同様に使われる。結局において、ことばが生きているということは、現在の人間によってそれが使われるか否《いな》かということによっているわけで、ことばの生命の長さは、結局人間によって支配されていることがわかる。いいか

【参考問題】

1　［A］にあてはまる言葉はどれか。次から選び、記号で答えよ。

ア　複雑性　　イ　類似性
ウ　発展性　　エ　神秘性

2　［B］にはいる接続語を、段落①②の中からさがし出して記せ。

えてみれば、ことばの盛衰は人類の歴史に支配されているとみることができる。

⑤　過去五〇〇年前に公用語として用いられていたものが、五〇〇年をへた後に、なおその必要性にせまられて用いられるということは、そのことばが一定の目的を満たすだけの価値をもっているからである。ことばの生命とは、まさにこういうところになければならない。いったん死亡した後長い年月をへていてもなお用いられるもの、それは一時的・空間的にパッと広がって、あとは永久に消え去ることばよりもはるかに価値をもった、長い息を保つ生命体とみることができる。

⑥　われわれがたえず、この長い息をもって鼓動しつづけるこのことばの生命――人間の精神の反映――を恩寵《おんちょう》の念をもって静かに見守り、これをたえずいつくしみはぐくむことによってこそ、人類の文化は伝承され、歴史は栄えていく。人間の思考と行動、そしてそのこまやかな感情をささえることばこそは、まさにこういった歴史や文化を創造する生命であり、糧《かて》なのである。

〈着眼点〉

参考問題　**1** 段落②以下で「ことば」と「生命」の共通性が述べられていることに注意。**2** B以下で、「いったん死ん」だことばの「復活」の具体例が示されていることに注意して考える。

【演習】 **一** 「流行語」の特徴は「寿命が短」い点にある。「寿命」の短いことばの様相についての叙述が段落⑤にあることに気づくこと。**二** 前半では「ことば」と「生命」の類似性が述べられているが、後半では、「ところで」という「転換」の語を用いて、両者の「根本的に違うところ」を述べようとしているこ

【演習】

一 傍線(1)「流行語」の説明になりうる語句を本文中から抜き出し、その初めと終わりの三字をそれぞれ記せ。

二 右の文章は内容の上から全体を三つの段落に分けられる。⑥を第三段落とすると、第二段落はどこから始まると考えられるか。①〜⑤の番号で答えよ。

三「ことば」についての筆者の考えを次のようにまとめると、[　]1・2にはどのような語句が入るか。いずれも十字以内の語句を入れて答えよ。ただし、1には段落⑤の中のことばを使ってまとめたものを、2には本文中の語句をそのまま抜き出したものを、それぞれ入れよ。

ことばは、社会とともに生き、人間とともに成長・衰退・死滅していくが、その過程の中で、[1]は、人間の思考、行動、感情のささえとなって、長い年月をへた後も用いられ、[2]生命や糧になるのである。

とに注意。三 ここでは、「流行語」ではなく〈一定の価値〉をもったことばが問題になっていることに気づくこと。1に入るのは、そのような「ことば」であるはず。また、その「ことば」の「生命や糧」については、段落⑥で述べられていることに着目すること。

練習問題 29

私たちは科学というものに対して、無意識のうちに、それが合理的、論理的で、体系としての秩序をいやおうなく備えているものという印象を抱いていないだろうか。(I)

たしかに科学的な知識というものは、結果として私たちの前に提

【出典】石井威望《いしいたけもち》「科学技術は人間をどう変えるか」

石井威望〈昭和5(一九三〇)〜〉は東京大学名誉教授。「エ

示されるときは、たいへんみごとな(1)体系性を備えているようにみえる。たとえば中学や高校の教科書をみれば、そこには人類が獲得した科学知識がよく整理され、まるでその一覧表を見る思いがするであろう。そこに示されたすべての理論や公式は、疑問の余地もなく、証明され、相互に緊密に関連付けられていて、私たちはあたかも完璧《かんぺき》な芸術作品に対したときのように、驚異と称賛の念でみつめるほかはない。（Ⅱ）

これははたして正しいみかたであろうか。私はそうは思わない。もともと、科学の体系性というものは、神話のように(2)自己完結的な秩序をもつものではない。科学はたしかに完全無欠な体系への志向をもっているけれども、それはつねに不完全さや偶然による支配を宿命付けられた人間の営みであることを忘れてはならない。（Ⅲ）

既存の科学知識に完全さをみようとする習慣は、とくに私たち日本人に根強いように思われる。おそらくそれは、科学や科学史というものを長いあいだ理論を中心に考えてきたことによるものであろう。理論はそれ自体合理的に展開されるべきものであるが、それが実際につくられる過程はかならずしも合理的な要素だけでできているわけではない。（Ⅳ）

レクトロニクス社会」「企業と情報」「日本新世紀」など。

【参考問題】

1 傍線(2)の意味として最も適当なものを次から選べ。

ア 他と密接に関連し、たがいに影響しあう関係をもつ。

イ そのものだけで独立し、完全無欠なまとまりをもつ。

ウ 不完全さや偶然に左右され、不確実な体系性をもつ。

エ 不合理な要素で構成され、統一性のないものをもつ。

2 上の文章の内容に最もよく合っている文を次から選べ。

完成された理論をビルディングにたとえるなら、それがつくられるにはかならず建築足場のようなものが必要だったはずである。その建築足場とは、不確実な仮説、誤った前提、未熟なアイデア、数多くの実験プランなどいろいろな要素から成り立っているのだが、それらは最終的にひとつの理論が完成したあかつきには、人々の目にふれないようにすべて除去されてしまう。(Ⅴ)

私たち日本人は科学知識を、いわば完成された建築物のようなものとして、欧米から受けとり、吸収しようと努めてきた。もちろんそれ自体は、日本の科学技術に大きな進歩をもたらしたであろうが、その反面、科学の知識や理論が生みだされてくる背景や具体的な試行錯誤のプロセス(注)が抜けおちたかたちで科学やその歴史を理解することにつながっているのではないだろうか。(Ⅵ)

(注)プロセス＝過程。経過したすじみち。

【演習】

一 傍線(1)「体系性を備えている」とはどういうことか。本文中の語句を使って六十字以内で記せ。

ア 既存の科学知識に対して称賛の念を忘れてはならない。

イ 外国の科学を受け入れた事実を見落としてはいけない。

ウ 理論を中心に考える科学は大切にしなければならない。

エ 完成された理論だけをみて科学を理解してはいけない。

〈着眼点〉

参考問題 1直後の文の中で「完全無欠な体系」と言い換えられていることに注意。2最終段落で、科学を「完成された建築物のようなもの」として理解することの過ちが指摘されていることに注意する。

二　右の文章で、筆者は科学の最も大切な本質をどういう点にみているか。それを最も的確に表している二十五字の語句を本文中から抜き出して記せ。

三　右の文章は内容の上から大きく三つの段落に分けられる。二つ目の段落に相当するのはどの形式段落か。該当するものをⅠ～Ⅵの数字で全て記せ。

【演習】一　直後の文の「たとえば」という語に注意。この言葉以下の所で、具体的な説明が行われている。「科学知識がよく整理され……関連付けられていて」あたりが中心になるはず。二　科学は「完全無欠な体系への志向」をもってはいるが、そこへ至るまでの「未熟なアイデア」や「試行錯誤」などの中にこそ科学の本質があると考えているようである。三「これははたして正しいみかたであろうか」という一文が、論転換の役割を果たしていることに注意。段落（Ⅵ）が最後の結論部分に相当する。

2 判断の論拠㈠ 帰納を中心に
―わかりきったこととして書かれていない判断に注意―

論理的な文章は情熱的な主張をめざすものではなく、あくまで冷静な主張、むしろ冷静な判断そのものをめざします。したがって論理的な文章では、ひたすら結論の強調に力をそそぐことはまれであり、常に結論・判断のための十分な論理的根拠をあげることに力をそそぎます。だから論理的な文章を読む場合も、ただ結論を理解するだけでなく、どのような論拠にもとづいてどのような判断が下されているか、を読みとらねばなりません。

論拠をととのえて判断を下すのに、帰納《きのう》的な方法と演繹《えんえき》的な方法との二つがあることは、論理学の常識です。この中の演繹は、次節で扱うこととし、ここでは帰納的な方法に主眼を置いて考えていくことにします。

まず**帰納ということの本質を知っておく**必要があるでしょう。一口に言えば帰納とは、個々の具体的なものを総合して共通性を抽象し、一般的な結論を導く論法です。

> [例] 散髪代が上がった。定期代も上がった。つまり物価は上がる一方だ。

などはその典型的な実例です。このように帰納法における論拠と結論は、ちょうど具体的事例と抽象的見解の関係にあるのが、典型的なあり方です。「物価は上がる一方だ。現に散髪代も定期代も上がっているのだから。」というのは、論拠と結論とを逆の順序に置いたものにすぎません。

論理的な文章が、すべて帰納法ばかりで論を進め、それも右のような典型的な論法ばかりから成り立っていたら、はなはだわかりやすいのですが、そんな調子にはいきません。一つ一つ帰納法で確かめていたらたどたどしいし、論も進展しません。だからわかりきった結論は書かれずに、結論をわかりきったものとして含ませて論が進展することの方が多いのです。

［例］散髪代が上がった。定期代も上がった。だが物価がすべて上がったわけではない。

などはそのわかりやすい例です。丁寧に言えば「だが」の前に「すべての物価が上がっている」という仮の帰納的結論を置くことができ、それとの対比の照応において「だが」と続くのです。一般に逆接とは対比の照応を言うのですが、対比されるべきものが文脈上わかりきったものである時は、そんなものは省略して論を進めるのです。右にあげた例などは、わざわざ仮の帰納的結論をあげるまでもないわかりやすい例ですが、複雑な文章になると、**わかりきったものとして書かれずにいる判断を注意して読みとっていく**必要があります。

どのような判断をわかりきったものとして書かないかは、論者と論題によってさまざまです。たとえば、「物価は経済政策によって左右される」ということを自明と考えている論者は、「つまり物価は上がる一方だ」の代わりに一気に「要するに政府が無策なのだ」

という判断を導くでしょう。このように自明であるとされている判断を読みとることは論者の考え方を理解するときにもたいせつな着眼点ですが、一般に一つの判断から生まれる**派生判断の種類とその正・不正について知っておく**のが便利でしょう。論理学でも数学でも言う一つの真理（定理）の逆・裏・対偶のことです。

原命題	AはBである	犬は動物である	一番もとの判断
逆	BはAである	動物は犬である	原命題が正しくても、逆は必ずしも正しくない
裏	AでないものはBでない	犬でないものは動物でない	原命題が正しくても、裏は必ずしも正しくない
対偶	BでないものはAでない	動物でないものは犬でない	原命題が正しければ、対偶は必ず正しい

このような派生判断とその正・不正を知っておくと、書かれていない判断を補っていくのに役立ちます。

判断の論拠(一)──帰納──のとらえ方

1 帰納ということの本質を知っておく。それは具体的事例を証拠として一般的な結論を抽象してくる論法である。

2 わかりきったこととされ、そのために書かれずにすまされている判断、を注意して読みとっていく。

3 特に一つの判断から生まれる逆・裏・対偶の派生判断とその正・不正の関係を知って有効に活用する。

【例題二五】

ことばとは何か

服部四郎《はっとりしろう》

設問 次の文章をよく読み、最後に結論をまとめて補いなさい。

人類のことばは、生まれてからのちに習うもので、わたしたち日本人が日本語を話すのも、アメリカ人が英語を話すのも、先天的な能力によるのでなく、生まれてから長年かかって、自分の周囲に話されていることばのまねをくり返すことにより獲得した後天的習慣によるのであります。純粋の日本

ここに引いた文章は「ことばとは何か」というラジオ放送テキストの一部です。これより前にも話があり、このあとにも話が続きます。けれども一応まとまりのついた部分として独立させて扱います。

1 まず第一段（1〜16行）の要旨をつかむことがたいせつです。どのようにまとめることができますか。

考え方 この段落が結論を冒頭に示すいわゆる冒頭型であることは、だれの目にも明瞭ではないでしょうか。

人類のことばは、生まれてからのちに習うもので（1〜2行）……ⓐ

がそれです。そのあとで、①「日本人が日本語を話す（2〜3行）」こと、②「アメリカ人が英語を話す（3〜4行）」ことを、具体的事例として導いている

（ことばというものは）自分の周囲に話されていることばのまねをくり返すことにより獲得した後天的習慣（である）（6〜8行）……ⓑ

という見解も、要するにⓐの言い換えにほかなりません。

ただし、ⓑまたはⓐの論拠として使われている、

人でも、赤ん坊の時からアメリカ人の中で育てられれば、アメリカ人と同じように英語を話すようになります。どんな外国人でも、日本で日本人に育てられれば、日本人と同じように日本語を話すようになります。

　ですから、もし何かの事情で、ほかの人が話すのをまねすることができずに成長しますと、ことばが話せなくなります。生まれつきの聾《ろう》者か、ごく幼い時に聾《ろう》者になった子供は、ほかの人の話すことばが聞こえませんから、ものが言

---

①日本人→日本語を話す

②アメリカ人→英語を話す

の二つの事実は、ⓐまたはⓑの論拠として十分なものではありません。

①′周囲で日本語が話されている環境に生まれ育った人→日本語を話す

②′周囲で英語が話されている環境に生まれ育った人→英語を話す

というのであれば、そのままⓐまたはⓑの帰納する論拠であり得ますが、「日本人（アメリカ人）」というのは、直接には人種を表す語であって、必ずしも「周囲で日本語（英語）が話されている環境に生まれ育った人」と全く同じではないからです。だから

③アメリカ人に育てられた日本人→英語を話すようになる。（10～13行）

④日本人に育てられた外国人→日本語を話すようになる。（13～16行）

という具体的事例が論拠として追加されねばならないわけです。この③④が①②と組み合わされて、

えなくなるのです。

また、人間の子供でも、人間の社会から隔絶された所で育てば、ことばが話せなくなるはずです。一七九九年のこと、フランスのア①ヴェロンの森で、まっぱだかで木の実や根を食物にしている十一、二歳の野生児が発見されました。ごく幼い時に捨てられて、森の中でひとりで成長したものでしょう。物の食べ方をはじめ、すべての動作が、まるで動物のようでした。ことばは一言も話せず、またわかりもしませんでした。医者で心理

日本人
アメリカ人(外国人)

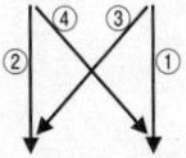

日本人に育てられる
⇓日本語を話す
アメリカ人に育てられる
⇓英語を話す

のような関係を作ることに注意してください。人種の条件は問題でなく、何語を話す人々の間に生まれ育ったかという条件が問題なのだ、ということは、これで手落ちなく証明されたことになります。念のために①④・②③から、共通性を抽象し、一般的な結論を帰納すると

X語を話す人々の間に生まれ育った人間は↓X語を話すようになる。

ということになります。これはもちろんⓐⓑとそのまま同じではありません。

この帰納的結論の側に、

人間は環境から多くのものを模倣によって学びとるものだ。
人間は異なる環境からは異なるものを学びとる。

のようなことが、言うまでもなく自明なこととして置かれていて、そこからⓐⓑのような結論が導かれてくるのです。

学者のイタール②が数年にわたって熱心に訓練しましたけれど、書くことばを少し覚えただけで、話すことばはついに覚えませんでした。

一九二〇年にはインドのカルカッタに近いゴダムリという村の近くで、ほら穴の中でおおかみの子といっしょにおおかみに育てられている人間の女の子が二人発見されました。大きいほうは八歳、小さいほうは一歳半ぐらいに見えました。二人とも全くおおかみのようで、昼間は小さくなっており、夜になると元気づいて、外の暗い

2 第二段（17～24行）は、第一段からは、どのような論理的関係においてつながるのでしょうか。

考え方 この段はただの二文から成り立っているだけですが、要旨を示す抽象的見解は第一文に盛られ、第二文はその具体的事例であることは言うまでもありません。

もし何かの事情で（17行）——

タトエバ→ ｛生まれつきの聾者か、ごく幼い時に聾者になった子供は（20～22行）

ほかの人が話すのをまねすることができずに成長しますと（18～19行） → ｛ほかの人の話すことばが聞こえませんから（22～23行）

ことばが話せなくなります（19～20行） → ｛ものが言えなくなるのです（23～24行）

という構造は、抽象的見解と具体的事例との典型的な関係を示します。では、

ほかの人が話すのをまねすることができないと→ことばが話せない……ⓒ

という見解は、第一段とはどうつながるのでしょう。ここ

所を四つ足で走り回りました。ことばはもちろん一言もわかりませんでした。年下のアマラと名づけられた子は一年足らずで死に、年上のカマラは九年間生きていましたが、ことばを覚えることはたいへんおそく、五年目になってやっと三十の単語が話せるようになり、七年目になっても四十五の単語を覚えただけです。幼い時に人間社会から隔離されていると、ことばができなくなるばかりでなく、ことばを習う能力まで鈍ってしまうもののようです。

で第一段の要旨と見られる見解ⓑをもう一度引いておきましょう。

(ことばというものは)自分の周囲に話されていることばのまねをくり返すことにより獲得した後天的習慣(である)……ⓑ

は、ⓒとならぶようにくだいて言い換えれば

周囲の人が話すのをまねることによって→ことばが話せるようになる……ⓑ'

となるでしょう。そしてこうならべればすぐわかるように、ⓒはⓑ(ⓑ')に対して裏の関係、つまり「AはBだ」に対する「AでないものはBでない」の関係にあるのです。論者は、ですから、もし何かの事情で、……ことばが話せなくなります。(17～20行)

と断定的な言い方をしていますが、一つの原判断が正しくても、裏や逆は必ずしも正しいとは限らない、ということはすでに述べておいたとおりであり、要するに論者はここで、第一段の要旨を裏から検討しようとしているのです。

生まれつきの聾者か、ごく幼い時に聾者になった子供は

……

人類に一番近い類人猿《るいじんえん》は、いろいろの点で人間に似た行動をしますけれども、やはりことばは持っていません。しかし、人間でも、獣といっしょに住んでいると、ことばが話せなくなりますから、逆に、類人猿を赤ん坊の時から人間の子と同じようにして育てたら、ことばを話すようにならないでしょうか。どんな外国人でも、赤ん坊の時からその国の人に育てられると、その国のことばを話すようになります。類人猿を、生まれ落ちるとすぐ仲間から隔離して、人

以下の具体的事例は、ⓑ（ⓑ'）に対して裏の関係にあるⓒを、やはり正しいと認めるための論拠にあたります。ⓑ、ⓑ'が正しい、という第一段の内容そのものからは、ⓒの正しさは保証されないから、こういう論拠をあげる必要があるのです。

3 第三段（25～41行）も第二段と同様に、「ほかの人が話すのをまねることができないとことばが話せなくなる」という話の具体的事例です。けれども、どうしてもう一つの具体的事例があげられているのか、はたしてそれは必要なのか、を考えねばなりません。

考え方 この段でも冒頭に要旨が要約されていて、あとはその論拠となるような具体例があげられている、と見るのは正当です。

人間の子供でも、人間の社会から隔絶された所で育てば（25～26行）
―タトエバ→
まっぱだかで木の実や根を食物にしている十一、二歳の野生児（29～31行）

間の家庭で教育してみたらどうなるでしょう。この興味ある問題を解くために、自ら実験したアメリカ人夫婦があります。

一九四七年に、ヘイズ夫人と、心理学者である夫のヘイズ博士とは、フロリダ州のオレンジ・パークで、同地のヤーキス類人猿生物研[③]究所から、生まれたばかりの雌のチンパンジーをもらって、困難な実験に取りかかりました。子供のなかった夫人は、実のひとり子と全く変わらない愛情をもって、ヴィキーと名づけられた赤ん坊チン

ことばが話せなくなるはずです（27行）＝ことばは一言も話せず、またわかりもしませんでした（36〜37行）

という照応は、第二段の場合と全く同様です。そして冒頭で示される

人間社会から隔絶された所で育てたら→ことばが話せない……ⓒ

は、さきのⓒ

ほかの人が話すのをまねることができないと→ことばが話せない……ⓒ

とならんで、ⓑ（ひいてはⓑ）

周囲の人が話すのをまねることによって→ことばが話せるようになる……ⓑ

を裏から確かめようとする関係にある、ということも言うまでもないでしょう。第三段と第二段とは、第一段を裏から確かめるためのひとまとまりだと言うべきです。

けれども第二段と第三段とを区別するものをも見のがさないように。それはⓑの「周囲の人が話すのをまねる」という言語習得の必要条件の中の、「まねる」ということの不可

パンジーの、食べ物・おむつ・着物・ベッドの世話をし、遊び相手となり、いろいろのしつけをしながら、育て上げました。このようにして育てられたヴィキーは、満三歳のころには、自分で洗面をし、切り抜きの絵のはめ合わせ・積木・ブランコ・砂場・風船・電話などの遊びをし、ハンマー・くぎ・くぎ抜き、ねじ回しなどがじょうずに使えました。知能テストをして、人間の子供と比べてみても、ヴィキーはほとんど劣るところがありませんでした。それでは、

能なケースにあたるのが第二段ⓒ、「周囲の人が話す」という環境そのものを欠くケースにあたるのが第三段ⓒという関係にあることです。ⓑの「周囲の人が話すのをまねることによって」というのは、「周囲の人が話す」という条件と、「それをまねる」という条件との、二つの条件から成り立つわけです。だが第二段ⓒの具体的事例である「生まれつきの聾者か、ごく幼い時に聾者になった子供」は、一つの条件だけを欠くケースにすぎません。だからもう一つの条件を欠くケースを補っておかなければ、裏としては十分でない、というわけです。図示しましょう。

第一段	第二段	第三段
周囲の人が話し それをまねる	（周囲ノ人ハ話スガ まねられぬ）	人そのものが 周囲にいない （マネル能力ハアルガ）
↓	↓	↓
ことばを話す	ことばを話さない	

4 第四段（42～65行）はどうでしょうか。同じように要旨をまとめ、前からの続きぐあいを考えてみよう。

考え方 この段では冒頭に抽象的見解が示されることなく、

このようにりこうなヴィキーは、ことばをたくさん覚えたでしょうか。夫人のたいへんな骨折りにもかかわらず、満三歳までにようやく、「ママ」(母)、「パパ」(父)、「カップ」(飲み物)の三つの単語を発音することができるようになっただけで、しかもそれらの単語をいつも正しく使うとは限らなかったということです。この年ごろの人間の子供が、いろいろの単語をさまざまな文に組み立てて話せることを思いますと、その違いの大きいのに驚かれます。聞いてわかる

直ちに具体的事例と思われるものから始まります。ここで紹介されている「カマラ（56行）」「アマラ（54行）」の野生の姉妹の話は非常に有名な話で、知っている人も多いでしょう。この二人の野生の少女を人間らしく教育しようとする人々の努力と、それに対する二人の反応とは、詳しく一冊の書物として紹介されていますが、それをこの文章では42行から61行までの間に、実に要領よく要点をまとめています。そしてこの具体的事例から帰納された

　幼い時に人間社会から隔離されていると、ことばができなくなるばかりでなく、ことばを習う能力まで鈍ってしまうもののようです。（61～65行）……ⓓ

という見解は、この段すべてを要約した抽象的見解に相当します。

ところでここでは今までにとり上げられていなかった、新しいものが登場します。「ことばを習う能力（63～64行）」というのがそれです。もちろん「ことばを習う能力」は「ことばを話す」ための根本的な能力ですから、このⓓは

　幼い時に人間社会から隔離されていると→ことばを習う能力が鈍り→ことばを話さない。……ⓓ'

ことばのほうは、その種類がずっと多かったのですが、それでも五十は越えなかったそうです。しかも、犬の場合のように、いわば文全体の意味がわかるだけで、それを単語の組み合わせとしてわかるのではなかったのです。ヘイズ夫妻の実験によって、チンパンジーは、どれほど骨を折ってことばを教えても、人間と同じように話すようにならないことが、明らかになったと言ってもよいと思います。

(読解補注)

①アヴェロン—フランス南部の山地の

という構造と理解されねばなりません。「人間社会から隔離されていると」という条件が第三段の場合と同様であることを考えに入れつつ、これを第三段までの論の運びの上に位置付けてみると次のように整理できるでしょう。

第一段ⓑ	第二段ⓒ	第三段ⓒ'	第四段ⓓ
周囲の人が話し それをまねると ←	この条件を欠くと ←	この条件を欠くと ←	この条件を欠くと ← ことばを習う能力が鈍り ←
ことばを話す	ことばを話さない		

「ことばを習う能力」ということ以外には、第四段と第三段とはほとんど同じことを述べたものだ、という関係が一目で明らかとなるでしょう。実は「ことばを習う能力」については第三段でも最後の所で少しですがふれられます。

イタールが数年にわたって熱心に訓練しましたけれど、書くことばを少し覚えただけで、話すことばはついに覚えませんでした。(38〜41行)

がそれです。けれどもそれは、言わば第四段へのまえがきのような扱いであり、「ことばを習う能力」は主として第四段

多い県。

②イタール―Itard, Jean Marc Gaspard（一七七四―一八三八）フランスの医学者で、耳について専門的に研究した最初の人。

③ヤーキス類人猿生物研究所―Yerkes Laboratoires of Primate Biology アメリカの動物心理学者ヤーキス（一八七六―一九五六）が一九二九年エール大学に設立し、自ら初代所長となった研究所。動物の比較心理学的研究を行う。

で扱われるのです。だから野生の二少女の言語習得能力の貧弱さが具体的に紹介されているのです。

こうして第四段からは、単に「ことばを話す」ための条件を裏から確認する第二段や第三段までの論旨を一歩進めて、「ことばを話す」根本能力である「ことばを習う能力」そのものが、やはり「周囲の人が話し、それをまねる」という環境によって養われるものだ、ということに焦点が合わされます。

5 この第四段の要旨を裏から確認しようとするのが第五段（66～83行）です。その関係を頭に入れながら読むことがたいせつです。

考え方 第五段の要旨はちょうど真ん中のあたりにあります。これを第四段の要旨とつき合わせてみましょう。

第四段ⓓ	第五段要旨（66～83行）
人間は ⇓	類人類を
人間社会から隔離されて育つと ⇓	赤ん坊の時から人間の子と同じように育てたら ／ 周囲の人がそれを話しまねうる ／ 環境に育つと

ことばを習う能力がなくなり　⇓（ことばを習う能力について）
ことばを話せなくなる　⇓ことばを話すようにならないでしょうか。

これの両者の関係はやはり裏の関係です。「人間」の代わりに「人間でないもの」を持ってくるのが第五段ですが、いくらなんでも豚や蛙を持ってくるわけにはいきませんから、「人間」に最も近い「類人猿」が選ばれているのです。この段はもっぱら「ことばを話すようにならないでしょうか」という問題の提起の形で終わりますが、もし調べてみて「確かにことばを話すようになる」とわかれば、「人間であるか猿であるか」ということは問題でなくなり、ただ「人間社会の中で育つこと」だけが「ことばを話す能力」と直結する、という結論が導かれるはずです。

6 第六段（84～133行）はその疑問に答える段です。どういう結論が導かれるでしょうか。

考え方 ヘイズ夫人とヘイズ博士（84～85行）の実験結果が詳しく報告されています。「実のひとり子と全く変わらない愛情をもって～いろいろのしつけをしながら、育て上げました（91～97行）」の部分は、「赤ん坊の時から人間の子と同じように育てたら」という第五段の仮定が、そのとおり行われたことを報告する部分です。

続く「このようにして育てられたヴィキーは、～ほとんど劣るところがありませんでした（97～107行）」の部分は、類人猿がこのような教育のおかげでほとんどすべての点で「人間の子供と比べてみても（105～106行）」劣るところがなかった、ことを報告する部分です。ただし類人猿はこのような教育にもかかわらず、ただ一つの点だけは遂に人間の子供に及びえなかった、そしてそれは「ことば」に関する能力であった、ということを述べるのが、以下最後までの部分です。

ではこれでどういう結論が導かれるでしょう。第六段の最後にある「チンパンジーは～人間と同じように話すようにならないことが、明らかになった」は、第六段の実験結果をまとめた要旨にすぎません。最終的な結論は第五段までの論旨にこの第六段の要旨をつき合わして、得られねばなりません。

まず第五段で提起された問題に対して「イエス」の答えが出たのなら、

ことばを習い話す能力は、人間であるか猿であるかにかかわりなく、人間社会の中で育つことによって与えられる。

という結論が導かれるはずでした。ところが答えは「ノー」だったのですから

ことばを習い話す能力は、人間であるか否かにかかわるものであって、人間でなければそもそもことばを習い話す能力は持たないのだ。

という結論が導かれます。これは言い換えると

人間であるという先天的条件があってこそ、ことばを習い話す能力を持つ……ⓔ

ということです。だが、これが最終結論ではありません。これを一番初め第一段の

（ことばというものは）自分の周囲に話されていることばのまねをくり返すことにより獲得した後天的習慣（である）……ⓑ

とつき合わせてみることがたいせつです。両者は矛盾しそうだからです。だがこの両者は矛盾するのでしょうか。第一段から第四段まで、環境がととのっていなければことばを話す能力は身につかぬ、ということを証明するのに使われていた具体的事例は、すべて「野生」ではあってもともかく

「人間」でした。「人間でないもの」は第五段になるまでは問題外だったわけです。「ことばを話すのは人間であるという前提に立って」などとは書いてありませんが、あたりまえのこととして書かれていないまでです。したがって、第四段までは

人間であって
人間社会に順調に育ったものは ＞ →ことばを話す……ⓕ

という二つの条件の中の、一方の必要が強調されていたのです。第五、第六段はわかりきったこととして、暗黙の前提となっていたもう一方の条件の必要を強調する段なのです。したがって、この文章全体から導かれる最終的な結論は、二つの条件をしっかりと備えたⓕの形のものでなければなりません。

《解答》人間であるという先天的素質と、周囲の人々がことばを話しそれをまねることができるという後天的環境との、この二つの条件がなければことばを話すことはできない。

《例題二五の筆者と作品》

服部四郎 明治41（一九〇八）年〜平成7（一九九五）年。言語学者。東大言語学科卒業。東大名誉教授。三重県生まれ、専攻はモンゴル語であり、青年時、北満州で臨地研究生活を送る。わが国の記述言語学の理論的、実践的指導者。初期に、アクセント研究の基礎を確立。発想は、いつも身近に実現することば（発話）の観察から始まっている。一九五六年には、国語学会の講演で、時枝誠記《もとき》の『言語過程説』を批判している。主著には『音声学』『日本語の系統』『言語学の方法』『アイヌ語方言辞典』（共著）など多数ある。本文は『NHKラジオテキスト教養大学』（昭和35年4・5・6月号）所収の「言葉とは何か」の一部である。

30

戦後、親孝行ということについていろいろと議論が沸騰した。親孝行無用論などという主張さえまかりでる始末だったが、これもまことに奇妙な話である。無用とか、有用とかいう生活感覚の低さが問題なのだ。

そういう点では、小鳥のような動物たちの方が、どんなにすがすがしくて気持ちがいいか知れない。彼女たちも子を育てることにかけては決して人後におちぬ愛情と献身を示すが、彼女たちは、巣ごもりをし、子を育てることそのことにすでに十分の報いと無限の意味を自得している。子を育てている時期の彼女たちの生活は一年を通じてもっとも充実しきった、こぼれるような豊かさを感じさせる。ひな鳥は自立できるころになると、いとも自然に喜々として巣立ってゆく。無償の行為というか、実は彼女たちにおいては、与えることはそのまま同時に与えられていることであり、子を育てることそのことに、かけがえのない生の歓喜と充実があるのであって、報いはその場で受けているのだ。

人の子の父となって私はつくづくとこのことを思う。(注1)頑是《がんぜ》ない子供のすることなすこと、一挙手一投足が親にとっては、まさに珠玉の生活絵巻である。歩くことも、語ることも十分にできない幼い子供

【出典】
新島《にいじま》　正《ただし》「現代の偶像」
新島　正〈大正10（一九二一）〜〉は随筆家。「人生論を越えて」「ユーモア」「ユーモアについての43章」など。

【参考問題】
1 本文中の□に入れる語句として最も適当なものを次から選べ。

ア 親は子をきびしく鍛えるべきである
イ 子は生まれながらにして孝行者だ
ウ 親にとって子はまさに従属物である
エ 子にとって親は大切な恩人なのだ

によって、他の何人によっても受けることのできないものが与えられることを、世の親たちは経験してきたはずである。ヨチヨチと歩き始めた子供の、あの天使のような笑顔を受けとめながら、私は、□、と思わないわけにはいかなかった。育てる親としての自分よりも、人間として育てられている自分を感ずるのである。

　親が子を育てた、というのに間違いはないが、親の側からそれだけをとりあげてものをいうのはどんなものだろうか。これもまた、ご多分にもれず、子とはかくあるべきもの、親はこういうものという動きのとれない、親の親権意識であり、これが子を自分の従属物のように錯覚し、その意に反してかえって子の心を離れさせてゆくのである。

　子を持って知る親の恩、とよくいわれるが、親と子という間に設定された先入観念さえなければ、もっと純粋に、ジカに、[1]子を持って子の恩を知り、親に仕えて親の恩を知ることができるのではなかろうか。親孝行しなければならない、いやしなくてもよい、というような正面きった（注2）膝詰論《ひざづめろん》は、もっとも自然で純粋であるべき親子の関係を侮蔑《ぶべつ》するものだといいたい。孝行はすべきものだからするのではなくて、せずにおれないからするというのではじめて本ものだとい

2　**筆者がこの文章を通して述べている内容と一致しないものを次から選べ。**

ア　親孝行はすべきものだとか、しなくてもよいものだとか考える生活感覚の低さが問題なのである。

イ　親孝行無用論が主張されたりするのは道徳を軽視した結果で、嘆かわしい現実だというべきである。

ウ「やむを得ざる、これ誠なり。」という山鹿素行の言葉は、親孝行の本質をついた内容を含んでいる。

エ　人間も小鳥と同じで、子を育てることそのことに、十分の報いと無限の意味を感じとることができる。

える。「やむを得ざる、これ誠なり。」とは、(注3)山鹿素行《やまがそこう》の言葉だったと記憶する。

孝行が道徳の徳目(注4)として意識されること自体にすでに問題があったのだ。親子の愛情というものは、そんな水っぽい人間の約束ごとではないはずである。

(注1) 頑是《がんぜ》ない＝幼くて聞き分けがない。
(注2) 膝詰論《ひざづめろん》＝相手に迫るような議論。
(注3) 山鹿素行《やまがそこう》＝江戸時代の学者で儒学を修めた人。
(注4) 徳目＝道徳を、仁・義・礼・智などに分類してつけた呼び名。

【演習】

一 **第二段落「そういう点では、……その場で受けているのだ。」における筆者の論の進め方を説明した文として最も適当なものを次から選べ。**

1 筆者が孝行についての考えを述べるに当たり、その内容を限定して、自分一人の問題にとどめようとしている。

2 筆者が孝行についての考えを述べるに当たり、現在の社会がかかえる多くの問題点を、列挙して分析している。

3 筆者が孝行についての考えを述べるに当たり、そこに至った経過

〈着眼点〉

参考問題 **1** 「天使のような笑顔」をふりまく幼児が親にとってどのようなものであるかを考えればよい。**2** 「親孝行無用論」は「道徳を軽視した結果」出てきたものではなく、「生活感覚の低さ」が原因で出てきたものであることに気づくことが大切。

4　を、時間を追って論理的に解説している。

筆者が孝行についての考えを述べるに当たり、他の例を引き合いに出して、わかりやすくしようとしている。

二　傍線部に「子を持って子の恩を知り」とあるが、子を持つことによって子から親に与えられる「恩」を筆者はどのような言葉で表現しているか。本文中の七字で答えよ。

三　親孝行無用論・有用論をともに否定する筆者は、「孝行」において最も大切なものは何だと考えているのか。十字程度の言葉に要約して答えよ。

【演習】一「小鳥」の「例を引き合いに出し」た筆者の意図をよく考えること。**二**「他の何人によっても受けることのできないもの」を「恩」と呼んでいる。それが具体的な言葉で表現されている箇所を探す。**三**　親孝行無用論・有用論にみられる「正面きった膝詰論」に抜け落ちている視点はなんなのかということを考えること。

日本語の学習

日本語はいま世界的にブームになっている。経済的に大国化した日本に対する関心の高まりが、日本語に対する関心を呼びさましたのである。そのため外国人に日本語を教えられる日本語教師の育成が急務とされてもいる。しかし、外国人に日本語を教える前に、日本人が正しく理解しなければならない問題点も日本語には数多くある。たとえば、正しい送りがなのつけ方、歴史的かなづかいと現代かなづかい、敬語の正しい使い方、漢字の使用制限の問題など。これらは、高校生にもなると大なり小なり意識することがらであろう。「うなづく」と「うなずく」、「もとづく」と「もとずく」、「一枚ずつ」と「一枚づつ」。これらはどちらが正しい表記法であるか？　ふだんは大して意識していないが、いざ自分で表記するとなるとついつい迷ってしまう。

言語学者は、日本語の問題をもう少し専門的な角度から研究し、日本語がどのような言語であるかを明らかにしようとしている。また、文学者の中にも、日本語の特質を独特な視点から解明し、日本語をいかに使うべきか、日本語はどのように教えるべきか、ということについて興味深い説を唱えている人もいる。それらの中には高校生が読んでも十分楽しめるものがたくさんある。いくつかあげると、大野晋《すすむ》『日本語をさかのぼる』（岩波新書）、『日本語の年輪』（新潮文庫）、三浦つとむ『日本語とはどういう言語か』（講談社文庫）、藤原与一『ことばの生活のために』（講談社現代新書）、外山滋比古《とやましげひこ》『日本語の個性』（中公新書）、鈴木孝夫『ことばの人間学』（新潮文庫）、丸谷才一《まるやさいいち》『桜もさよならも日本語』（新潮社）、『日本語のために』（新潮文庫）、福田恆存《つねあり》『私の国語教室』（中公文庫）、井上ひさし『私家版　日本語文法』（新潮社）などである。

私たちは、ふだん使っている言語である分だけ、日本語については十分知っているつもりでいる。しかし、今あげた本は、私たちがいかに日本語について曖昧《あいまい》な部分をかかえているか、また、日本語がいかに、ふだんの生活では気づかれない微妙な生命をもったものであるか、を教えてくれる。大学の入試問題でも、日本語の特質について述べた文章が出題されたり、小論文で日本語に関する論述を求めるものがよく出されてもいる。

これらの著作に目を通して、日本語に関する認識を深めておいてはどうだろうか。

3 判断の論拠(二) 演繹を中心に
―前提から結論が導き出されるときの法則を知る―

しっかりした論拠にもとづいて理論を発展させ判断を下す方法に、演繹《えんえき》法と言われるものがあることは誰でも知っているでしょう。演繹は帰納とともに推論の根本的な方法ですから、**演繹ということの本質を知っておく**ことが必要です。一口に言えば演繹とは、帰納とは反対に、一つの一般的な真理にもとづいて、個々の具体的なものについての判断を導く論法です。

［例］現在すべての物価は上昇しつつある。だからそのうちに授業料も上がるだろう。

などはその一例と言えましょう。このように演繹法における論拠と結論とは、ちょうど抽象的見解と具体的事例との関係にあるのが、典型的なあり方です。「そのうちに授業料も上がるだろう。なにしろ何もかも値上げなんだからな。」というのは、論拠と結論とを逆の順序に置いたものにすぎません。

ところで演繹の場合、結論は一つの一般的真理にもとづいて、論理的な法則にしたがって導き出されるものであり、もしも論理的法則に忠実にしたがわない時は、間違った結論が導かれることになりますから、論理的な形式がきびしく守られねばなりません。三段論法の形式と言われているのがその代表です。だから論者がどのような論拠によって結論を導いているかを正しく把握《はあく》するには、**三段論法の形式を知っておく**必要がありましょう。

大前提	すべてのMはPである	動物はすべて死ぬ	Mに例外があってはならない
小前提	すべてのSはMである	人間はすべて動物である	Sに例外があってはならない
結　論	だから　すべてのSはPである	だから人間はすべて死ぬ	大前提のMと小前提のMとにずれがあってはならない

これは「定言的三段論法」と言われているもので、他に前提が「PかP′かである」のような「選言判断」や「AならばCである」のような「仮言判断」の形をしているものがありますが、基本的なのはこの定言判断の三段論法だと言ってよいでしょう。

もちろん三段論法によって演繹する場合には、大前提・小前提・結論を明瞭に書いていくのが原則ですが、普通の論文や評論では、たとえば小前提がわかりきったこととして書かれないまま直ちに結論にはいる、という省略された形で書かれることが少なくありません。たとえば先の「現在すべての物価は（M）――（P）上昇しつつある」「だからそのうちに授業料も（S）――（P）上がるだろう」という演繹的論法は、

［例］　現在すべての物価は上昇しつつある。ところで授業料も物価の一つである。だからそのうちに授業料も上がるだろう。

のように、中間に小前提を補って理解するのが厳密な理解のし方です。このように、**省略されている**

前提を補いつつ読むことを怠ると、論拠をはっきりと理解することができない場合がありますから注意が必要です。自明のこととして書かれていない判断は、論者の考え方を理解するときにも重要な着眼点ですが、特に前に書かれている一つの判断から生まれるはずの派生判断については、省略されやすいものとして、こういう場合、常に注意しなければなりません。

判断の論拠㈡—演繹—のとらえ方

1 演繹ということの本質を知っておく。
2 特に三段論法の形式をよくマスターして、前提から結論が導き出されるときの法則を知っておく。
3 省略されやすい派生判断や、自明のこととして書かれていない前提を、注意して補いながら論拠をつかむ。

【例題二六】

「である」ことと「する」こと

丸山《まるやま》眞男《まさお》

1 本文の初めに出てくる「時効（2行）」について、まず知識を確かなものにしておこう。

考え方 民法ばかりでなく刑法でも「時効」ということが言われ、この法は時々新聞種になったりするので、知っている人

設問

筆者が「である」ことよりも「する」ことを重視する時の、根拠となっている考えを、最も圧縮した形で要約しなさい。

学生時代に①末弘厳太郎《すえひろいずたろう》先生から民法の講義を聞いた時、「時効」という制度について次のように説明されたのを覚えています。金を借りて催促されないのをいいことにして、ネコババをきめこむ不心得者が得をして、気の弱い善人の貸し手が結局損をするという結果になるのはずいぶん不人情な話のように思われるけれども、この規定の根拠には、権利の上に長く眠っている者は民法の保護に値しないという趣旨も含まれている、とい

が多いでしょう。たとえば、三億円強奪犯人が時効の日までつかまらなかったことと、ロッキード事件にからんだある脱税者が、時効寸前に国税庁の摘発をうけたこととは、時期的にあい前後してテレビや新聞のトピックとなり、人々の間に「時効」ということばを植えつけたものです。もちろんその内容は、

ある犯罪事実も、ある時期を経過した後は刑法の対象とはならず、たとえ真犯人がわかっても罰せられない。

という、その時間のことを言うのです。ただしそれは刑法のことで、本文で問題になっている「民法（2行）」の特に債権（貸した金の返済を相手に請求する権利）については、本文の中に、

請求する行為によって時効を中断しないかぎり、単に自分は債権者であるという位置に安住していると、ついには債権を喪失する（18～22行）

と書かれている所から、時効の内容は明らかでしょう。お金を貸しても、時々返済を要求することを怠ると、ある時期に時効に達し、もう返済を要求する権利がなくなってしまう、という民法上の定めなのです。

うお話だったのです。この説明にわたしはなるほどと思うと同時に「権利の上に眠る者」ということばが妙に強く印象に残りました。今考えてみると、請求する行為によって時効を中断しないかぎり、単に自分は債権者であるという位置に安住していると、ついには債権を喪失するというロジックの中には、一民法の法理にとどまらないきわめて重大な意味が潜んでいるように思われます。

　たとえば、日本国憲法の第十二条を開いてみましょう。そこには「この憲法が国民に保障する自由及び権利は、国民の不断の努力によって、これを保持しなければならない。」と記されてあります。この規定は基本的人権が「人類の多

2 以上はこの文章を読むための準備体操です。この「時効」についての書きはじめ文（4〜14行）を、二つに分けて、三段論法の構造を理解するところから始めましょう。

考え方 内容的には全くついて行きやすい文なのですが、こういうわかりやすい文に即して三段論法の運び方を理解するのがたいせつだと思います。とりあえず前半に含まれる

金を借りて……不人情な話のように思われる（4〜10行）

という判断を三段論法式に、大前提・小前提・結論の形にまとめてみましょう。もちろん書かれていないものは補い、書かれているものも推論の筋をたどるために書きかえて、三段論法の姿にととのえてみるのです。

大前提 ― 善人に損害を与えるの（M）は、不人情だ（P） ――ⓐ

小前提 ― 金を貸して催促しない人（S_1）は、一種の善人（M_1）だ ――ⓑ$_1$

時効の制度（S_2）は、債権を失わせるもので、損害を与える制度の一つ（M_2）である ――ⓑ$_2$

結論 ― 金を貸して催促しない善人に時効の制度が適

年にわたる自由獲得の努力の成果」であるという憲法第九十七条の宣言と対応しておりまして、自由獲得の歴史的なプロセスを、いわば将来に向かって投射したものだと言えるのですが、そこにさきほどの「時効」について見たものと、著しく共通する精神を読み取ることは、それほど無理でも困難でもないでしょう。つまり、この憲法の規定を若干読みかえてみますと、「国民はいまや主権者となった、しかし主権者であることに安住して、その権利の行使を怠っていると、ある朝目ざめてみると、もはや主権者でなくなっているといった事態が起こるぞ。」という警告になっているわけなのです。これはおおげさな威嚇でもなければ空疎な説

　用される（S）のは、不人情だ（P）――ⓒ

小前提をⓑ1ⓑ2二つにわけるような格好になりましたが、要するに、大前提ⓐに「善人」と「損害」という二つの項目が組み合わさってくるために、その一つ一つについて、小前提を立ててわかりやすくしてみたのです。この前半部では、結論にあたる内容が7～10行にわたって書かれていますが、大前提は当然の話として書かれておらず、小前提もまた

　気の弱い善人の貸し手（7～8行）

といった、圧縮された形でしか述べられていないのが注意されます。

3 それに対して同じ文の後半部（10～13行）は、様子が違います。どんなふうに推論の形をととのえることができますか。

考え方 この文の後半の、はじまりの方にまず注意をしてみる必要があります。それは、

　この規定の根拠には（10～11行）

で始まっています。これが根拠となって、先に検討したような善人への時効の適用が成り立っているのだ、というのですから、続く、

教でもありません。それこそナポ[②]レオン三世のクーデターからヒッ[③]トラーの権力掌握に至るまで、最近百年の西欧民主主義の血塗られた道程がさし示している歴史的教訓にほかならないのです。

　アメリカのある社会学者が「自由を祝福することはやさしい。それに比べて自由を擁護することは困難である。しかし自由を擁護することに比べて、自由を市民が日々行使することはさらに困難である。」と言っておりますが、ここにも基本的に同じ発想があるのです。わたしたちの社会が自由だ自由だといって、自由であることを祝福している間に、いつのまにかその自由の実質はカラッポになっていないともかぎらない。自由は

権利の上に長く眠っている者は民法の保護に値しない（11～12行）

ということが大前提になり、善人への時効の適用の是認が結論となるような、三段論法が含まれているはずなのです。もうわかったでしょうがやはりまとめておきましょう。

大前提　権利の上に眠る者（M）は、民法の保護に値しない（P）——ⓓ

小前提　金を貸して催促しない人（S）は、債権の上に眠る者と言われてもしかたない（M）——ⓔ

結　論　金を貸して催促しない人（S）は、民法に保護されなくてもしかたがない（P）→時効を適用されても不当でない——ⓕ

4　この後半部の三段論法の中で、本文にはっきりと書かれているもの、つまり大前提にあたるものが、この文章全体のために極めて重要です。

考え方　すでに気がついているでしょうが、このⓓから作られる派生判断、つまりⓓに含まれている判断が、以下の論述を進める上での、基本線となっていくのです。念のために

置き物のようにそこにあるのでなく、現実の行使によってだけ守られる、言い換えれば日々自由になろうとすることによって、はじめて自由でありうるということなのです。その意味では近代社会の自由とか権利とかいうものは、どうやら生活の惰性を好む者、毎日の生活さえなんとか安全に過ごせたら、物事の判断などは人に預けてもいいと思っている人、あるいは[4]アームチェアから立ち上がるよりもそれに深々と寄りかかっていたい気性の持ち主などにとっては、はなはだもって荷厄介《にやっかい》なしろものだと言えましょう。

（読解補注）

①末弘厳太郎―（一八八八～一九五二）
法律学者。

その派生判断を、はっきり書き出してみましょう。

権利の上に眠る者は、民法の保護に値しない ――ⓓ

民法の保護に値するのは、権利の上に眠らない者に限る ――ⓓ'

ⓓ'はⓓの対偶に当たります。前節「帰納法」の所でふれておいたように、原判断（ⓓ）が正しいと、対偶（ⓓ'）は必ず正しい。したがって、わざわざⓓ'の形にととのえなおす面倒をはぶいて、筆者は論を進めるのですが、以下筆者が「である」ことよりも「する」ことの必要を説く根拠は、まさにこのⓓ'なのです。

5 たとえば筆者が次に引く「日本国憲法」の問題は、このⓓ'から直結するのです。

考え方 まず筆者が引く、「日本国憲法の第十二条（26～27行）」の規定が、たちまちⓓ'を結論する大前提に当たります。

大前提―憲法が保障する自由および権利は（M）
その権利の上に眠らぬ者にのみ認められる
（＝不断の努力によって保持せねばならぬ）（P） ――ⓖ

②ナポレオン三世—Napoléon Ⅲ（一八〇八～一八七三）一八五一年クーデターによって独裁者となり、翌年から七〇年まで第二帝政を開いたフランスの皇帝。
③ヒットラー—Adolf Hitler（一八八九～一九四五）ドイツの宰相兼総統。
④アームチェア—arm chair

小前提┤民法が種々の権利を保障するのも（S）
　　　　憲法の保障を基本とするものである（M）｝ⓗ
結　論┤民法の保護に値するのは（S）
　　　　その権利の上に眠らない者に限る（P）｝ⓓ

ということなのですから。

6 ⓓを成り立たせている大前提ⓖを発展させて、筆者が一つの「警告（49行）」を引き出す時の論法はどういう運びになっていますか。

考え方 筆者が、「若干読みかえてみますと（43行）」ということばで書きかえている、二つの判断の関係を確かめればよいわけです。

この憲法が国民に保障する自由及び権利は、国民の不断の努力によって、これを保持しなければならない。（28～31行）——ⓖ

主権者であることに安住して、その権利の行使を怠っていると、ある朝目ざめてみると、もはや主権者でなくなっているといった事態が起るぞ。（45～49行）——ⓘ

このⓖとⓘとの関係は、やはり対偶の関係に属します。ⓖの後半「不断の努力によって、これを保持する」の否定が、ⓘの前半「権利の行使を怠る」であり、ⓖの前半「憲法が国民に自由及び権利を保障すること」の否定が、ⓘの後半「主権者でなくなっているという事態が起る」に相当するのですから。

7 筆者が「である」ことをしりぞけ、「する」ことの重要性を力説する論拠は、これで十分に明らかでしょう。

考え方 筆者が挙げる「ナポレオン三世のクーデター（52〜53行）」や「ヒットラーの権力掌握（53〜54行）」などは、具体的事例の提示にすぎません。「アメリカのある社会学者（58行）」のことばを使って、

自由の祝福→自由の擁護→自由の行使

という順序でならべられているものも、

主権者であること⇔主権を行使すること

の違いを強調するための修辞にすぎません。そしてこの「である」ことと「する」こととの違いも、要するに先のⓓあるいはその前提であるⓖから生まれてくるものであることを、見落とさないようにしてほしいものです。

権利の保護に値するのは　権利に眠らぬ者に限る
↓　↓
主権者であり得るには　主権を行使するしかない

という関係、つまりⓓないしⓖの言い換えにほかならない関係をそこに認めることができるでしょう。「時効」の問題から「である」ことと「する」こととの問題まで、一貫して流れているのは、このⓓないしⓖにほかならないわけです。

《解答》一切の権利は、その権利の上に安住せず、その権利を実際に行使する者に対してのみ、保障されるべきものである。

《例題二六の筆者と作品》

丸山眞男　大正3（一九一四）年〜平成8（一九九六）年。政治学者。大阪府生まれ。東大法学部政治学科卒業。科学としての新しい政治学の確立を目ざす近代学派の中心人物で、その発言は知識層に大きな影響を与えた。ナショナリズムやファシズムの問題にも関心と造詣が深く、自由明晰《めいせき》な、実用主義的な思考にその特色がある。『日本政治思想史研究』『現代政治の思想と行動』などの著書のほか、訳書として『西洋政治思想史』、編著に『人間と政治』がある。本文の出典『日本の思想』は「われわれの現在に直接に接続する日本帝国の思想史的な構造をできるだけ全体的にとらえて、現にわれわれの当面しているいろいろな問題がそのなかで発酵し軌道づけられていくプロセスなり、それらの問題の『伝統的』な配置関係を示そう」としたものである。

練習問題

31

1　少年のころから青年時代に至っても、私は相変わらず退屈していた。大人たちは子供なぞにかまってはくれず、やむなく私は自分で遊びや楽しみをさがす以外になかった。何かおもしろいことはないか、どこかに私を驚かせるようなものが隠されてはいまいか、私は年中探索ばかりしていた。私の遊びとは、まさしく探索活動だった。探索とはいわば宝さがしである。私は常に宝をさがし求めて成長したような気がする。

2　宝さがしの目的は、いうまでもなく宝を手に入れることである。と

【出典】

森本哲郎《もりもとてつろう》「学問への旅」

森本哲郎（大正14〜平成26（一九二五〜二〇一四））は評論家。「詩人与謝蕪村の世界」「そして文明は歩む」「生き方の研究」「書物巡礼記」「読書の旅」「日本語表と裏」など。

ころが、宝さがしの魅力とは宝を得ることよりも、さがすという行為そのものにあるのだ。さがすということは何と楽しいことであろうか。だから栗《くり》拾いとか、茸《きのこ》狩りはおもしろいのである。少年のころ、私は近くの雑木林でどん栗を拾うのに夢中になっていた。私にとってどん栗は必ずしも価値あるものではなかったが、笹《ささ》の根を分けてどん栗をさがすことはこのうえなく楽しい遊びだった。それは[1]さがすという行為そのものの持つ魅力にほかならない。

3 人間についての定義はいろいろある。人間とは道具を使う動物であるとか、人間は理的動物[(注1)]（ホモ・サピエンス）で（ホモ・ファーベル）[(注2)]であるとか、人間は考える葦《あし》だとか。だが、私はそれにもうひとつ定義を加えたいと思う。人間とは何かをさがす動物だという定義である。むろん、さがすという行為は下等な生物にも見られる。アリもハチも絶えず餌《えさ》をさがして歩き回り、飛び回っている。キツネもタヌキも、いや、いっさいの生きものは餌をさがすことで生きているといってもよい。だから探索行動というものは生物の根源的な行為といえるかもしれない。

4 けれども、人間の探索行為は他の生物のそれとは質的に異なっている。他の生物の探索行動がせいぜい餌をあさるぐらいのところで行

【参考問題】

1 ［　　］に本文中で使われている語を入れよ。

2 傍線2に「人間の探索行為は大きく開かれている」とあるが、このことによって、人間は「どんなもの」となると述べているか。本文中から五字以内の語句を抜き出して記せ。

きどまりになっているのに、人間の探索行為は大きく開かれているか2らだ。人間は探索行為によってまず目的意識に目ざめる。そして目的を達するための手段をさまざまに考え出し、それを通じて価値の選択能力を身につける。こうして人間は知の狩人となる。端的にいえば人間は探索行為を通じて知的好奇心を育てあげるのである。学問とは知的好奇心の結晶にほかならない。だとすれば、人間がつくりあげてきたさまざまな学問の背後には、退屈→□→知的好奇心という過程が秘められているといってよかろう。

（1から4までは段落の番号である。）

（注1）理的動物＝理知に従って判断・行動する動物。

（注2）考える葦＝人間は葦のように弱々しいものだが、考える能力をもつ存在であることを強調した言葉。

【演習】

一　傍線1「さがすという行為」の「魅力」にとりつかれた人間の内面を占めているものは何だと考えられるか。本文中の一語で答えよ。

二　次の各文は、段落の内容がどのような関係にあるかについて述べたもの

〈着眼点〉

参考問題 **1** すぐ前の所の「探索行為を通じて知的好奇心を育てる」という一節に着目すれば、答えは明らか。**2**「大きく開かれている」とは、「探索行為」が単なる「餌をさがすこと」にとどまらず、それ以上の意味をもっているということ。

である。この中に正しくないものが一つある。それを次の中から選べ。

1 1段落と2段落とでは、ともに筆者の体験に基づいた事柄を中心にして述べている。

2 2段落では、1段落で提起したことについて具体的な例をあげ、考えを述べている。

3 3段落では、2段落の内容を違った角度から検討し、新たな意味をつけ加えている。

4 4段落では、3段落の内容を細かに分析・総合して、誤りがあると結論づけている。

5 4段落では2 3段落で取り上げた事例から発展して、筆者の考えを集約している。

三 右の文章で、筆者が特に言おうとしていることはどういうことか。次の中から最も適当なものを選べ。

1 生物は、何かをさがすことでは人間と本質的に同じであるが、知的な探索行為では遠く人間に及ばない。だから、生物は知的好奇心もなく、知の狩人になれるはずもないのである。

2 人間は何かをさがし求めずにはいられない存在である。他の生物の行為とは異なり、人間は未知なるものを知ろうとする知的な探索行為をとおして、学問を創造してきたのである。

【演習】一 人間は何につき動かされて「さがすという行為」に従うのかと考えればよい。段落4に注意。**二** 自説をふまえながら論を展開する構成になっており、自説の「誤り」を指摘しているところはない。**三** 段落の構成からみて4段落が結論部に相当するのは明らか。4段落の内容に最も近いものを選べばよい。

3　人間は宝を入手することよりも、宝のありかをさぐるゲームを楽しむことを覚えた。その結果、探索の目的や手段をいろいろに工夫し、知的な好奇心が一層発達してきたのである。

4　少年時代の栗拾いや茸狩りにまつわる楽しい思い出は、その後の人間形成に大いにプラスになった。こうした根源的な経験が、望ましい人づくりや優秀な学者を育てることになる。

5　人間が何かをさがし求めるのは、学問の神秘の扉を開きたいと願うからである。なぜなら、学問は知的好奇心を生み出し、人間を探索行為にかりたてる価値あるものだからである。

練習問題 32

「成人の日」のきょう、奈良の若草山では山焼きがある。夕刻、枯れ草に一斉に火がつくと、炎は山肌を走り、三十ヘクタールあまりの全山を包む。壮麗な火祭りは、短く、はげしい。

この伝統行事は、もともと二月十一日におこなわれていたが、戦後の昭和二十五年から一月十五日に繰りあげられた。その前の年に「成人の日」ができたので、それに合わせた。A山を焼く意味を考えれば、とてもふさわしい日だと思う。

【出典】朝日新聞「社説」（一九八七年一月十五日朝刊）

山焼きは、それがいつから、なぜ始まったかは、よく分からない。ただ、一つはっきりしていることがある。若草山の芝生は、そのおかげで毎年よみがえっているということだ。火は枯れ草を焼き尽くすが、その根は残る。火をくぐらせることによって、むしろ根は強くなり、若草は勢いをつけて育つのだという。若草山にとって、山焼きとは試練を伴った成人式なのだろう。

国民の祝日に関する法律は、成人の日の趣旨を「青年を祝いはげます」ことだとしている。ただし、その「青年」には「おとなになったことを自覚し、みずから生き抜こうとする」という言葉がついていることを忘れたくない。成人とは、大人の仲間入りをすることである。選挙権をはじめ、一人前の社会構成員としてさまざまな権利を持つことができる。その半面、自分の行動や発言に責任を負わねばならない。

若者たちは、この点をどう受けとめているだろうか。きょう一日、たとえば家中で一緒に食事をしながらでも、人生の重大な通過点としての成人の日の意味を、おとなも子どもも含め家族みんなで考えてみたいものだ。

こんな話を聞いた。大阪府育英会は、最近奨学金を返さない者が

【参考問題】

1 傍線①の意味を記せ。

2 上の文章には次の一文が抜けている。入れるべき箇所の直前の文の最後の五文字を記せ（句読点は字数に含まない）。

あらゆるものに学び考えようとするひたむきな姿勢が人間として一番大切なのだ、ということだろう。

急増しているので、都道府県レベルの育英会としては初めて、悪質な滞納者に対し近く法的な措置《そち》をとることを決めた。

昨年暮れ、このことが報道されると、返還が遅れているというおわびの電話がかかったが、それはみんな母親からだったという。「何かに頼る甘ったれの感覚が強まり、自立の意欲が欠けているのではないか。母親からの電話には驚いた」と関係者は嘆いている。

むろん、どう生きたらよいかを真剣に考えている若者たちも決して少なくはないだろう。世間には、マネーゲームにひたすら狂奔《きょうほん》する人がいる。選挙の時の公約など①反古《ほご》同然にしてはばからぬ政治家がいる。子どもを銘柄大学にいれることを人生の最大目標とする教育ママもいるし、「マナーなどは無関係」と公言する進学塾もある。

まじめに考える人ほど、どう生きるかの答えに悩む。答えは自分自身で見つけ出す以外ない。三年半まえ亡くなった詩人、寺山修司は「書を捨てよ町へ出よう」といった。

それは、文字通り書を捨てることではない。電柱に張られたビラの強盗殺人犯からも、その犯行を通じて人間社会の深層を学び、自分の生活と照応することで人生の本質を読むことができる——そんな意味だと、彼はかつて朝日新聞への寄稿文で書いている。

〈着眼点〉

参考問題 **1**「はばからぬ」は、平然としている意。**2**「あらゆるものに学び考えようとする」という語句に注意。「強盗殺人犯」からも学ぶものがあるとする寺山修司の言葉に対する筆者のコメントだと考えられる。

山を焼く、という行為を君自身におきかえたら、どういうことかを考えてみたい。

【演習】

一　傍線Aについて。「山を焼く」ことがどうして成人の日に「ふさわしい」といえるのか。その理由として最も適当なものを次から選べ。

ア　過去の一切を否定し新しい未来を創造していくことにつながるから。

イ　書物の世界を出て実人生の中でたくましく生きていくことにつながるから。

ウ　甘えを排除し責任と自立の精神を養っていくことにつながるから。

エ　金銭や出世への執着を捨て人生の意義を真剣に考えることにつながるから。

二　筆者は成人するということはどういう存在になることだと考えているか。本文中の言葉を使って四十五字以内にまとめて記せ。

三　右の文章につける題として最も適当なものを次から選べ。

ア　成人の権利と義務　　イ　書を捨てよ町へ出よう

ウ　おとなと若者の生き方　　エ　若草は焼かれて育つ

【演習】一「山焼きとは試練を伴った成人式」のことなのである。成人する若者にとって「試練」とは、「おとなになったことを自覚し、みずから生き抜こうとする」気概をもっているかどうかをためされるということである。二「成人とは、大人の仲間入りをすることである」という一文に注意。その直後に「大人の仲間入りをすること」の意味が書いてある。三 若草山の山焼きが成人の日にふさわしい行事であるという冒頭の指摘、「山を焼く、という行為を君自身……考えてみたい」という最後の一文に着目すれば、答えはおのずから絞られよう。

Ⅳ 論者について

1 価値の置き方
――論者がどういうものに価値を置こうとしているか――

論理的な文章は、そこで論じられている内容だけを理解すればそれですむ、というものではありません。論理的な文章はたしかに論理の展開をめざすものには違いないのですが、それが文章である以上、やはりそれを書いた人から離れるわけにいかないのです。ある文章は強い説得力をもって迫ってくるでしょう。また、ある文章は深い思索へ読者をさそうようなところがあるかもしれません。それらはその文章の内容のせいであることも多いでしょうが、同時にそれは論者の文章のせいであることが多いのです。文学的な文章の場合、作者のことが問題になったように、論理的な文章でも論者のことが問題とならねばなりません。文章はやはりそれを書いた人のものなのですから。

論者について理解するにあたって、まずその論者の価値の置き方をとりあげましょう。たとえば、生物の生態を記録した文章などは、事実をそのままに記す記述の方法によりますが、評論や論説は記述のほかにその事実の価値を追求する評価の方法をとることが少なくありません。そして記述は事実に忠実でありさえすればいいのですが、評価はむしろ論者の理想や好みや判断力に左右されます。だから、ただ評価の内容、たとえば「ジャズはつまらない」という評価の内容を理解するだけでなく、それを論者の下した評価としてうけとり、論者がどういうものに価値を置こうとしているかという角度から理解して、「ジャズはつまらない」と評価する人に迫る努力が必要になってきます。

論者の価値の置き方を理解するのに便利な方法というようなものはおそらく指摘できないでしょう。評価は論者の下したものである、ということを忘れない心がまえがあれば、評価の内容を通して、論者の価値の置き方が見えてくるはずだからです。それにしても**語の内容的意義だけでなく、語に含まれる語感に注意して読む**ことは忘れてはならないことの一つです。

［例］ジャズに狂う人々。

とあるとして、「狂う」という語ひとつで、ただの陶酔ではなしに、それを好ましくないこととする評価までが表現される、これなどはそのわかりやすい一例です。

このように評価は一つ一つの語を慎重に読みとることによってしかつかめませんが、次に表示する一群の語は、たいてい評価にかかわるもので、これら**評価を直接に示す形式を知っておく**のも便利でしょう。

評価の述語	―にすぎぬ、―に劣らぬ　ナド	ジャズにはリズムがあるにすぎない。

評価の形容詞・形容動詞	おもしろい、変だ、ありがたい、妙だ　ナド	不思議なことにジャズの売れ行きがよいらしい。
評価の副詞	わずか、せいぜい、なんと　ナド	ジャズもどうにか音楽と言えるかもしれない。
評価の助詞	—だけ、—さえ、—など　ナド	ジャズなどが音楽だと思ってはならない。

もちろんこのような評価の語にばかり気をとられるのは禁物で、評価を示す文に気づくことの方がもっとたいせつだし、評価にそって進む文脈に気づくことが、さらにいっそうたいせつです。**評価の文・評価の文脈を発見し、それを論者の評価としてうけとる**ことにすべてはかかっており、そのための一つの補助的な着眼として、評価の語のいろいろは利用されるべきだ、というにとどまります。

論者の価値の置き方のとらえ方

1 語の内容的な意義だけでなく、語に含まれる語感に注意して、論者の評価を読みとる。
2 評価を示す語のいろいろを知っておいて、目だたぬ評価をも見のがさないようにする。
3 評価の文・文脈を発見し、それをあくまで論者の下した評価、論者のものとして把握する。

【例題二七】

幸福について

田中美知太郎《たなかみちたろう》

（この段までの論旨）幸福を願うことは向上と完成を願うことである。より良いものは、より悪いものとの関係において存するのだから、幸福は不幸と共にあるということになる。またより良い生活を望む意欲に限りがないとすれば、どのような幸福も不幸の一面を有するであろう。その意味で人間は、その本性において不幸であると言わねばならないであろう。

設問

論者は、人間に可能な真の幸福というものを、どのようなものと考えているかていねいに読んで整理しなさい。

それでは、人間は幸福になることができないのであろうか。善美

1 第一段（1〜55行）はかなり長い段ですが、まず前半部では、（この段までの論旨）をうけて、人間に可能な幸福のあり方について論じていきます。その人間に可能な幸福というものを、論者がどう評価しているかに注意のこと。

考え方 まず（この段までの論旨）にまとめた部分で論者が言おうとしている最も重要なことは、「人間はより良いものを求める欲望によって幸福を獲得してゆくのだが、その欲望には際限がないのだから、人間は永久に満足すべき至高の幸福には到達し得ない」ということです。その意味ではたしかに人間は「その本性において不幸（この段までの論旨）」であり、ついに「人間は幸福になることができない（1〜2行）」わけです。

より良いものを無際限に求めるためにかえって不幸であるのなら、幸福を獲得するためには「無際限に求める」ことをやめればよいわけでしょう。

私たちの能力に合わせて、私たちの欲望を制限することから生まれてくるところの、生活の平安であり、均衡である。（10〜13行）

は、人間に可能な幸福として、まず考えられるものにほかな

の極を尽くし、絶対の完成に達するという意味では、人間は神のごとくになるのでなければ、幸福にとどまることはできないであろう。しかし人間としての幸福は、いかに哀れなものに見えるにしても、なお私たちに許されている。それは私たちの能力に合わせて、私たちの欲望を制限することから生まれてくるところの、生活の平安であり、均衡である。昔の人は、これを「知足」ということばで示した。不幸は不足の感じから生まれる。なんの不足もない生活が、すなわちまた幸福な生活なのだと考えられる。極端にいえば、何も初めから求めることをしなければ、何もいらないのであるから、なんの不足も感じられず、私たちは不

りません。ただしこのような意味での幸福は、「欲望を制限（11行）」という語が示すように、はなはだ消極的な意味の幸福だと評価されざるを得ないでしょう。それは今まで論じられて来た、より良いものを「無際限に」求める心から見れば、たしかに、

いかに哀れなものに見えるにしても（7～8行）

と言われねばならぬていのものにすぎません。こういう態度を呼ぶために昔の人が使った「知足（14行）」という語は、「満足することを知る」という生活の知恵だと理解していいでしょうが、どんなに巧みなことばで表したところで、それが消極的な性格をもつことは否定できないと言わねばなりません。

2 欲望を制限するこのような態度が消極的な態度と評価されていることは、18行あたりから先で、もっとはっきりしてきます。

考え方 欲望を制限するのに「私たちの能力に合わせて（10行）」とあったのは、自分の能力の及びもしないようなものを求めるから不幸になるのだ、という考えから発するものです。そのことを逆から言うと、自分の能力の及ぶところまでは

幸を知らないことになる。昔から、こういうしかたで不幸を克服しようとした人も少なくない。私たちはこのような心構えで、無一物のこじき生活にも堪えることができるといわれる。しかしがまんすることを唯一の美徳とし、不幸を感じないことを、そのまま直ちに幸福とすることができるかどうか。何も求めずに、単なる生存に甘んずるということは、不幸を知らないことであるとともに、また幸福をも知らないことになるのではないかと疑われる。いっさいの文化を否定し、生活の向上を断念することだけが、はたして幸福への道であるかどうか、私たちは惑わざるを得ない。それは幸福への願いを捨てることであり、人間性の否

欲望を満足させる態度ということにもなるわけです。つまりこれは欲望というものは認め、ただその限度を自分の能力に見あったところで制限しようという、なかなか都合よく考えられた態度ですが、こういうのとは別に、そもそも欲望というものを否定しようとする積極的な態度があるはずです。

> 極端にいえば、何も初めから求めることをしなければ、何もいらないのであるから、なんの不足も感じられず、私たちは不幸を知らないことになる。（18～22行）

という表現で示されているのは、そういう態度にほかなりません。この表現は、ちょっと見たところでは、「何も初めから求めることをしない」という消極的きわまる態度と評価されている点だけが目に立つでしょうが、実は欲望というものをいっさい退けようとする、強くて積極的な否定意志を含むものであることをつかみそこねてはなりません。そこをつかみそこねると次の、

> 昔から、こういうしかたで不幸を克服しようとした人も少なくない。（22～24行）

という文などは、まったく理解できなくなります。ここに「克服」という語が使われているのは、何物をも「求めない」

定であるとも考えられる。もしこれよりほかに道がないとすれば、人間は人間としてある限りにおいて、幸福ではありえないことになる。事実、私たちは無心の動物をうらやむことがある。しかし、動物の幸福なるものは、私たちの想像のうちにのみ存在するのである。単なる生存には、幸も不幸もない。幸福は単なる生存以上の、よりよい生活のうちにあるのであった。そこには不幸も始まるかもしれないが、また幸福も見いだされるのである。私たちは不幸を恐れて、幸福をあきらめることはできない。

　それでは、私たち人間の幸福は、どのようなものであろうか。それは私たちに生活の向上を許し、文化の発展を助けながら、しかも私

態度が、中に強い意志を含んだものとして、積極的な態度と評価されるべき一面を含んでいることを示すもの、と言わねばならないでしょう。

3 欲望を否定することによって不幸でなくなろうとする態度が、このような意味で積極性と言えるものを含むとして、それではそういう態度は本当に幸福への最短距離なのでしょうか。論者はそれをどう評価していくでしょうか。

考え方 もし55行までの第一段を、さらに小さな小段落に句切るとすれば、今まで読んできたあたりまでが、その第一小段落でしょう。はたして27行の「しかし」によって、論旨は逆の方向へと転回しはじめます。

　欲望の否定は積極的な意志であるにしても、それは欲望を不幸の種と見なし、不幸におちいることを避けるために種である欲望を断とうという態度であって、要は不幸になるまいとすることではあっても、能動的・積極的に幸福を獲得しようという態度ではありません。「不幸を克服（23行）」の語をさきに注意しましたが、それは、積極的態度とは言え「幸福を建設」とイコールでないのです。

たちに「足ること」を知らせるものでなければならない。それはむずかしいことのようでもあるが、またやさしいことだとも考えられる。人間の生活は、いつも単なる生存以上に出るのであって、そのいたるところに幸福を見いだすことができるからである。若葉に包まれたわが家をふと道からながめたとき、一杯の茶をすすりながら、午後の閑寂を味わうとき、あるいはまた明るい電灯のもとに、子どもたちに着せる新しい着物を広げるとき、私たちはそこに貧しいながら、人間の幸福というものをしみじみと感じることができる。昔エピクロスは、人生の喜びを食後の満腹感に尽きると教えたが、人間の幸福もまた日常茶飯事のうち

だから「しかし」で論旨が逆方向をむいてからは、不幸を避けようとする態度への、マイナスの評価が表面に目立ってきます。

単なる生存に甘んずる（31〜32行）

生活の向上を断念する（36行）

などが、すぐ目につくと思います。したがって、このような態度について

はたして幸福への道であるかどうか、私たちは惑わざるを得ない。（37〜39行）

とあるのも、もちろんこういう態度は、真の幸福への最短距離ではない、という作者の判定を含むものであることは、ここに言うまでもないでしょう。

4 欲望を制限し、あるいは否定することによって、不幸を避けようとする態度には、もっと致命的な欠点が含まれている、と論者は指摘します。それはどういうことですか。

考え方 欲望は際限がなく、そのために不幸の種となるのですが、また、その欲望によってこそ、人間は向上し完成をめざして進むことができるのですから、欲望を制限し否定する

に見いだされると考えなければならない。しかしこのような満足感は、かりそめのものであり、鳥の影のようにたちまち消え去るとも考えられる。日常茶飯事にのみ没頭していては、人間は哀れな存在にとどまらなければならない。こじき生活のうちにも幸福を見いだすというのは、確かに賢いことではあるが、こじき生活に甘んじているということは、けっしてよいことではない。たとい百の不幸を招くにしても、あくまで「よりよい生活」を目ざして、幸福への強烈な意志を持ち続けることが、むしろ望ましいとも考えられる。生活の程度を高くし、あらゆるぜいたくを尽くして、できるだけ不足のない、一つの完璧《かんぺき》を生活の中につ

ことは、同時に人間の幸福の種を制限し否定することにもなる理屈です。

　不幸を知らないことであるとともに、また幸福をも知らないことになるのではないかと疑われる。(32〜35行)

とあったとおりです。しかも向上と完成とを願うことは、生あるものの中で人間にのみ許されたことなのですから、欲望を否定することは、ひいては「人間性の否定(40〜41行)」だということになってしまいます。欲望の否定は、不幸を避けようとする非建設性に欠点があるだけでなく、実は人間自らが人間の特権を否定するという矛盾をおかすことになる点で、きわめて大きな欠点があることを、論者は強調したいのです。「動物(45行)」をひきあいに出し、「幸も不幸もない(49行)」という名状しがたい状態を指摘するのは、すべて欲望否定の非人間性を強調したいからだと解してよいでしょう。

5 それならどうしたら人間は、人間として幸福になれるのか。論者はいよいよこのむずかしい問いに正面から答えねばなりませんが、第二段(56〜101行)でその答えは出ているでしょうか。

考え方 第一段の終わりで、欲望否定の非人間性について述

くり出そうとすれば、それはちょっとした欠点も許されない芸術品の完成と同じように、ほとんど不可能に近い難業となるであろう。

すべてよきものは稀有《けう》であり、至難である。ぜいたくから幸福をつくることは、ひとが想像するほど容易ではない。それには天才を要するであろう。日常茶飯事のうちに幸福を見いだすことは、比較的容易であるけれども、一国の支配者として、人間的幸福の極致に至ろうとすれば、それはかえって至難の業《わざ》となる。ひとりの飢えたる者、ひとりの犯罪者がその幸福を曇らせるであろう。しかしそのような王道楽土を完成しようとする願いが、形はいろいろ違っても、私たちの今日に至るまでの歴史を

べた後を、論者は

　私たちは不幸を恐れて、幸福をあきらめることはできない。（54～55行）

と結んでいました。この言い方からすると、一種悲壮な幸福追求の態度が次に述べられるであろうと期待されますが、第二段の前半にあらわれるのは、はなはだ健康で素朴な幸福です。

　若葉に包まれたわが家をふと道からながめたとき（67～69行）

　一杯の茶をすすりながら、午後の閑寂を味わうとき（69～70行）

　明るい電灯のもとに、子どもたちに着せる新しい着物を広げるとき（71～73行）

など、実感としてよくわかる生活のひとこまですが、「不幸を恐れて、幸福をあきらめることはできない」ことの例と見なすには、いささか規模が小さすぎるようです。こういうものがやはり人間の幸福の一つである理由は、

　人間の生活は、いつも単なる生存以上に出るのであって、そのいたるところに幸福を見いだすことができるからである。（64～67行）

動かしてきたのである。人間的欲望をむげに否定することなく、むしろそれらの肯定と調和のうちに、万人の幸福を築こうとすることが、人間的幸福の窮極において望まれているのではないか。

とあるとおりですが、これは言い換えれば、人間の生活は動物の生活（単なる生存）と異なる以上、小さくとも必ずより良い面を持っている、ということで、現状以上に良いものをめざして向上しようとする意欲とは、全く逆の方向をむいて見いだし得る幸福です。それは人間の実感する幸福の一種に違いはなくても、論者が「日常茶飯事（78行）」という語で示しているように、あまりにも日常的で、建設的な意欲の充実に欠けています。

もちろん論者はそのことを承知の上で、こういう日常的幸福を語っているので、したがって論者は、**6** もっと建設的で意欲的な幸福追求の態度をこの次に語り始めます。だが人間にとって本当に望ましい幸福追求の態度は、まだこの部分でも論じきられはしない点に注意しなければなりません。

考え方 日常的幸福の小ささについて論者が十分に承知していることは、「このような満足感は、かりそめのものであり、鳥の影のようにたちまち消え去る（80〜82行）」によって明らかです。論者もやはり

たとい百の不幸を招くにしても、あくまで「よりよい生活」を目ざして、幸福への強烈な意志を持ち続けること（90〜93行）

を、「むしろ望ましい（93〜94行）」と認めるのです。この90〜94行へかけての表現が、第一段の終わりの「不幸を恐れて、幸福をあきらめることはできない（54〜55行）」とあい応ずることは、誰の目にも

明らかでしょう。日常的幸福の小ささを語る第二段前半をふみ台にして、いよいよ論者は人間における真の幸福を説く姿勢に入るもののようです。ところが第二段後半部で示される「あくまで『よりよい生活』を目ざし」て進む「幸福への強烈な意志」は、それが強烈であればあるほど、

ちょっとした欠点も許されない芸術品の完成と同じように、ほとんど不可能に近い難業となる（98〜101行）

のであって、遂に幸福はどこまでいっても手に入らない、ということになってしまうのです。第二段はこうして、幸福を手にする、ということの側からの検討の末に、不幸を避ける、ということの側から論じた第一段の出発点——欲望には際限がない——というところへ、ひとまわりしてもどって来た形です。人間における真の幸福とは何か、その答えはまだ出て来ていないのです。

7 この堂々めぐりから脱出するためには、新しい観点の導入が必要でしょう。だから最後の第三段（102〜122行）には、必ずその新しい観点が見られるはずです。それは何でしょうか。

考え方 第三段でも初めの部分は、今までと似た堂々めぐりめいた表現で占められています。たとえば、

ぜいたくから幸福をつくることは、ひとが想像するほど容易ではない。（103〜105行）

日常茶飯事のうちに幸福を見いだすことは、比較的容易である……（106〜108行）

の対句《ついく》は、欲望を大きくすればするほど幸福は得がたく、欲望を小さくすればどこにでも幸福を見いだし得る、という今までの論旨を繰り返したものにすぎません。けれども「一国の支配者（108〜109行）」の幸福を至難ならしめるものとして

ひとりの飢えたる者、ひとりの犯罪者（111〜112行）

に言及されるあたりから、様子がかわって来ることに気づかねばなりません。

今までは、そうとはっきり書かれていたわけではありませんが、人間が自分自身の幸福を追求する態度ばかりが述べられていたのです。「子どもたちに着せる新しい着物を広げるとき（71〜73行）」の幸福は、自分ひとりのことではないようですが、家族とりわけ子どもは、親にとって自分の延長のようなものですから、例外にはなりません。それがここではじめて、自己や家族の世界を超えた社会全体の幸福、という観点が導入されようとするのです。詳しく論じてないから論者の評価も軽いのだ、などと考えてはならないでしょう。その証拠には、

人間的欲望をむげに否定することなく、むしろそれらの肯定と調和のうちに、万人の幸福を築こうとすることが、人間的幸福の窮極において望まれているのではないか。（117〜122行）

というしめくくりの文は、「調和」にしろ「万人の幸福」にしろ、要するに社会全体の幸福、他人の幸福と自分の幸福の両立調和、というところに、人間の幸福追求のあるべき姿を見ようとする論者の態度を示しているではありませんか。

私たちに生活の向上を許し、文化の発展を助けながら、しかも私たちに「足ること」を知らせる（58〜60行）という人間の真の幸福は、社会の一員であるという人間の自覚によって、はじめて可能である、という論旨を、目立たぬことばづかいの中から、よく発見してほしいと思います。

《解答》人間の欲望は際限がなく、そのために欲望そのものを否定しようという考え方や、ごく日常的な事柄に幸福を見いだそうとする考え方もあるけれども、一人一人の人間が社会の一員であるという自覚をもち、自分自身の幸福も、社会全体の幸福と共にあるべきだ、と考えることによって、人間の真の幸福は現実に可能となるはずである。

《例題二七の筆者と作品》

田中美知太郎　明治35（一九〇二）年～昭和60（一九八五）年。哲学者・評論家。京大哲学科卒業。新潟生まれ。朝永《ともなが》三十郎らに師事、ギリシア哲学の第一人者。哲学や西洋古典文献学に関する研究・翻訳のほか、古代ギリシアに関する随筆に仮託して軍国主義やファシズム、進歩的知識人の言行を批判する一方、人生論、文明批評、政治評論などを書く。本格的な哲学的教養に支えられた、古典的ヒューマニズムの立場で一貫している。主著に『ロゴスとイデア』『善と必然との間に』『ソクラテス』『人生論風に』などがある。本文は『田中美知太郎全集　第七巻』によった。

練習問題

33

あなたがたはとくと考えられたことがあるでしょうか、今も日本がすばらしい手仕事の国であるということを。

西洋では機械の働きが余りに盛んで、手仕事の方は［A］てしまいました。しかしそれに片寄り過ぎてはいろいろの害が現れます。それで各国とも手の技を盛り返そうと努めております。なぜ機械仕事とともに手仕事が必要なのでありましょうか。機械によらなければできない品物があるとともに、機械では生まれないものが数々あるわけであります。すべてを機械に任せてしまうと、第一に国民的な特色あるものが乏しくなってきます。機械は世界のものを共通にしてしまう傾きがあります。それに残念なことに、機械はとかく利

［出典］ **柳《やなぎ》　宗悦《むねよし》**「手仕事の日本」

柳　宗悦〈明治22～昭和36（一八八九～一九六一）〉は美術評論家・民芸研究家・宗教哲学者。「科学と人生」「神に就て」「仏教と悪」「キリアム・ブレーク」「ブレークの言葉」など。

得のために用いられるので、できる品物が粗末になりがちであります。それに人間が機械に使われてしまうためか、働く人からとかく悦びを奪ってしまいます。こういうことが禍いして、機械製品には良いものが少なくなってきました。これらの欠点を補うためには、どうしても手仕事が守られねばなりません。その優れた点は多くの場合民族的な特色が濃く現れてくることと、品物が手堅く親切に作られることとであります。そこには[B]とが保たれます。そのため仕事に悦びが伴ったり、また新しいものを創る力が現れたりします。それゆえ手仕事を最も人間的な仕事と見てよいでありましょう。ここにその最も大きな特性があると思われます。仮にこういう人間的な働きがなくなったら、この世に美しいものは、どんなに少なくなってくるでありましょう。各国で機械の発達をはかるとともに、手仕事を大切にするのは、当然な理由があるといわねばなりません。[1]西洋では「手で作ったもの」というと直ちに「良い品」を意味するようにさえなってきました。人間の手には信頼すべき性質が宿ります。

欧米の事情に比べますと、日本は遥かにまだ手仕事に恵まれた国なのを気づきます。各地方にはそれぞれ特色のある品物が今も手で

【参考問題】

1 [A]に入る語を本文中から探し出して記せ。

2 [B]に入ることばとして最も適当なものを次から選べ。

ア 規律と法則
イ 自由と責任
ウ 平等と博愛
エ 歓喜と苦悩

作られつつあります。たとえば手漉《てす》きの紙や、手轆轤《てろくろ》の焼物などが、日本ほど今も盛んに作り続けられている国は、他には稀ではないかと思われます。

しかし残念なことに日本では、かえってそういう手の技が大切なものだという反省が行き渡っておりません。それどころか、[2]手仕事などは時代にとり残されたものだという考えが強まってきました。そのため多くは投げやりにしてあります。このままですと手仕事はだんだん衰えて、機械生産のみ盛んになる時が来るでありましょう。しかし私共は西洋でなした過失を繰り返したくはありません。日本の固有な美しさを守るために手仕事の歴史をさらに育てるべきだと思います。[3]その優れた点をよく省み、それを更に高めることこそわれわれの務めだと思います。

【演習】

一 傍線1に示されている筆者の考えとして最も適当なものを次の中から選べ。

イ 西洋では民族的な特色を大事にしたり、手仕事を人間的な仕事と見る習慣があったということ。

ロ 西洋では機械に人間が使われるようになったために、働く人の悦びが

〈着眼点〉

参考問題 1「機械の働きが」盛んになるのなら、「手仕事の方は」その反対の方向に進むはず。2アとウは論外。「民族的な特色が濃く現れる」とは、機械仕事のような画一性を脱却した個性が奔放に発揮されるということであり、「仕事に悦びが伴う」とは、責任のある仕事だから生まれてくるのである。

奪われていたということ。

ハ　西洋では機械仕事の欠点を克服するものとして、手仕事を見直す努力をしたということ。

ニ　西洋では機械製品に良いものが少なくないのは、手仕事の優れた点を取り入れたからだということ。

二　傍線2の「考え」が生まれてきた背景、すなわち手仕事を否定する際の決め手となったものは何か。それを最もよく示す熟語を本文中から抜き出して記せ。

三　傍線3の筆者の考えを説明した文として最も適当なものを次から選べ。

イ　われわれは、西欧の人々が機械によらなければできない仕事があると考えたように、手仕事でなければできない品物を作らなければならない。

ロ　われわれは、西欧の人々が働く悦びを手仕事の中に求めたように、手仕事の中に機械仕事のもつ良さを生かす努力をしなければならない。

ハ　われわれは、西欧の人々が機械仕事の欠点を分析したように、手仕事の弱点を調べて、その質的向上のための研究をしなければならない。

ニ　われわれは、西欧の人々が手仕事の意義を理解してこれを大切にしているように、わが国の手仕事をもっと大事にしなければならない。

【演習】一　この直前の所で「各国」で「手仕事を大切にするのは、当然な理由がある」と言っている。その「当然な理由」との関連で考える。**二**「機械はとかく利得のために用いられ」てきたのであり、手仕事が衰退したのは「利得」には適さないと考えられたからである。**三**「その優れた点」の「その」が「手仕事」を指しているのは明らか。手仕事の「優れた点」を「更に高め」よ、と言っているのである。

34

平安朝時代の貴族は、豊かで時間があり余っていたから、感性を磨《みが》くことに夢中になっていました。感受性がこまやかであるほど日々の楽しみは多くなるわけです。たった一つの些細《ささい》なできごとでも、こまやかな感受性を持つ人にとっては無限におもしろい事件ということになり得ます。たとえば、朝目がさめて戸を開けたら、初めての霜が降りていた。今まで青々としていた草が霜に打たれてくたっとなっていた。そのような庭のありふれた情景から、いろいろな人生的なことまでパッと思い浮かべることのできる人と、何も思わない、霜の降りていることすら気づかない人と、どちらが豊かかと言ったら、やっぱり前者のほうが豊かと言えるでしょう。しかし、後者のほうからいえばくだらない、そんなことに何でいちいち気を遣うのかということにもなります。

これではどこまでいってもかみ合わないでしょうが、一般的に言えば、感受性が豊かであれば、1生きる上で彩《いろど》りが豊かになるということは言えましょう。それに感受性を磨くということはどこまで磨いてもきりがないものです。世間一般の人々は、日常生活の忙しさで、感受性を磨く必要など気がつかないわけですが、2ちょっと考えてみればわかることです。十人の人がある一つのことを見た場合、

［出典］大岡《おおおか》 信《まこと》「日本詩歌読本」

大岡 信〈昭和6～平成29（一九三一～二〇一七）〉は詩人・評論家。「記憶と現在」「わが詩と真実」「春少女に」「水府」「超現実と抒情」「蕩児《とうじ》の家系」「紀貫之」「折々のうた」など。

その人たちが何を感じるかというとみんな違います。なぜ違うかと言えば、それぞれの人たちが背負っている人生が違うことと、物の見方の歴史が違うからです。

平安朝の貴族はそういう意味で、自分たちが持っている[3]時間を無限に細かくしていこうとしました。万葉集時代の奈良朝初期の人々は、そんな無為な繊細さとは無縁で、もっと単純、率直でした。闘争や陰謀の渦の中では、殺すか、殺されるかということだけが関心のすべてだったのです。そういうことがなくなってくると、人々は時間を細かく分割して、その中に無限にたくさんのものをたたき込んで退屈を消し、人生を豊かにしようとし出しました。それが一つの文化をつくったのです。

[4]一人の紫式部が生まれるということは、今述べたようなことが何十年もの間積み重ねられた結果なのです。紫式部の親、祖父、曽祖《そうそ》父《ふ》といった家系の中でも、当然そのような感受性は磨かれ、受け継がれてきたことでしょうし、同時に、[5]同時代の人々が一瞬一瞬やっていることが紫式部の文学をつくっているとも言えるのです。

【参考問題】

1 傍線1「生きる上で彩りが豊かになる」とはわかりやすく言えばどういうことを意味するのか。その意味に最も近い表現を本文中から十字前後で抜き出して記せ。

2 傍線2では何が「わかる」と言うのか。次の中から最も適当なものを選べ。

ア 人それぞれに違う物の見方

イ 一般の人々の日常生活の忙しさ

ウ 人が背負っている人生

エ 感受性を磨く必要性

【演習】

一 傍線3「時間を無限に細かく」するとはどういうことか。次の中から最も適当なものを選べ。

ア 細分化された時間の中で各人の人生を充実させようとすること。
イ 単純・率直な生き方を繊細な生き方に転換させようとすること。
ウ 自然の風物を観照しながら緻密な人生観を創造しようとすること。
エ 些細なことにも人生の豊かな味わいを探し出そうとすること。

二 傍線4「一人の紫式部が生まれる」とはどういうことか。次の中から最も適当なものを選べ。

ア 時間を細かくしていこうとする人間が出現すること。
イ 長い人生を正しく立派に生きる人間が出現すること。
ウ 時代を代表する芸術作品を著す人間が出現すること。
エ 闘争や陰謀の渦を耐え抜く強い人間が出現すること。

三 傍線5では、筆者は文学を生み出すのに最も大きな力をもつものは何だと考えているか。次の中から最も適当なものを選べ。

ア 豊かな才能　　イ 時代の思潮
ウ 他者の協力　　エ 強烈な個性

〈着眼点〉

参考問題 1人生が「豊かになる」ということである。日々の「些細なでき事」の中にも意味を見つけ「楽しみ」を見いだすことが「豊かさ」になる。2文脈をていねいにたどり、直前の表現に注意すること。

四 右の文章から判断して、平安朝の人々のもつ特質の中で、筆者が最も大きな価値を認めているものは何か。七字以内にまとめて記せ。

【演習】一「人々は時間を細かく分割……豊かにしようとし出しました」が直接の説明部分にあたる。ここの内容に最も近いものを選ぶ。**二** 紫式郎がどのような「人間」の象徴と考えられているのかに留意する。**三**「紫式部の親、祖父、曽祖父といった家系の中」でやってきたこと、「同時代の人々」がやっていることが、「式部の文学」を作ったと言っているのであり、式部個人の「才能」や「個性」が重要なのではない。**四** 冒頭の文で示された、平安貴族は「感性を磨くことに夢中」だったという考えが、全体基調になっていることに着目してまとめること。

2 考え方

――論者の根本的な考え方を理解する――

論者についての解釈の第二として、物の考え方をとりあげてみましょう。「考え方」などということばは、非常に広い意味に使われるもので、その内容が必ずしも明瞭ではありませんが、ここでは主として論理の展開を統一している根本的な思想、というような意味で使うことにします。

たとえば、「男女共学は廃止したほうがよい」というような意見に対して、反対しようとする人があるとします。その人が「共学廃止反対」という結論だけをただ声を大きくして主張するのであれば、多くの人々を説得し共感させることは不可能です。少なくとも、どういう点で「共学は廃止すべきでない」かを、よく説明しなければなりません。そのためには「共学の長所」をいろいろと指摘する必要がありましょう。また「共学の短所」と認められる点については、それを欠点として素直に認めることも必要でしょう。だが何よりもたいせつなのは、自分の根本的な教育観にもとづいて、言いたいことを整理し、論の矛盾や論の混乱を避けつつ、結論を盛り上げて行く構想であろうと思われます。このように、全体として言いたいことを整理し、どういう点を重要なこととして強調する必要があるかを考え、どういう事実を具体的な事例として活用するかを工夫し、また、どういう順序に話を運ぶべきかについて想をねる、などのことすなわち構想ということが、一つ一つの論理的な文章が書かれるまでには行われているはずです。そのようなことが行われて一つ一つの論理的な文章の構成ができ上がっているのですから、論理的な文章を読む場合、書かれた文章の内容を構成に即して理解するだけでなく、その内容構成を論者の立てた構想として把握《はあく》し、論の奥にある論者の根本的な思想まで理解する必要があろうかと思います。右のような論者の根本的な考え方を理解するのに便利な方法、などと言うものはおそらくないでしょう。もし必要な注意があるとすれば、それは、論者によって考えられたことの内容を理解することがすべてだとは考えない心構え、論の内容は論者のものであることを忘れない心構え、だと言ってもよいでしょう。論の内容は、それを論じた文章を通してのみ正しく理解されるはずです。だから論の内容を正確に把握することが何よりも肝要であり、ただそれを論者の考え方にさかのぼって、論者の考え方として理解しなおすことが加わりさえすればよいのです。

だがそのためには、何よりもまず論の内容構成を正確に理解することが不可欠の条件となります。何を主題としてどのような結論を下そうとするものであるか、各段落の要旨は何か、それら各段落の要旨はお互いにどのような関係にあって、結論を盛り上げるのに役立っているか、というようなこと。あるいは、具体的な事例がどのように利用され、主張されようとしている見解とは対立するような見解（つまり反対意見）がどのようにとり扱われているか、一つ一つの判断にどのような論拠が置かれているか、というようなこと。そういうものすべてを含めて論の内容を正確に理解するのです。

もちろん論者がどの程度の論拠をあげているか、どのような論拠をあげているかは十分に注意する必要があります。ある人はその理由は何かを問い、さらにその理由は、またその理由は、というふうに、一つの手落ちもなく論拠を固めようとするかもしれません。またある人は最も根本的な理由一つをあげて、中間の論証を自明のこととして省くかもしれません。そして、おそらく論拠としてあげるものの質は人によってさまざまでしょう。**論拠の量と質とに注意すること**は、論者の考え方を理解するのには、はなはだ重要な目のつけどころかと思われます。

そして、論の内容・構成や、論拠の量と質を含めたその論の進展全体の奥に、**全体を統一するものとして存在する思想を理解する**わけです。それは明瞭に書かれていないことが少なくありませんから、細心な注意が必要でしょう。

論者の考え方のとらえ方

1 論の内容・構成を正確に理解する。
2 論拠の量と質とに注意することは、特に必要と思われる。
3 論の内容・構成や、論拠の量と質とを通して、全体を統一している根本的な思想・見解を把握する。

【例題二八】

美を求める心

小《こ》林《ばやし》秀《ひで》雄《お》

設問　次の文章を注意して読み、その内容を論者の主張の形にまとめてみなさい。

私たちの感動というものは、おのずから外に現れるものだ。顔の表情となって現れたり、叫びとなって現れたりします。そして、感動は消えてしまうのです。だが、どんなに美しい物を見たときの感動も、そういうふうに自然に外に現れるのでは、美しくはないでしょう。そういうときの人の表情は、醜く見えるかもしれないし、また、こっけいに見えるかもしれない。そういうときの叫び声にしても、

1　第一段（1～24行）に、すでに論者の根本的な考え方をつかむ手がかりがあるのに気がつきましたか。それは何ですか。

考え方　論者がこの段で示している見解の重要なポイントは、「どんなに美しい物を見たときの感動も、そういうふうに自然に外に現れるのでは、美しくはないでしょう（6～9行）」というところです。つまり「自然に外に現れる」だけのことなら、それは「美しい」ものではない、という考えです。それどころか、論者によればそれは、「醜く（10行）」また「こっけい（11行）」でさえあり得る、というのです。

もちろんこれは、人間の心の動きの外への表現について言っているのであって、空や植物やその他自然界のものが、「自然」のままでは美しくない、などと言っているのではありません。自然界の万象は、「自然」な美しさを備えています。人間がそれに触れて感動（1・4～5・6～7行）するその心も美しいものだけれども、それの表現は、「自然に現れる」だけでは美しくも何ともない、というのです。

だから当然のこととして、「自然に現れる」のとは異なるものが、要求されます。それが「見定める（19～20・22行）」です。

けっして美しいものではありますまい。たとえば諸君は悲しければ泣くでしょう。でも、あんまりおかしいときでも涙が出るでしょう。涙は歌ではないし、泣いていては歌はできない。悲しみの歌を作る詩人は、自分の悲しみを、よく見定める人です。悲しいといってただ泣く人ではない。自分の悲しみにおぼれず、負けず、これを見定め、これをはっきりと感じ、これをことばの姿に整えてみせる人です。

　詩人は、自分の悲しみを、ことばで誇張してみせるのでもなければ、飾りたててみせるのでもない。一輪の花に美しい姿があるように、ほっておけば消えてしまう、取るに足らぬ小さな自分の悲しみにも、これをそまつに扱わず、はっきり

そこでは話を専ら「詩人（19行）」にしぼって論じていますが、詩人でなくても同じことです。画家でもよく音楽家でもよろしい、およそ「美」を表現し得るには、常にここに言う「見定める」こと、心の強い働きをくぐり抜けることが必要だ、と論者は言いたいのです。この「見定める」ことによって、外に現れる表現は「ことばの姿に整え（24行）」られたものとなり、色彩や音に「整え」られた「姿」を持つことになるのですが、この「姿」というのが、その時の詩人・画家・音楽家の感動を永遠ならしむるものである、ということになる点を、特に見逃さないように。「永遠」などということばは使われてはいませんけれども、

感動
- 自然に　外に現れる――感動は消えてしまう（4〜5行）
- 見定めて外形に整える――「姿」となって永遠に伝わる（22〜24行）

という対比が、この段の構成を貫いていることに、早く気づいてほしいものです。

　もちろんここで直接的に言われていることは、ほうっておけば「消えてしまう」ものが、「見定める」ことによって、し

見定めれば、美しい姿のあることを知っている人です。悲しみの歌は、詩人が、心の目で見た悲しみの姿なのです。これを読んで、感動する人は、まるで、自分の悲しみを歌ってもらったような気持ちになるでしょう。悲しい気持ちに誘われるでしょうが、もうその悲しみは、ふだんの生活の中で悲しみ、心が乱れ、涙を流し、苦しい思いをする、その悲しみとは違うでしょう。悲しみの安らかな、静かな姿を感じるでしょう。そして、詩人は、どういうふうに、悲しみに打ち勝つかを合点するでしょう。

「美を求める心」という大きな課題に対して、私は、小さなことばかり、お話ししているようですが、私は、美の問題は、美とは何かとい

っかりした形を与えられる、ということなのですが、「見定める」ということは、客観化することであって、個人のものにすぎない感情を、個人を超えた次元のものに鍛えあげることにほかならないのです。

2 第一段の構成を貫いていた対比は、第二段（25～46行）に入っても、なおねばり強く続いていきます。そのことを確認しながら、新たに加わってくる論者の考え方に注意して読もう。

考え方 「見る」ということがこの段では、非常に重要な意味を持ってきます。第一段から「見定める」ということばを切り札のように使いながら論を進めてきた論者ですが、「見る」ということはこの論者の場合、ただ目を通して網膜に映るものをキャッチするような、「自然」な営みではないのです。「心の目（34行）」を見開いて、対象の中味を見抜くように、心をピンと張って見つめることなのです。「取るに足らぬ小さな自分の悲しみ（29～30行）」の中に、「美しい姿（32行）」を掘りあてることのできる、きびしくするどい精神力を要する見方を言うのです。

このような精神力を張《みなぎ》らした見方——それが「見定める」

うようなめんどうな議論の問題ではなく、私たちめいめいの、小さな、はっきりした美しさの経験が根本だ、と考えているからです。美しいと思うことは、物の美しい姿を感じることです。美を求める心とは、物の美しい姿を求める心です。絵だけが姿を見せるのではない。音楽は音の姿を耳に伝えます。文学の姿は、心が感じます。だから、姿とは、そういう意味合いのことばで、ただ普通に言う物の形とか、かっこうとかいうことではない。あの人は、姿のいい人だ、とか、様子のいい人だとか言いますが、それは、ただ、その人の姿勢が正しいとか、かっこうのいいからだつきをしているとかいう意味ではないでしょう。その人の優

です——によって、一個人の感動、たとえば、この段で扱われている「悲しみ（25・30行など）」は、その時のその個人のものという狭く小さなものを超えて、永遠で普遍的な「姿」を与えられることになります。

これを読んで、感動する人は、まるで、自分の悲しみを歌ってもらったような気持ちになるでしょう。（35〜38行）

は、その普遍性を言ったものです。と同時にそれは、日常生活の次元を超えたものにもなっているはずです。

その悲しみは、ふだんの生活の中で悲しみ、心が乱れ、涙を流し、苦しい思いをする、その悲しみとは違うでしょう。（39〜43行）

は、その非日常性を言ったものです。そして美の世界というのは、そのように普遍的で非日常的な水準のものなのだ、と論者は考えているのです。そして、そのような水準に達するためには、精神力を漲らせた「見」方、「見定める」力が必要だ、と考えているのです。

しい心や、人がらも含めて、姿がいいと言うのでしょう。絵や音楽や詩の姿とは、そういう意味の姿です。姿がそのまま、これを作り出した人の心を語っているのです。

そういう姿を感じる能力はだれにでも備わり、そういう姿を求める心はだれにでもあるのです。ただ、この能力が、私たちにとって、どんなに貴重な能力であるか、また、この能力は、養い育てようとしなければ衰弱してしまうことを、知っている人は、少ないのです。今日のように、知識や学問が普及し、尊重されるようになると、人々は、物を感ずる能力のほうを、知らず知らずのうちに、おろそかにするようになるのです。物の性質を知ろうとするようになるので

3 その「見定める」力は、どこからくるものと論者は考えているのでしょうか、第三段（47〜74行）が、それを問題にしている段だということに、気がつきましたか。

考え方 それは対象の外観にとらわれることなく、対象の内奥に注意することによって生まれてきます。

美しいと思うことは、物の美しい姿を感じることです（54〜56行）

という文が、「姿」「感じる」ということばに論者がこめている特別の意味に気づかない間は、あたり前のことを言っているにすぎないように見え、「姿」などの意味に気づいたとたんに、内容の非常に深い文に見えてくる点に注意して下さい。

「感ずる」については後でとり上げることにしますが、「姿」は前に注意した語ですから考えやすいでしょう。「姿」というのははじめ、自分の感動を永遠ならしめる外的表現でした（第一段）。しかしそれは自分の感動というものも、「はっきり見定めれば、美しい姿のある（31〜32行）」ものだからこそ可能なのでした。だからここで「物の美しい姿」と言っているのは、対象の外観の美しさではなくて、外観の奥にあって外観の美

す。物の性質を知ろうとする知識や学問の道は、物の姿をいわばこわす行き方をするからです。たとえば、ある花の性質を知るとは、どんな形の花弁が何枚あるか、雄しべ、雌しべはどんな構造をしているか、色素は何々か、というように、物を部分に分け、要素に分けて行くやり方ですが、花の姿の美しさを感ずるときには、私たちはいつも花全体を一目で感ずるのです。だから感ずることなどやさしいことだと思い込んでしまうのです。

一輪の花の美しさをよくよく感ずるということはむずかしいことだ。かりにそれはやさしいことだとしても、人間の美しさ、りっぱさを感ずることは、やさしいことではありますまい。また、知識がしさを生み出している所の、内奥の美しさなのです。外観に気をとられているような心の前に、美の姿はついにとらえられないのです。

もう一つ大切なことは、そのような内奥の「姿」をとらえる心も、普通の人間には手のとどかないような深遠なものでは決してない、という点です。この段が50行~54行の

> 美の問題は、美とは何かというようなめんどうな議論の問題ではなく、私たちめいめいの、小さな、はっきりした美しさの経験が根本だ

という対句めいたことばではじまっていますから、その点は気づきやすいでしょう。ただその「めいめいの」「経験」というのが、決してなまやさしい経験ではないのだ、ということです。どうしてそれがなまやさしい経験でないかと言えば、それは「めいめいの」心の持ち様にかかってくるからだ、と言うことになりましょう。たとえば、

> だから、姿とは、そういう意味合いのことばで、ただ普通に言う物の形とか、かっこうとかいうことではない（60~64行）

は、「だから」という接続詞が示すように、その直前に繰り返し繰り返し使われている、「絵・音楽・文学」の「姿」につ

どんなにあっても、優しい感情を持っていない人は、りっぱな人間だとは言われまい。そして、優しい感情を持つとは、物事をよく感ずる心を持っている人ではありませんか。神経質で、物事にすぐ感じても、いらいらしている人がある、そんな人は、優しい心を持っていない場合が多いものです。そんな人は、美しい物の姿を正しく感ずる心を持った人ではない。ただ、びくびくしているだけなのです。ですから、感ずるということも学ばなければならないものなのです。そして、りっぱな芸術というものは、正しく、豊かに感ずることを、人々にいつも教えているものなのです。

いて要約することばですが、同時にそれは、「私たちめいめいの、小さな、はっきりした美しさの経験」について語ることばでもあるわけです。日常の生活の中で、いろいろな対象に接し、その外観の美しさの内奥に、「はっきり」と美しい姿を見る「経験」をつみ重ねなければならないことになるからです。

4 そのような能力を養うことの必要が、次の段で「知識」との対比において論じられます。どうして「知識」が邪魔になるのか、その論拠に注意しながら読むことが必要です。

考え方 先に一時保留しておいた「感じる(56行)」ということばが、論者にとってどのように大切なことばであるかを、しっかりと読みとらねばなりません。まずこの段は、前の段の文脈をうけついで、

そういう姿を感じる能力はだれにでも備わり、そういう姿を求める心はだれにでもあるのです。(75~77行)

という、「めいめい」のことで始まります。だがそれはすでに検討を加えておいたように、決してなまやさしい能力ではありません。それは「養い育てようとしなければ衰弱してしま

う（80～81行）」ような、「どんなに貴重な能力であるか（79行）」しれないような、大きなものなのです。このことは「姿」ということばとの関係で、繰り返すまでもないでしょう。だからここでは「感じる」の方に焦点を合わせましょう。

「感じる」に対立させる形で使われているのが「知る（88・89行）」であることは言うまでもありません。「物の性質を知る（87～88・88～89行）」という人間の営みは、学問や技術を今日のように発達させた大切な営みなのですが、「感じる」ということを重んじようとする論者にとっては、それは「物の姿をこわす（90～91行）」しわざとして位置づけられます。どうしてそのような位置づけがなされるのかと言えば、「知る」こと

　物を部分に分け、要素に分けて行くやり方（96～97行

に進む営みだからです。これが分析なのですが「部分」に分断された「要素」は、それを合わせてみても全《まった》い全体にはなりません。割れた茶碗をつぎ合わせても、もう茶碗として使えないのと同じです。だが美というものは、対象の全体的な姿を見いだした時に、「一目で感ずる（99行）」ものであって、分析的に「知る」べきものではありません。「めんどうな議論（51行）」を必要としないだけ、それだけ「やさしいことだと思い込ま（100～101行）」れがちだけれども、本当は全体を、全体の姿を、一時につかむ心の働きであるだけに、ある意味では「知る」分析よりもっときびしいものだと論者は考えているわけです。

5 最後の段（102～125行）を、この話のまとめの段と見た場合、結局論者の言おうとしていることを主張の形にととのえるとしたら、どういう主張にするのが適当でしょうか。

考え方　「知る」ことは「感じる」ためにはむしろ邪魔でした。けれども「知ら」ないことが、すぐに「感じる」ことに直結するわけのものではありません。

　一輪の花の美しさをよくよく感ずるということはむずかしい（102〜103行）

ことなのです。そういう美を感じる能力は「だれにでも備わって（75〜76行）」いるものではあっても、

　この能力は、養い育てようとしなければ衰弱してしまう（80〜81行）

ものなのです。なぜなら、それは日常生活の中の「取るに足らぬ（29〜30行）」感動の中に、普遍的で永遠な「姿」を見いだすことだからです。このような、ごく平凡に見えてその実たいへん高等なことである「姿を感じる」力のために論者は「優しい感情（108行）」というものを挙げます。「神経質（113行）」が、真の「よく感ずる（111〜112行）」と、似てはいるが根本的に異なるものとして引きあいに出されますが、それはもう「姿」ということとの関係で「感じる」ということを検討してきたわれわれには、言われなくてもすむことです。

　大切なのは「感ずるということも学ばなければならない（120〜121行）」という所です。なぜ「学ばなければならない」かが大切なのではありません。これももう十分に検討ずみのことです。むしろこの文章を結んでいる、

　りっぱな芸術というものは、正しく、豊かに感ずることを、人々にいつも教えているものなのです。（122〜125行）

の部分に注意すべきでしょう。「りっぱな芸術」に接することが、「感ずる」ことを「学ぶ」早道だ、ということになるからです。「りっぱな芸術」の「姿」に接して、日常生活の次元を超えた心で「感じる」能力を養うこと、それが「美を求める心」にほかならない、ということなのです。

《解答》 美とは内面的な姿であり、非日常的で普遍的な次元のものである。美の姿を感じる能力はだれにでもあるが、芸術家はその能力の特に秀でた存在で、その作品に接して、正しく豊かな感受性を養うことが、美とは何かを論ずることなどより、根本的に大切である。

《例題二八の筆者と作品》

小林秀雄 明治35（一九〇二）年～昭和58（一九八三）年。評論家。東大仏文科卒。東京生まれ。府立一中・一高・東大と秀才コースを歩く。一高時代、小説『一つの脳髄』『ポンキンの笑ひ』を書く。東大時代シャープなランボオ論、芥川論を書き注目される。またこのころ、富永太郎、中原中也、河上徹太郎らと交遊。論壇には、昭和4年『様々なる意匠』でデビュー。古今東西の文学・歴史・美術・音楽について鋭い筆をふるい、「批評は彼の手によって独立に文学としての機能と価値を主張しうるものとなった」といわれる。逆説に満ちた論理と、独特の文体は、難解だが確かさをもつ。著書は『無常といふ事』他多数。本文は『小林秀雄全集第十一巻』によった。

練習問題 35

I

①伝説と日常をつなぐ通路をわたしたちのあいだに切りひらくことをゆめみるところに、物語のくれるおもいがけないたのしみがあります。

たとえば、オトフリート・プロイスラーの『クラバート』（中村浩三

［出典］ 長田《おさだ》 弘《ひろし》「物語は伝説と日常をつなぐ」

長田 弘〈昭和14～平成27（一九三九～二〇一五）〉は詩人。「食卓一期一会」「われら新鮮な

訳)。それと、おなじくドイツの物語ですが、ミヒャエル・エンデの『はてしない物語』(上田真而子・佐藤真理子訳)。この二つの物語は、ちょっとないようなおもいもよらない興趣をたっぷりと備える物語ですが、読んでおもしろいとおもうのは、二つの物語に共通する物語のはじまりかたです。

物語の時代はちがいますが、主人公はともに十代の少年で、二人ともどことい ってとくに変わりばえのない日々のなかにある少年です。そうした少年が、ある日ふいにおもいがけなくじぶんの名をよばれるのを聞く。

Ⅱ

『クラバート』の場合。クラバートという名の少年はある夜、夢をみます。「十一羽のカラスが一本の止まり木に止まっていて、クラバートのほうをじっと見ている。その止まり木の左端が一カ所空いているのが、クラバートの日に止まる。とそのとき、人の声が聞こえてくる。しわがれた声だ。空中から、遠くのほうから聞こえてくるようだ。クラバートの名まえを呼んでいるのだ。クラバートはこたえられない。クラバート! と二どめがひびいた。そして、クラバート! と、三どめが」。『はてしない物語』の場合。バスチアンという名の少年は、雨の日に、

旅人」「詩人であること」など。

【参考問題】

1 Ⅱの段落において、少年たちが「日常」から脱却する瞬間を端的に表現している部分を本文中から抜き出し、十五字以内で答えよ。

2 傍線部②はどのような意味か、次の中から一つ選び、記号で答えよ。

ア 何事であれ、その人がしたこと全部がその人の本質を構成する。

イ その人の本質は名前と切り離されて、なされる行為によってはじめて構成される。

本を読んでいます。その本が、じつは「はてしない物語」という本で、夢中になって読みすすむうちに、少年はその本の登場人物がほかでもなく少年自身であることに気がついて、はっとします。もう読むのはやめよう。少年はそうおもうのですが、まさにそのとき、それまでけっして名を名のらなかった物語のなかの少年が、「すくなくともじぶんの名まえぐらい名のるものだ」と促されて、こうこたえるのを聞いてしまいます。「ぼく、バスチアンといいます」。

じぶんがじぶんの名でよばれる。そのとき少年にとってほんとうに物語がはじまるので、そしてそれからは、物語の主人公となったそれまで何者でもなかった少年は、じぶんが何者であるかを知るために、じぶんの物語をのっぴきならず生きなければならなくなります。すなわち少年は、すでにはじまっている物語のなかで、じぶんでじぶんの物語を探しつづけなければならない。それは、べつのいいかたをすれば、じぶんの物語を探しつづける、それが物語だということです。

Ⅲ

さまざまな苦難が、そしてまたよろこびがふりかかってきて、少年はそれを避けることができませんが、そうしたことをやりすごすこと

ウ　日々になすべきことを、逃げないでやりとげることの中にその人の本質が構成される。

エ　名前はその人の為したことに対してついているのであって、その人の本質を構成するものには含まれない。

ができないのは、じぶんの身にふりかかってくる事柄、そしてそれに対してじぶんがなす行為、その一々がじつはじぶんが何者であるかを明かすものであるからです。

クラバートの、あるいはバスチアンの物語が語るのはただ一つで、それは人のあるところのものは人の「なすこと」なのだということです。②クラバートという名はクラバートの「なすこと」の名であり、バスチアンという名はバスチアンが「なすこと」の名なのです。

このような物語が読むものに親しくおもいださせるのは、人は「なすこと」によってじぶんの物語をいま、ここに探しもとめるものであり、だからこそじぶんはじぶんの物語の主人公なんだという、古くからの伝説でしょう。クラバートやバスチアンの物語は、まず子どもたちへの本として書かれたものですが、こうした物語を今日にひつようとしているのは、ほんとういえば、③物語のたのしみをとうにわすれてしまったために、わたしたちのいま、ここを明るくする伝説への通路をじぶんのうちになくしてしまい、みずから「なすこと」の夢をうしなっている大人たちこそかもしれません。

〈着眼点〉

参考問題 **1**「少年たちが『日常』から脱却する瞬間」とは、少年たち自身の「ほんとう」の「物語がはじまる」時である。**2**「人のあるところのものは人の『なすこと』なのだ」の言い換え説明が、「人は『なすこと』によってじぶんの物語をいま、ここに探しもとめるものであ」るとなっていることの意味を考える。

【演習】

一 傍線部①に「伝説と日常をつなぐ通路」とあるが、筆者の考える「日常」とはどのような時間をどのような人間として生きることを言うのか。本文中の言葉を用い、次の空欄にあてはまるように、それぞれ十字以内で答えよ。

（　　　）を（　　　）人間として生きること。

二 筆者の言う「物語」と「伝説」との差異についての説明として、最も適当なものを次の中から選び、記号で答えよ。

ア 伝説は目につきにくいようなしかたで人間のあり方を告げているのに対し、物語の方は人間のあり方を直接的に知りやすい。

イ 筆者は、物語から具体性を除いて一つの典型として結晶させた伝説を、人間のあり方を求めるべきものとして置いている。

ウ 伝説は一見私たちの日常の問題とはかけ離れて見えるが、物語はさがそうとしているものには自分自身の問題を発見できるものとして存在している。

三 傍線部③に「物語のたのしみをとうにわすれ」「みずから『なすこと』の夢をうしなっている大人たち」とあるが、筆者の考えによれば、どのように生きている大人を意味していると考えられるか。次の中から一つ選び、記号で答えよ。

【演習】一 我々にとっての「日常」とは、「どこといってとくに変わりばえのしない日々」を、物語の主人公としてではなく、「何者でもない」人間として生きることである。

二 最終段落で、「このような物語」が「古くからの伝説」を「親しくおもいださせる」と言っている点に注意。両者の類似点をおさえたうえでその「差異」を考えること。

三 単なる「夢」ではなく、「みずから『なすこと』の夢」を失っている大人たちであることに注意する。

ア　物語をよむことによって、自分をあきらめていなかった昔のことがよみがえることを恐れている大人。

イ　自分の将来のありようを明るくさせてくれるような夢や希望というものを、自分から捨てている大人。

ウ　毎日の仕事や生活にばかり追われ、日常の束縛から解放された本当に自分に必要な時間を持とうとしない大人。

エ　人は自分自身を知る行為に踏み込むことによって本当の自分になるのだということを忘れている大人。

3 物の見方
——論者の世界観・人生観を探る——

論者についての解釈の第三として、物の見方をとりあげてみましょう。「物の見方」というのも、前節の「考え方」と同様に非常に広い意味で使われ、ときに「考え方」と同じ意味で使われます。たしかに「物の見方」ということを、「考え方」と明瞭に区別することは、それ自体として無意味なことだとも思われます。ただし、論理的な文章を論者のものとして解釈する時に、ただ論理の展開を統一している論者の根本的な思想、つまり前節で「考え方」と名づけたものだけを探《さぐ》りさえすればよい、とは言い切れないことは認められねばなりません。

「考え方」は論理的な角度から見たものですが、論者がいだく世界観や人生観は、もっと深い所で論者の文章を規定しているに違いないと思われます。

前々節で「価値の置き方」ということをとり上げました。それは価値評価という角度から論者に迫ろうとしたものです。けれども「価値の置き方」ということの側から考えても、それよりももっと深い所で論者の世界観や人生観がはたらいていると考えられます。このような意味で、最も深い所から論者の文章を規定するものとして、「物の見方」ということをとり上げてみたいと思うのです。「価値の置き方」も「考え方」も、この「物の見方」

から発する、というような関係にあるものと考えて、この「物の見方」ということをとり上げよう、というわけです。

たとえば、「男女共学は廃止すべきでない」という論に、再び例をとりましょう。この主張は、男女のそれぞれの望ましいあり方をどういう角度から評価するか、という「価値の置き方」によって統一されておらねばならず、また教育とはそもそもどういうことであるか、という「考え方」によって統一されていなければなりません。同じことを組み合わせを換えて、男と女との差をどこに求めるかという「考え方」、どのような教育が望ましいかという「価値の置き方」、によって統一されていなければならない、と言ってもかまいません。ただいずれにせよ、男女観・教育観は、論者の世界観・人生観の一つであって、つきつめていくとその世界観・人生観につき当たるに違いない、と思われます。そのつきつめた所でつき当たるものを、かりに「物の見方」と呼ぼうと言うまでです。

したがって、論者の「物の見方」を解釈するということは、おそらく最も困難なことに属するでしょう。現代文の解釈の場において、「物の見方」の解釈までいこうというのは、実践的にはおそらく困難をきわめます。ただ理想的にはそこまでいくことが望ましい、という意味で言及するまでのことです。以下にあげることも、その後に掲げる「例題」についての実践も、そういう意味のものにすぎません。

論者の価値の置き方をつかむ

まずその文章をとおして、論の内容だけでなく、論者の価値の置き方をつかむことが必要でしょう。論じられている問題に即して、どのようなことにどのような価値が認められているか、評価のしかたがつかめていることを、一つの条件に数えたく思います。次いでその文章を統一している**論者の考え方をつかむ**ことも欠くことはできません。評価の角度からと、論理の角度からと、角度を変えて、論者に迫る、ということです。もちろんそれは、その文章にとり上げられたテーマに関する限りのことでよいのです。

そしてこのような、その文章に現れた限りでの論者の価値の置き方・考え方から推して、**論者の世界観・人生観という所まで探ってみる**、というのが、目のつけどころと言えば言えることかと思われます。同じ論者の多くの他の文章を読むことがこの作業を助けますが、一つの文章に即してならば、それは本当にさぐりを入れるという程度のことです。

論者の物の見方のつかみ方

1 論者の価値の置き方をつかむ。
2 論者の考え方をつかむ。
3 これから出発して、論者の世界観・人生観という所まで探ってみる。

【例題二九】

西洋文学の魅力

桑原《くわばら》武夫《たけお》

設問 次の文章で論者が西洋文学の長所短所・日本文学の長所短所を判定するときの基準となっている、最も根本的な考えをまとめてみなさい。

西洋文学の特色を、ひと言で言うことはむずかしいけれども、そこには日本よりもはるかに激しい歴史の荒波をくぐってきた人間の、思想と感情があると言えましょう。人間が人間にむごいことをすることも日本より激しかっただけに、その反動として、人間そのものをあくまでたいせつにしたいという思想、つまり①ヒューマニズムも強

1 最初の段（1〜58行）は西洋文学の特色をいう段です。できるだけ小さきざみに句切りながら、論者の価値の置き方をつかんでみよう。

考え方 まず最初から「……西洋文学の最大の魅力です（11〜12行）」まであたりを、一句切りとしましょう。はじめに、

日本よりもはるかに激しい歴史の荒波をくぐってきた人間の、思想と感情（3〜5行）

を認める所からスタートしますが、これは西洋が、異民族や外国の侵略を受けるという不幸な歴史の中で鍛えられてきた、という事実を指しています。ここに引いた本文のすぐ前に、そういうことがしるされています。もちろん侵略されるという「激しい荒波」は、いわば不幸なことだが、それが「人間の思想や感情」をきびしく鍛えるのに役だったのだと、高く評価されていることは、いうまでもありますまい。

人間が人間にむごいことをすることも日本より激しかった（6〜7行）

ということ自体は、むしろ好ましからぬことですが、「その反動として（8行）」

く、これが西洋文学の最大の魅力です。一般に西洋の社会には、理屈など言わなくても気分的にわかるというような、とけ合った精神とは反対に、あくまでひとを説きふせようという精神が盛んでした。したがって、感情の世界をあつかう文学の中でも、乱れた感情は乱れたままでも、あくまで筋道を立てて示そうという精神、つまり情熱をふくむ合理主義精神が生かされています。そして、それは残念ながら日本の文学に、きわめて乏しい要素なのです。また西洋文学には激しい行動への意欲が――表面に現れているか、ひそめられているか、は別として――ともかく強くふくまれている。アメリカの②ヘミングウェイ、あるいはフラン

人間をあくまでたいせつにする思想（ヒューマニズム）が強い……①（8〜11行）

という好ましい結果が生まれたこと、それが「西洋文学の最大の魅力（11行）」であること、など論者とともに認めぬわけにはいきません。

2 「一般に（12行）」から「乏しい要素なのです（24行）」までは、西洋文学の第二の特色が、すぐれた点としてあげられています。それは何ですか。

考え方

理屈など言わなくても気分的にわかるというような、とけ合った精神（12〜14行）

あくまでひとを説きふせようという精神（15〜16行）

この二つが、日本の精神と西洋の精神との対比にあたることを見のがさないように。侵略を受けず異民族に対決する必要のなかった日本と、侵略されて常に異質な民族と対決しなければならなかった西洋との違いです。この結果西洋には、

情熱をふくむ合理主義が生きている……②（20〜22行）

という好ましい結果が生じ、それが「文学の中でも（18行）」生

スの③アンドレ・マルローのような行動をした文学者が日本にかつてあるだろうか。日本の作家にも、金をたくさんもっている人がないわけではない。しかし、その金でアフリカへライオン狩りに行こうと考えついたような人はひとりもいない。日本の作家にも異国趣味の人は少なくないが、インドシナの密林の中に遺跡を探りに行ったり、外国のストライキを指導してみたりした人はかつてない。これはいちばん極端な例を出したのだが、一般的にいって、日本の文学には行動という要素よりも、詠嘆という要素の強かったことは確かでしょう。日本の文学には、社会の外へ逃げ出そうという傾向があるのに対して、一般に西洋の文学

きている、というのです。

3 第三に「激しい行動への意欲（25行）」があげられています。先の二つの特色と合わせて、論者が結局何に価値を置こうとしているかを考えよう。

考え方 「激しい行動への意欲」について述べることは、この段の最後「……読んでほしいと私は思います（58行）」まで続きます。先の二つよりも丁寧である点がまず注意されます。ヘミングウェイとアンドレ・マルローのことも詳しいですが、これは「激しい行動」を実践した文学者の実例として引きあいに出されているにすぎません。

　これはいちばん極端な例を出したのだが（41〜43行）

という論者のことばでそれは明らかでしょう。論者は「激しい行動への意欲」が言いたいのであって、実践の必要が言いたいのではありません。文学作品の中に、

　社会に対立するか、あるいは社会を改めようとする気分
　……③（49〜50行）

があることを、高く評価しようというのです。

　ところで以上に列挙された①②③の三つの特色は、けっし

には、社会に対立するか、あるいは社会を改めようとする気分が強い。たとえ社会から逃げ出すようなことを書いても、あくまで社会に反感をもっているという意味で、世捨て人となるのではない。そういう特色をもつ西洋の文学に日本の若い人が心ひかれるのは、むしろ当然のことだ、盛んに読んでほしいと私は思います。

しかし、外国文学だけで満足することの危険を、私は同時に感じているのです。[4]シェークスピア、[5]ゲーテ、[6]スタンダール、[7]ジッド、[8]トルストイ、[9]ドストエフスキー、これらの人々のみごとに描いた社会と個人、それは私たちの心に強い感動を与えてくれるけれども、そこに描かれているのは、結局私たちの

てばらばらの三つではなく、いわば「徹底した・激しい・執《しつ》拗《よう》な」という共通した性質をもったものである、と言えましょう。そしてそれは日本文学の

気分的にわかるというような、とけ合った精神（13～14行）

行動という要素よりも、詠嘆という要素の強かったこと（44～45行）

のような特色、「ほどほどにしてつきつめない」とでも評し得る性質に対して、正反対の関係にあります。だから論者は、要するに西洋文学における「つきつめる」行き方に対して、高い評価を下しているのだと理解されます。

4 ただし①②③の特色を論者は平等にならべているのでしょうか。実は重点は③に置かれているのですが、それに気づきましたか。

考え方 ①②よりも③が、最も詳しく論じられている、ということだけから言うのではありません。この段の最後の所（54～57行）で論者は、

そういう特色をもつ西洋の文学に日本の若い人が心ひかれるのは、むしろ当然のことだ

社会、私たちの兄弟ではないからです。皆さんがもし何か心に深く考えたり、悩んだりしたのをきっかけに、自分の周囲を、また自分の家族や友人をとっくりと見つめ、考えるときがあると、こうした名作がふとよそよそしく、縁遠いものに思われる瞬間があるにちがいありません。トルストイが描いたようなはなやかな社交界は、太古から今に至るまで、かつて日本社会にあったことはない。ジッドが描くような個人主義者が、太古から現代まで、かつて日本の土を歩んだことはない。少し離れて読むと、自分が作中の人物になったような感動をおぼえ、自分の生き方がそこに書いてあるような感じすらする、これらの名作も、ひとた

と結論めいたことを述べますが、その「そういう特色」というのが、③のことなのです。もちろん③は①②と深くつながりますが、論者は西洋文学の、

　つきつめた所で社会と対決する態度……③

と、日本の青年とのつながりを重く見ようとしていると考えねばなりません。

5 第二段（59〜92行）は、日本の青年の社会との対決、ということを中心に論が展開するのです。よく読んで論者の考え方をつかんでみよう。

考え方 論者が「外国文学だけで満足することの危険（59〜60行）」を言うのは、

　結局私たちの社会、私たちの兄弟ではない（67〜68行）

ということによります。第一段の「①ヒューマニズム」「②合理主義」は論の表面から後退している点に注意してください。論者が「③社会との対決」を中心として考えていこうとしていることが、ここで明瞭になっているのです。問題は、われわれ日本人が対決すべき社会は、日本の今の社会であって、西洋文学の舞台となった社会ではなく、まだ社会

び日本の現代社会における自分の生き方ということを痛切に感じて、そこに手本をさがし出して、つかもうという気になると、手の中から逃げてしまうような感じがすることが多いでしょう。

そこで、すべて文学というものは、西洋のものでも、日本のものでも、現実をことばでうつしたものにすぎないのであって、けっして現実そのものではない、というわかりきった議論に、私たちは舞いもどることになるのです。ただ、現実ではなくて、反映にすぎないといっても、日本の近代文学は私たちの社会――私たちがその中で生き、これを自分たちでりっぱにしてゆく以外に逃げ道のないところの日本社会――をうつしている

と対決すべき人間は、日本人としてのわれわれであって、けっして西洋文学に登場してくるような人間ではない、という点です。

トルストイが描いたようなはなやかな社交界（76～77行）
ジッドが描くような個人主義者（779～80行）

は、代表としてとり上げられているのですが、西洋文学に描かれた社会は、われわれ日本人が生きている社会とは似ても似つかぬ点があり、西洋文学に描かれた人間は、われわれ日本人とは似ても似つかぬ点があり、そういう意味で「縁遠いもの（74～75行）」でしかない、というのです。

ここにおいて③や③′が現代日本の青年に対してもつ意味はもっと限定されねばなりません。それは次のように理解すべきものと思われます。

一般に人間が社会に対してとるべき態度として、つきつめた所で社会と対決する、という西洋文学流の態度が望ましい……Ⓐ

6 西洋文学の魅力に対するこのような限界は、人間と文学ということに関する論者の考え方を理解する手がかりとなりましょう。どういう考え方だと思いますか。

ものです。だから外国文学を読みなれた目で読みかえすと、はじめ何かじめじめとして、近づくのがうとましいとすら思われた日本近代小説が、異様に光るものとして、意味深いものとして、読みごたえすることが多いのです。

（読解補注）

①ヒューマニズム―humanism（英）人道主義。

②ヘミングウェイ―Ernest Hemingway（一八九九〜一九六一）。アメリカの小説家。一九五四年ノーベル文学賞を受けた。

③アンドレ・マルロー―André Malraux（一九〇一〜一九七六）。フランスの小説家。

④シェークスピア―William Shakespeare（一五六四〜一六一六）。イギリスの詩人、劇作家。

考え方 魅力ある西洋文学が「縁遠いもの」に見えてくるということを言う時に、

何か心に深く考えたり、悩んだりしたのをきっかけに（69〜71行）

日本の現代社会における自分の生き方ということを痛切に感じて（87〜88行）

という条件がそえられていることが重要です。これは「現代の日本人」が現実的、実際的な問題に接した時、ということです。つまり西洋文学については、第一段とこの第二段とを通して、

人間一般の生き方として、つきつめて社会と対決する態度が魅力をもつ…Ⓐ

現代日本人の生き方、という観点に立った時、縁遠いものと感じられる…Ⓑ

という二面が語られているのです。Ⓐの方はすでに詳しく検討したからもうよいでしょう。問題はⒷの方で、これは要するに、

人間は、自分の置かれた社会の中において具体的な人間でありうるのだ

⑤ゲーテ―Johann Wolfgang von Goethe（一七四九〜一八三二）。ドイツの詩人。
⑥スタンダール―Stendhal（一七八三〜一八四二）。フランスの小説家。
⑦ジッド―André Gide（一八六九〜一九五一）。フランスの小説家。
⑧トルストイ―Lev Nikolayevich Tolstoy（一八二八〜一九一〇）。ロシアの小説家。
⑨ドストエフスキー―Fyodor Mihaylovich Dostoevsky（一八二一〜一八八一）。ロシアの小説家。

という、具体的な人間のあり方に対する論者の妥当な考え方から発するものと思われます。西洋文学に描かれた人間の生き方がすばらしいからと言って、それと同じ生き方を現代の日本人が試みるのは誤りだ、というじれったいような判断は、具体的、現実的な人間のあり方を忘れた性急な考え方からは、絶対に生まれてはこないからです。

西洋文学と現代の日本人との以上のようなつながりとくいちがいとを、わかりやすく表示すれば、次のようになるでしょう。

	つながり（第一段）	くいちがい（第二段）
西洋文学	つきつめて対決する	西洋の社会に対して
現代日本人	つきつめて対決しようとする	現代日本の社会に対して

したがって、西洋文学の名作に対して、

少し離れて（現代日本の社会に対する対決という現実的な課題から離れて）読むと……自分の生き方がそこに書いてあるような感じすらする（82〜86行）

と言える者は、「社会への対決」という生き方を知った人であり、同時にひとたび日本の現代社会における自分の生き方ということを痛切に感じて、そこに手本をさがし出して、つかもうという気になると、手の中から逃げてしまうような感じがする（86～91行）と言える者は、「日本の現代社会」の中で具体的に生きている人である、ということになる点を、特に注意してください。

7 第三段（93～112行）は、あまり魅力のなかった日本文学について、再認識をする段です。第一段・第二段をとおして、全体の構想を整理してみよう。

考え方 この段の最初は、第二段の結びをうけて「そこで」と続くのですが、この続き方にはちょっと飛躍があります。少なくともここに例題としてとり上げた部分だけを読むかぎりではそうでしょう。だがそれはさておいて、さっそくに全段の構想を整理してみましょう。

	西洋文学	日本近代文学
現代日本人としての生き方を離れた場合	Ⅰ社会との対決のしかたが魅力に富む	Ⅰ′社会から逃げ出すようで一般的な魅力に乏しい
現代日本人としての生き方に即した場合	Ⅱ縁遠い社会・人間としてしか訴えない	Ⅲ自分の生き、対決すべき社会の姿が強く訴える

考え方 Ⅰ（Ⅰ′）→Ⅱ→Ⅲと論は進んだのですが、こうして整理してみると、人間いかに生くべきか、という人生の問題に対する論者の「物の見方」が、西洋文学のプラス（Ⅰ）マイナス（Ⅱ）、日本文学のマイナス（Ⅰ′）プラス（Ⅲ）、の判定を統一しているものとして、ありありと浮かんでくるでしょう。

それは、

人間は、その置かれた社会の中で、それと対決しつつ生きるべきものだということでしょう。対決はもちろん社会の向上へつながります。

私たちがその中で生き、これを自分たちでりっぱにしてゆく以外に逃げ道のないところの日本社会（102〜105行）

という、最後に近い論者のことばは、このように見てくると、論者の人生観の吐露にほかならない、と解釈してよさそうです。

《解答》人間は、その置かれた社会の中で、それと対決しつつ生き、こうすることによって自分自身と社会全体の向上に役だつような形で、生きるべきものだ。

《例題二九の筆者と作品》

桑原武夫　明治37（一九〇四）年〜昭和63（一九八八）年。仏文学者・評論家。福井県生まれ。京大仏文科卒。京大・東北大教授を歴任。昭和24年から定年の43年まで、京大人文科学研究所教授。戦前にはスタンダールやアランなどフランス文学の翻訳や研究に業績をあげる。戦後は、鋭い現代への関心と健康なヒューマニズムの精神で日本文化を分析、評論家としても活躍。「第二芸術論」では、日本の伝統短詩型文学を根本的に批判、大きな論議をかもしたが、その背後には、近代主義の生き生きとした生産的側面の貫徹という独自な思想家的性格が見いだされる。主著には『赤と黒』『カストロの尼』などの翻訳、『現代日本文化の反省』『文学入門』『歴史と文学』などの評論・研究がある。本文は昭和31年刊『現代学生講座　学生と読者』所収の「西洋文学の魅力」によった。

36

A 日本にはナショナリズムはなく、これは外国の脅威が迫ってくるにつれて（すなわち、近代に直面するにしたがって）醞《うん》醸《じょう》された。そして、封建日本は鎖国をしていて、外国を侵略したことなどは一度もなかった（明治の膨張思想を説明するために太閤の朝鮮出兵などをもちだすのは、おかしい）。排外攘夷は外国人を追い払って消極的に自分の殻の中にとじこもろうとするのであるが、侵略は積極的にこちらから押しかけてゆくのである。この二つはまったく反対のものである。もしこの両者に共通のものをさがせば、それは外国人に対する敵対感情であるが、これにのみ着目して、後者を前者と同一視するのは、やはり「部分的真理の一般化」であり、B ナショナリズムと膨張思想は、封建制からの脱皮を示すものである。いまその歴史が過ぎてしまった後から見るとき、いかにそれがわれわれの目には旧式のものと映ろうとも。

歴史の事象を判断するには、まずそのおかれた条件の中に入って一起一伏を共に歩いてあとづけて見るべく、それは C であったか進歩であったかというような判断は、その歴史の外の絶対的価値をあてはめてはかることはできない。（そしてまた、歴史の必然的発展段階を主張する立場からは、封建制の次に絶対主義がつづいたことは、むしろ歴

【出典】
竹山道雄《たけやまみちお》「昭和の精神史」
竹山道雄〈明治36～昭和59（一九〇三～八四）〉は評論家・ドイツ文学者。「ビルマの竪琴」「白磁の杯」「みじかい命」「樅《もみ》の木と薔薇《ばら》」「古都遍歴」「日本人と美」など。

【参考問題】
1 空欄A・C・D・Eに入れるのに最も適当な語を次の中から選び、それぞれ記号で答えよ。
ア 反動　イ 前衛　ウ 封建
エ 保守　オ 中世　カ 西洋
キ 伝統　ク 歴史

史の流れにそったものとして認めるべきであり、それがフランス革命のようでなかったことを責めるのは、矛盾なのではないだろうか?）明治以来の日本ははげしい進歩的衝動にかられて、世界史にまれな転身をとげた。これをただ［D］的志向のみによって左右されていたと考えるのは、条件を無視したあやまった尺度をもってはかっているのである。すでに有利な地位をしめた先進国のように国民に大幅の自由があたえられていなかったことは、右の意味での進歩のためにこちらの側の進歩が犠牲にされていたのであり、ことに戦時体制となって極度に逼迫した日々のことは別の話であろう。あのころのくるしかった印象に圧倒されて、それへの怨嗟《えんさ》から歴史に対するセンスを失っている判断が多いと思われる。

この歴史的価値と絶対的価値の混同は、ずいぶん乱暴な判断を生んでいる。たとえば幕末の洋学者の業績について、それが今の標準から幼稚なものであったからとて、当時における貢献を否定することはできない。また、彼が封建藩侯に仕えていたからとて、すなわち歴史的段階におけるあたえられた条件の下にあったからとて、その進歩的意義を否定することはできない。ダ・ヴィンチはつねに王侯に仕えていたし、最後には自分のこれまでの仕事を悔いて［E］的な神に帰依

2 空欄Fに入れるのに最も適当な語を次の中から選び、記号で答えよ。

ア それゆえに
イ ただ
ウ 予想されたとおり
エ それに比例して
オ にもかかわらず

〈着眼点〉

参考問題 1使わない選択肢もあるので、はっきりしたものから埋めてゆくようにする。Aは近代に直面する以前の日本のことを言っているから保守。Cは進歩の対義語であるから保守。Dは力の西洋を入れたいところであるが、

したが、なお彼は近代の大先覚者だった。ただし、ダ・ヴィンチは今でも大きな絶対的価値をもっているが、幕末の洋学者はそれをもってはいない。その業績は年月の中に埋ってしまった。[F]、歴史的価値ははなはだ高い存在だった。

【演習】

一 空欄Bに入れるのに最も適当な文を次の中から選び、記号で答えよ。

ア ナショナリズムを誤解するものである。
イ それによって歴史を逆立ちさせてしまうものである。
ウ 西洋優位の思想にわずらわされているものである。
エ 部分的真理の一般化からすべての誤解が生ずる。

二 この文章の中に、近代日本の発展について簡潔に述べた箇所がある。本文中からその部分をそのまま抜き出し、十五字以内(句読点を含む)で記せ。

三 この文章で筆者が最も言いたかったことを次の中から選び、記号で答えよ。

ア 歴史的価値と絶対的価値との混同は歴史解釈にとって最も危険である。
イ 明治の膨脹思想の解明が日本の近代史を解く鍵である。

第二段落最後の「それへの怨嗟から歴史に対するセンスを失っている判断が多いと思われる」という部分が、Dを含んだ一文についての筆者の見解であることを考える。Eについては「近代の大先覚者」の「近代」に対応する語句をさがせばよい。2 前後のつながりぐあいを考える。「ダ・ヴィンチは今でも大きな絶対的価値をもっているが、幕末の洋学者はそれをもってはいない。その業績は年月の中に埋ってしまった」という直前の一文に着目する。

ウ　日本の近代史についての解釈を誤ってはならない。
エ　歴史事象を判断する尺度として絶対的価値がある。

【演習】一「やはり『部分的心理の一般化』であり」をはさんで、「これにのみ着目して、後者を前者と同一視するのは」がかかっていくのにふさわしい語句を考える。二 近代日本の発展について述べられているのは、第二段落である。「明治以来の日本ははげしい進歩的衝動にかられて、世界史にまれな転身をとげた」という部分に着目すればよい。三 第三段落の冒頭の一文「この歴史的価値と絶対的価値の混同は、ずいぶん乱暴な判断を生んでいる」に着目する。

索引

事項索引

ア行

相手との人間関係　75
言い換え　249・309
言い換え語句　227・238
言い換え語句に気づく　227
一語一語の内容のとらえ方　226-228
一時的肯定　311
一文一文の内容のとらえ方　237-239
意図のとらえ方　120-122
イメージを探る　208
演繹のとらえ方　370-372
婉曲な主張　311
婉曲な否定　311
遠称　273

カ行

概念の外延　289
概念の内包　289
各段落の要旨　259
帰納のとらえ方　348-350
逆態接続　330
近称　273
具体的事例　260・288・370
具体的な事例と抽象的な
　見解のとらえ方　288-290
繰り返し　249・290・309
結論　371
結論的見解の表現の型　290
原命題　350
構成の調べ方　38-40
語句の照応のとらえ方　309-311
コソアド（指示詞）の
　実質内容のとらえ方　273-275
語に含まれる語感　389
語の内容的意義　389

サ行

作者の感覚のとらえ方　192-194
作者の思想や主張　51
作者の想像力のとらえ方　172-174
作者の発想のとらえ方　154-156
作品の全体的な構成　121
三段論法　370
指示詞　226・238・273
指示対象　226・238・273
指示代名詞　273
指示副詞　273
指示連体詞　273
詩の読み方　207-209
重要な修飾語を見抜く　237
主語と述語とをつかむ　237
主人公の輪郭のとらえ方　18-20

主人公をめぐる
人間関係のとらえ方 29-31
主題のとらえ方 104-106
主題や意図 140・173・193
順態接続 330
小前提 371
承前の指示 274
承前範囲と支配領域 331
省略されている前提 371
人物の思想のとらえ方 89-91
人物の心理のとらえ方 74-76
人物の性格のとらえ方 59-61
人物や事件の具体性 194
接続詞 330
全体の構成をつかむ 260
全体の主題のとらえ方 50-52
全体の論旨のつかみ方 259-261
想像力 172

タ行

対義語 227・249・310
対義語に気づく 228
対偶 350
大前提 371
対比 310
対比の照応 310
題目 248
だが 330
だから 330
段落 248・330
段落の句切り方 330-332
段落の要旨のとらえ方 248-250
中称 273
抽象化と具体化 60
抽象的見解 260・288・370
追加要約 330
つまり 330
定称 273
登場人物の主張 90
登場人物の心理の起伏 76
ところで 330

ナ行

二重否定 311

ハ行

否定と主張の型 311
評価の形容詞・形容動詞 390
評価の述語 389
評価の助詞 390
評価の副詞 390
評価の文・文脈 390
評価を直接に示す形式 389
表現法 140
伏線 39
不定称 273
部分部分から全体を総合 105
文体のとらえ方 139-141
冒頭型 290

マ行

末尾型 290
明瞭な主張 311
明瞭な否定 311

ヤ行
予告の指示 274

ラ行
リズム 208
類義語 249・309
類同 309
類同の照応 309
連と連との流れ 209
論拠にささえられた結論をつかむ 261
論拠の量と質 411
論者自身の手による説明を探す 227
論者の価値の置き方のとらえ方 388-390
論者の考え方のとらえ方 409-411
論者の世界観・人生観 429
論者の評価 390
論者の物の見方のつかみ方 427-429
論の内容構成 410

ワ行
話題転換 330

作者索引

ア行
芥川龍之介 24
朝日新聞 384
石井威望 344
伊東静雄 221
伊藤整 281
井上靖 70
今江祥智 24
入谷敏男 341
遠藤周作 204
大岡昇平 101
大岡信 405
長田弘 421

カ行
亀井勝一郎 233・236・305
川端康成 203
木村尚三郎 269
清岡卓行 301
栗田勇 255
桑原武夫 439
幸田文 150
小林秀雄 421
小檜山博 55

サ行
佐藤春夫 71
志賀直哉 85・166
芝木好子 166

タ行
高橋三千綱 169
高村光太郎 214
竹山道雄 440
太宰治 115
立原正秋 101
田中美知太郎 401
坪田譲治 45
寺田寅彦 341

朝永振一郎 267

ナ行

中島敦 85・188
夏目漱石 133
新島正 365
野上弥生子 115

ハ行

服部四郎 364
林達夫 285
藤田省三 321
堀辰雄 133・150

マ行

丸山眞男 380
三木清 321
宮澤賢治 220
三好達治 211
森鷗外 188
森本哲郎 380

ヤ行

柳宗悦 401
山崎正和 233・281
山本健吉 301・325
横光利一 136
吉村昭 35

ラ行

笠信太郎 245

作品索引

ア行

新しい個人主義の予兆 281
伊豆の踊り子 203
いのちとかたち 325
失われた両腕 301
乳母車 211
永訣の朝 220

カ行

科学技術は人間をどう変えるか 344
鏡の中の世界 267
学問への旅 380
城の崎にて 166
九月の空 169
現代の偶像 365
幸福について 401
刻意と卒意 301
こころ 132
ことばとは何か 364
ことばの生態 341
こぶしの花 150
コマ 45
混沌からの表現 233

サ行

最後の一句 188
山月記 85
思想の運命 285
浄瑠璃寺の春 133
昭和の精神史 440
捨ててこそ 255
正義派 85
青春について 281

精神史的考察 321
西洋文学の魅力 439

タ行

地の音 55
沈黙 204
「である」ことと「する」こと 380
手首の問題 341
弟子 188
手仕事の日本 401
田園の憂鬱 71
投網 70
読書の方法 321

ナ行

日本詩歌読本 405
日本人の精神史 305

ハ行

走れメロス 115
ハタハタ 35
春は馬車に乗って 136
反響 221
秀吉と利休 115
雛 150
美を求める心 421
冬の花 101
俘虜記 101
文学と青春 233
牡丹寺 166
ぼろぼろな駝鳥 214
ぽんぽん 24

マ行

もたれあいの中での競争 269
物語は伝説と日常をつなぐ 421
ものの見方について 245

ラ行

羅生門 24

練習問題 考え方・解答

■文学的な文章■

1 24〜28ページ

考え方　手荒い方法によりながらも、泳げない弟、洋をなんとか泳げるようにしてやろうとする、兄、洋次郎の思いやりの気持ちを読み取る。いきなり川の中へ突き落とされた洋が、「死にものぐるい」になってもがくうちに、やっと「犬かき」ができるようになったことをほめてやり、また「流れゆくパンツ」を抜き手をきって持ち帰ってくれた洋次郎の姿を通して、その人物像に迫ればよい。

解答

〔参考問題〕

1 ア

2 エ

3 洋のパンツが脱げているのに気づいたから。（二十字）

【演習】

一 洋が泳げるようになったから。（十四字）

二 イ

三 ウ

2 35〜37ページ

考え方　産卵のためハタハタが湾内にやってくるのを、ひたすら待っている俊一母子それぞれの心情に注意する。本当にハタハタはやってくるのだろうか、もしかしたら永久にやってこないのではないかという不安を口にした俊一は、母親に頬をたたかれて立ちすくむ。「ハタハタはくるかどうかもわからねえ。でも、こなくても網は張るんだ」と言って、かたくなにハタハタの到来を待ちわびている母親に対して、複雑な思いを寄せる俊一の心情を正確に読み取ること。

解答

〔参考問題〕

1 エ

2 ウ

3 ア

【演習】

一 本当にハタハタは、もう永久に村落へはこないのだろうか。(二十七字)

二 憤り

三 イ

3 45〜49ページ

考え方 前提として、小野夫婦の子供であるコマ廻しの得意な少年正太の死が一つの契機になっていることをつかむ。まるでコマのような子供であった正太の思い出が、正太の死後机の中に残されていた一つのコマとだぶらせる形で語られているのである。それ故、段落構成について考える場合、時間的な経過を示す表現に注意して読み取ることが大切になってくる。

解答

〔参考問題〕

1 擬人法

2 A＝カ B＝ア C＝エ

3 イ

【演習】

一 (1) 正太に投げ……していた。

(2) イ

(3) (甲群) 永遠の (乙群) 魂

二 第二段落＝正太が亡く

第三段落＝一年ばかり

第四段落＝それから間

4 55〜58ページ

考え方 高校に入学したばかりの主人公「ぼく」の「父ちゃん」に対する複雑な心情に注意

して読む。「父ちゃん」のいなかっぽいところがいやな「ぼく」は、いつもなんとなくよそよそしくしたい気持ちでいる。しかし、自分を高校へ行かせるために「父ちゃん」がどれほど苦労しているかがわかるだけに、父を前にするとせつない思いがこみあげてくるのを抑えることができない。このような父親に対する息子の微妙に屈折した心情を読み取ることが本文の主題である。

解答

〔参考問題〕

1 ウ

2 ウ

3 B—A—D—C

【演習】

一 (1) A しわだらけの札

B 言葉がわからなかった

(2) ひとつになった

(3) イ

---

5 71〜73ページ

考え方 ある夜、主人公の部屋に飛んできた一疋の馬追いの動きを目で追ううちに、主人公はその小虫とともに小さな空想の世界に入りこんでいく。彼の疲れた神経には、煩瑣な現実から切り離されたその小動物の世界が奇妙に親しみ深く思われたのである。主人公のこの心理の動きを的確につかむこと。

解答

〔参考問題〕

1 エ

2 こんな虫になるのもいい

【演習】

一 (1) イ

(2) 現実の世界ではとるに足りないものだという意識。(二十三字)

二 エ

6 85〜88ページ

考え方　自分自身にとって不利になるかもしれないのに、あえて義を貫き通そうとした三人の線路作業員の心理の変化をつかむこと。「一種の愉快な興奮」を感じていた三人が、三人の〈義挙〉に全く敬意を示さない〈現実世界〉を前にして、徐々にその「興奮」から褪めていく過程を読み取ればよい。

解答

〔参考問題〕

1 ア

2 会社の仕事で飯を食ってる〈人間〉（十四字）

【演習】

一 (1) エ

(2) 常と全く変わらない町の様子。（十四字）

二 報わるべきものの報われない不満（十五字）

7 101〜103ページ

考え方　季節の移ろい、それに伴うこまかい箇所での季節の狂いといったことがテーマになっている。季節はこまかい箇所では狂いを生じることもあるが、全体としては大きな「異変」もなく移ろっている、ということが述べられている。

解答

〔参考問題〕

1 ア

2 ウ

【演習】

一 イ

二 小さな異変はあっても、自然の法則は全体を貫いて存在している。（三十字）

三 エ

8 115〜119ページ

考え方　利休の肉体は秀吉によって「地上から抹殺された」が、秀吉はそのことによって利休から「なに一つ奪い取ること」ができなかった。なぜなら、利休がいままでにつくりあげたものの中に、利休はいまでも生きているからである、というのが全体の主旨であることを理解する。

解答

〔参考問題〕

1 利休は素直——なかったか

2 ウ

【演習】

一 エ

二 (1) 利休の謝罪を欠いた手紙が秀吉を怒らせたこと（「利休が謝罪を欠いた手紙を秀吉に出したこと」なども可）

(2) オ

三 イ

9 133〜135ページ

考え方 三月堂まで歩きづめでやってきた主人公が、疲れきっていたにもかかわらず、妻の一言で、昼間見た浄瑠璃寺のあしびとそれを見ていた「自分たちの旅姿」を自分の中によみがえらす場面である。傍線部②のような事態に至る主人公の肉体的、心理的事情をよく考えること。

解答

〔参考問題〕

1 ⓐ 花のかすかなかおり

ⓑ 春日の森（の中）

2 ア

【演習】

一 この直後に発せられた妻の言葉が、意外にも力のこもった響きをもっていて疲れが感じられなかったから。

二 ウ

三 ウ

10 136〜138ページ

考え方 確実にやってくる妻の死を前にした夫婦の心理の揺れを的確につかむこと。また、この作品は横光利一の新感覚派風の表現がふんだんに使われていることでも有名である。擬人法で表現された内容を文脈に即してていねいに追っていくことが大切である。

解答

〔参考問題〕

1 直喩（比喩）

2 もう彼は家

【演習】

一 彼が気の抜けた状態で帰って来たこと。（十八字）

二 (1) 乱れた心

(2) 別に悲しさうな顔もせずに黙つて天井を眺め出した。（二十四字）

11 150〜153ページ

考え方　地の文も会話文も、歯切れのよいテンポのある文体である。主人公の「私」と姑の性格的な相違を、「私」の視点から述べてあるが、二人の性格の相違は、そのしゃべり方にもよく出ている。文体はいかに内容と密接に関わっているものかがよくわかるだろう。

解答

〔参考問題〕

1 1＝オ　2＝イ　3＝ウ　4＝ア　5＝エ

2 幸田露伴

3 木彫の内裏さまだけの質素なもの（十五字）

【演習】

(1)（Ⅰ）そりゃもうあなたの文句は尤もだけれど（Ⅲ）だからさ

(2)「してやれないわ」「できちまうわ」と、断定的に言い切っている。

(3) エ

(4) 相手の思いを斟酌したりせずに、自分の思いだけを直接（ストレートに）吐き出すように語っている。

12 166〜168ページ

考え方　死を前にした妻を、牡丹の美しい長谷寺へ連れていったときのことを、妻の死後回想している文章である。牡丹の美しさを堪能した妻を見て、自分の心も慰められた主人公の心理を理解すること。

解答

〔参考問題〕

1 陽が傾くと

2 夫婦

【演習】

一 ゆき子に彼女の死が近いことを気づかれずにすむから。(二十五字)

二 ゆき子の体がまだ旅にたえられる時期だったこと・牡丹の花が見ごろだったこと

13 169〜171ページ

考え方 小学校のときから剣道の世界しか知らなかった主人公が、そのような狭い世界に縛られることを嫌って、外部世界と積極的に関わり始めると、逆に、自分の内部生命の大切さに気づくことになった。「剣道をしている最中に感じる緊張感」を最も信用できるものの一つと考えられるようになったのである。

解答

〔参考問題〕

1 イ

2 エ

【演習】

一 剣道の世界以外の人たちと出会うため。(十八字)

二 エ

三 (1) 自分だけの眼差し

(2) 剣道をしている最中に感じる緊張感(十六字)

14 188〜191ページ

考え方 子路にとって孔子がいかに驚嘆すべき人物であったかということがさまざまな角度から述べられているのが第一段落である。第一段落の最後あたりから、第二、第三段落にかけてのところでは、そのような孔子に従っていく子路の内面が説明されている。

解答

〔参考問題〕

1 論語

2 心酔

【演習】

一 過不及なく均衡のとれた豊かさ（十四字）

二 純粋な敬愛の情

三 子路はその――感じていた

15 204～206ページ

考え方 「沈黙」は江戸時代のキリシタン弾圧に素材を求めた小説である。キリスト教を広める目的で日本に入りこんだ「司祭」が奉行所に捕まえられ、改宗を迫られている場面である。改宗のための最後の説得に失敗し、いよいよ拷問が始まっていくところであることを確認すること。

解答

〔参考問題〕

1 オ

2 イ

【演習】

一 ウ

二 エ

三 転ばすために拷問にかけられること。（十七字）

16 221～224ページ

考え方 子供たちの日々の遊びを「かはいい祝祭」と命名した作者は、自分の詩業をも「小さい祝祭」であってほしいと願っている。そして、両者は「めいめいの家族の目から放たれて」行われ、日々の「活計からのがれて」行われる点で、共通しているということに気づくこと。

解答

〔参考問題〕

1 イ

2 B＝ア　C＝ウ

【演習】

一 (1) ウ・オ　(2) 祝祭　(3) 第二連8　第三連13　第四連18

二 イ

三 それがめいめいの家族の日から離れて子供たちだけで行う、祝祭のようなのびやかで楽しい遊びだから。（四十七字）

四 エ

五 イ

■論理的な文章■

17 233〜235ページ

考え方 日本人のカメラ好きという特徴を、日本の伝統芸術である俳句の特性と結びつけて論を構成し、さらにそれを日本文化の一特徴にまで結びつけている点を押さえること。

解答

〔参考問題〕

1 ①＝ア　②＝ウ

2 松尾芭蕉

【演習】

一 日本人の写真好き

二 単純化された現実

三 現実という

四 エ

18 245〜247ページ

考え方 今までいく度となく指摘されてきた、日本人の「合理性」の欠如という弱点が、判断のバランスの喪失、ひいては自主性の喪失ということになってはいけない、というのが本文の趣旨。第三段落が筆者が最も述べたい内容が記されている箇所であろう。

解答

〔参考問題〕

1 1＝相対　2＝創造

2 受容しようとしている文化（「受け入れる対象」も可）

【演習】

一 感性的

二 合理性が弱いということ

三 イ・ウ

四 自分の調理法をもつこと

19 255〜258ページ

考え方 夏休み旅行ブームという日常的な話題から、徐々に旅の本質を考えていくスタイルの文章になっている。段落Ⅳを経て、段落Ⅴ・Ⅵで筆者の結論が出されていると考えてよい。その結論に、一遍上人の「捨ててこそ」という言葉が大きな影響を与えていることをつかむこと。

解答

〔参考問題〕

1 (A) 郷愁　(B) 自分

2 エ

【演習】

一 日常生活の自分を捨て、本当の自分とめぐりあう（二十二字）

二 承（Ⅱ）（Ⅲ）転（Ⅳ）

三 捨ててこそ

20 267〜269ページ

考え方 科学の本質はどこにあるか、というのがこの文章のテーマ、筆者は第一段落で、科学に対する一般的な見方に疑問を提出し、第二段落で、科学も芸術などと同じように、「一つの文化の柱として価値あるもの」だと主張している。

解答

〔参考問題〕

1 A＝ウ　B＝オ　C＝ア　D＝エ　E＝ア

2 一つの文化の柱

【演習】

一　ア・ウ・オ・キ・ク
二　科学の価値

21 269〜272ページ

考え方　現代日本は、有史以来の競争社会を現出しつつある。しかし、その競争は、個々人が孤独に競争し、闘争し合うアメリカ社会とは異なり、集団や組織に組みこまれ、その一員として競争させられるという特徴をもっている。そのため「強烈な集団的エネルギーが総体として発揮されることはあっても」、「すぐれて個性的な行動や発想」が現出することはきわめてまれである、というのが全体の主旨である。

解答

〔参考問題〕
1　エ
【演習】
一　ウ・カ
二　自己の名前で、自己の責任において考え、行動する（二十三字）
三　もたれあいの社会

22 281〜284ページ

考え方　制度としての民主主義は、自我や個性の尊重という民主政治の理想を実現する場所を備えていなかったが、今や多くの人々が自分を「誰かであるひと」として主張し、その主張が実際に受け入れられる場所を備えた社会が生まれつつある、というのが全体の論旨である。

解答

〔参考問題〕
1　イ
2　人間は平等に尊重される一方、個性的な役割のない、産業社会を構成する多数の中の一員にすぎなくなったから。（五十一字）
【演習】
一　②家庭や企業内集団
二　③個人的な気配りを受けられる場所（13〜

14行目の、「自分を……現実に応えられる場所」も可）

二　A＝エ　B＝ア　C＝オ　D＝ウ　E＝イ

三　ア

㉓　285～287ページ

考え方　「スノッブ」というのは、時流を追う人間、重要な人物に思われたがる俗物として、否定的に見られがちだが、スノッブであるがゆえに、思想はその波紋を大きくし、その影響圏を拡げてゆくことができる。思想の興亡を論ずる者が、判で押したように彼らのことを軽蔑して勘定に入れないのは問題ではないかというのが、筆者の主張である。

解　答

〔参考問題〕

1　新しき

2　心あるもの

【演習】

一　思想は

二　スノッブ

三　(1)　D
(2)　F

㉔　301～304ページ

考え方　ギリシャ神話のプロメテウスの物語に見るごとく、自然科学的な知識は元来、神の理法を盗むという点において、原罪の意識を内在させている。原爆の出現はその典型であり、科学の進歩の上に安穏なあぐらをかいてきた我々すべてが担うべき罪である。このような科学の罪、知識の罪に対する制禦力を持っているという意味において、文学の力に期待したいというのが論旨である。

解　答

〔参考問題〕

1　A＝エ　B＝ア　C＝オ

2　核という微……来ません。

3　絶望

4　科学の罪と文学の役割（十字）（科学時代の文学の使命、なども可）

【演習】

一　自然の理法を盗むこと

二　この科学の罪、知識の罪、また技術の罪の犯しに対する制禦力を、文学は持っている（三十八字）

三　オ

25　305〜308ページ

考え方　健全な言葉というものは言うに言われぬ沈黙状態に沈潜し、沈黙の苦汁を吸いつつ忍耐する中から生まれてくる。人間性の尊重とは、容易に表現できないでいる沈黙状態への愛であり、その言葉を通して言い表そうと悶えている心情への鋭敏な感受性だと言ってもよい。しかし、現代は沈黙への忍耐を失った饒舌の時代であり、可能なかぎり正確な判断に達しようとするための時間が失われ、精神の画一化現象が進んでいる。

解答

〔参考問題〕

1　人間同士の理解とは誤解から成立しているかもしれない（二十五字）

2　ニュアンス

【演習】

一　エ

二　エ

26　321〜325ページ

考え方　本文は、我が国の戦後思考の変遷に見られる四つの特質について述べたものである。国家（機構）の没落が不思議な明るさを含み、すべてのものが両義性のふくらみを持っていたが故に、我々は戦後の価値転換の中でも、「もう一つの戦前」を発見することができた。しかし、高度経済成長と共に、一義的時間感覚が日本社会をおおい、人間の内的実質を変えてしまったことを言っているのである。

解答

〔参考問題〕

1 平べったい時計的時間感覚の現れ

2 ア＝○　イ＝○　ウ＝×　エ＝×

〔演習〕

一 ⓐ＝ア　ⓑ＝イ　ⓒ＝ウ　ⓓ＝ア　ⓔ＝イ　ⓕ＝ウ　ⓖ＝ウ

二 (1) 一義性
(2) 事実としての混沌や悲惨や欠乏がユートピア的明るさを包蔵する（二十九字）

三 イ

27 325～329ページ

考え方　「いのち」という一言に凝縮される芭蕉の芸術論から説き起こし、日本人の自然観、芸術観へ、さらにはヨーロッパとの対比を経て、庭師や陶工を例にしつつ、「いのち」の最高の輝きを得たいと思い念じている日本の芸術家を、一瞬の生命の高揚があれば足れりとする芸術家、すなわち生命の芸術家だと規定する、筆者の論の進め方に注意する。

解答

〔参考問題〕

1 (1) 修学院離宮や、西芳寺の苔庭（十三字）
(2) 造化随順

2 無限に生滅変転して行くもの

〔演習〕

一 造化の働きに委ねる（九字）

二 1＝イ　2＝イ　3＝ア　4＝イ　5＝ア

三 A＝イ　B＝ウ　C＝ア

28 341～344ページ

考え方　「ことば」と「生命」の類似点と相違点をあげながら、「ことば」、ないしは、「ことば」によって創られた「文化」の特性と、その意義を考えようとする一文である。段落④⑤⑥が、筆者が主眼を置いた所だと考えられる。

解答

〔参考問題〕

1 イ

2 たとえば

【演習】

一 一時的――ことば

二 ④

三 1 価値をもったことば
2 歴史や文化を創造する

29 344〜347ページ

考え方 科学や、科学の体系的な知識の秩序というものが、本来的にどのような性質をもっているか、一般の人々に知られないどのような苦労の積み重ねの結果出来あがったものであるか、ということを理解してほしいというのが筆者の主張である。段落Ⅴに、科学的な体系知が出来あがる過程が述べられている。

解答

〔参考問題〕

1 イ

2 エ

【演習】

一 科学知識はよく整理され、そこに示されたすべての理論や公式が疑問の余地なく証明され、相互に緊密に関連づけられていること。（五十九字）

二 不完全さや偶然による支配を宿命付けられた人間の営み（二十五字）

三 Ⅲ・Ⅳ・Ⅴ

30 365〜368ページ

考え方 親孝行とは、本来が人間の自然な感情として行われるべきものであって、孝行を道徳の徳目として意識すること自体がすでにおかしいのであり、そのような観点からなされる、親孝行論や親孝行無用論は、いずれも間違っている、というのが全体の主旨。第二、第三段落の内容を設定したことが、筆者の論に説得力を与えている。

解答

〔参考問題〕

1 イ

2 イ

【演習】

一 4

二 生の歓喜と充実

三 自然で純粋な親子の愛情（「愛情」は「関係」でも可）

31 380〜384ページ

考え方 「探索活動」が人間や動物にとっていわば本格的とでもいうべき活動だと述べたあとで、にもかかわらず、それは人間にとって「他の生物のそれとは質的に異な」るものをもっていると述べる。段落4の、「探索行為」を「知的好奇心」に結びつけて、人間の特性を示そうとする点に筆者の独自の視点がある。

解答

〔参考問題〕

1 探索行為

2 知の狩人

【演習】

一 知的好奇心

二 4

三 2

32 384〜387ページ

考え方 若草山の山焼きを成人の日の意義を考えるにふさわしい行事だと主張している。「火は枯れ草を焼き尽くすが、その根は残る。火をくぐらせることによって、むしろ根は強くなり、若草は勢いをつけて育つ」という山焼きの意味を通して、山を焼く、ということの意味を一人一人の若者が考えてほしいというのが全体の趣旨。最初、山焼きのことを述べ、次に成人することに対する筆者の考えを簡単に述べ、最近の若者の風潮にもふれて、最後をまた山焼きの話でまとめる、というように段落の構成は、はっきりしている。

解答

〔参考問題〕

1 紙くずのように捨て去り平然としていること。

2 書いている

【演習】

一 ウ

二 社会構成員としてのさまざまな権利をもつとともに、自分の言動に責任を負う存在になること。(四十三字)

三 エ

33 401〜404ページ

考え方　筆者は、機械仕事に比べて手仕事がどういう点ですぐれているかを述べたあと、日本が欧米に比べてまだ手仕事に恵まれた国だと述べている。しかし、日本では、そのような手仕事を大切にしようという考えが少ない、日本の固有の美を守るためにもっと手仕事を大事にし、さらに育成していこう、というのが全体の論旨である。

解答

〔参考問題〕

1 衰え

2 イ

【演習】

一 ハ

二 利得

三 ニ

34 405〜408ページ

考え方　平安時代の貴族たちは、豊かで時間にも余裕があったから、感性を磨くことに夢中であった。そして感性を磨くとは、生きる彩りを豊かにすることであった。彼らのそのような行為がひとつの文化をつくりあげたのであり、一人の紫式部が生まれるには、人々のそのような何十年もの積み重ねがあったのだ、というのが全体の論旨。比喩的な表現に注意して筆者の論をしっかり理解すること。

解答

〔参考問題〕

1 日々の楽しみは多くなる

2 エ

【演習】

一 エ

二 ウ

三 イ

四 感受性の豊かさ（「磨かれた感性」等も可）

35 421〜426ページ

考え方 読者である少年が、物語の中で、ある日ふいに自分の名をよばれるのを聞くという共通性を有する二つの物語（『クラバート』と『はてしない物語』）を例に出すことによって、筆者が何を言おうとしているかを考える必要がある。物語の主人公となった少年は、自分が何者であるかを知るために、自分で自分の物語を探しつづけなければならなくなる。人は「なすこと」によって自分の物語を探し求めるものであり、だからこそ、自分は自分の物語の主人公なのだというのが、筆者の考え方であろう。

解答

〔参考問題〕

1 じぶんがじぶんの名でよばれる。（十五字）

2 ア

【演習】

一 （変わりばえのない日々）〈十字〉を（何者でもない）〈六字〉人間として生きること。

二 ア

三 エ

36 **440〜443ページ**

考え方　ナショナリズムと膨張思想は、封建制からの脱皮を示すものであり、それらが進歩であったか否かという歴史の外の絶対的価値をあてはめることなどできない。封建制の次に絶対主義がつづいたことは、むしろ歴史の必然的発展段階として認めるべきであり、このような歴史的価値と絶対的価値の混同によって、歴史に対するセンスを失っている判断が多いというのが筆者の主張である。

解答

〔参考問題〕

1 A＝ウ　C＝エ　D＝ア　E＝キ

2 オ

【演習】

一 イ

二 世界史にまれな転身をとげた。(十四字)

三 ア

解説――よみがえる至高の現代文教本

読書猿

「国語なんてものを、まだ学ばないといけないのか」と思ったことがある。

確か中学に上がった頃、「日本語で書かれたものなら、もう何だって読める」と思い込んでいた。

普段、いや生まれてからずっと、使い続けているこの言葉を、わざわざ時間を割いてまで学校で教える意味が分からなかった。

「あとは各自勝手に好きな本を読めばいいじゃないか」とも思っていた。実際、日本語の読み書き能力を高めるのに、それ以外の方法は思いつかなかった。

ここでいう「日本語」とは、現代の日本語、つまり現代文のことである。

これが古文や外国語なら、単語も文法も分からないことだらけで、改めて学ぶ意義がある、と感じた。そして、この「学ぶ意義」は、そのまま学び方に直結する。つまり古文や英語を勉強するというのは、未知の単語を覚え文法を理解していくことに違いない、と無邪気にそう思っていたのだ。

こうした考えのまま、現代文という科目を振り返ってみると、途方にくれることになる。単語は知っている、文法は言われるまでもない。だったらこれ以上、何をどうやって学べばいいのか、と。

これら「学ぶ意味がない」と「学び方が分からない」は、科目としての現代文に常に投げかけられる批判だが、両者は根っこのところでつながっている。我々の多くは、普段使っている、だから慣れ親しんでいると信じていながら、現代文の学び方すら分かっていない。それはつまり、何ができれば現代文を理解できたことになるのか、目の前に置かれた文章の何に注意を払い、何をどこまで読み取ればいいのか、といったことについて、まともな答えを持ち合わせていないということだ。ある文章を自分が本当に読めているのか、それすら知る術を持っていないのだ。

問題はそれだけにとどまらない。古文にしろ外国語にしろ、単語も文法も当然に分かった上で、つまり現代文と同じ条件の下で、内容や表現を理解することに多くを割けるレベルに至ってこそ、その言語運用能力ははじめて実用レベルとなる。現代文において、学び方が分からない、読めているかどうか判断がつかないのであれば、他の言語についても言わずもがなである。

つまり現代文を学ぶことは、あらゆる言語学習がいずれ到達すべきこの水準を先取りする機会であり、単語も文法も分かるという条件の下で、言葉を実用レベルで使う／実践的に扱うとは一体どういうことなのかを体験する機会なのである。

以上は、単に科目としての現代文についてのみ、当てはまる話ではない。そもそも現代文が教科として生き残っているのは、そして受験科目として問われるのは、現代文を読み書きする能力が、合格者のその後の人生に確実に必要となるからだ。例えば、現代文の読み書きを苦手とする大学生は、少なくない文献や資料を読み解き、レポートを始めとする書く課題を大量に課せられれば窮地に陥るだろう。

学校を出た後も、現代文の読み書き能力は有用かつ不可欠である。何故なら、我々の文明自体がそうであるのだが、ある程度以上の、つまり個人的な才覚だけでは運営できない規模の大きな組織を維持していくためには、膨大な書類を生み出し処理し蓄積していくことが必要であるからだ。

それでは、我々が自覚している以上に必要かつ有用な読み書き能力を、科目としての現代文を超えて、一般名詞としての現代文を運用する技術を高めるには、どうすればいいか。

少なくとも、ここに一冊、そのために最適な教本が存在する。今より遥かに多くの時間が国語科の授業に費やされた時代に、難関大学で出題者側であったのみならず、我が国の国語政策にも関与したトップレベルの二人の日本語研究者（国語学者）が著した『現代文解釈の基礎』がそれである。

本書の著者の二人は京都大学出身、いずれも同校で長年教鞭をとった国語学者であり、渡辺は遠藤の教え子にあたる。

遠藤嘉基は、明治三十八年、熊本市に生まれ、同市の第五高等学校から京都帝国大学文学部へ進み、成城高等学校教授、大阪外国語学校講師を経て、京都大学へ戻り、定年退官するまでこの大学で教えた。教授となった後、国立国語研究所所員を兼任、国語審議会委員も務めた。専門の国語学では、上代語および平安時代の漢文に付された訓点語研究で知られる。昭和二十九年には「訓点語学会」を設立し、会長を務めた。著書に『訓点資料と訓点語の研究』『日本霊異記訓釈攷』『国語教育の諸問題』があり、阿川弘之の小説「雲の墓標」に出てくる「E先生」のモデルであるといわれている。

渡辺実は、大正十五年、京都市に生まれ、同市の京都第一中学校から第三高等学校へと進み、昭和二十年四月京都帝国大学文学部入学。終戦直前の入学であり、渡辺は勤労動員の先で自分と同じく国文専攻三名で夜の時間に源氏物語を読むことに決め、遠藤に宛てて疑問点を書き送り回答してもらったことや、終戦後、学生たちの自主的な勉強会の場所に、遠藤が自身の研究室を提供してくれたこと、また大学院卒業の頃、遠藤から国立国語学研究所の所員にならないかと誘いをうけたことなど、想い出を書き残している。その後、渡辺は大阪女子大学を経て京都大学教養部へ助教授として戻り、ここで教えた後、上智大学へと移っている。単著に『国語構文論』『国語文法論』『国語意味論 関連論文集』『国語表現論』等の大著がある。

遠藤と渡辺の師弟コンビが生み出した学習参考書には『現代文解釈の基礎』に先立って、次のようなものがある。

二人はまず昭和三十五年に「世に行なわれている現代文解釈の方法にあきたらず」、中央図書出版社の「着眼と考え方」シリーズの一冊として『現代文解釈の方法』という学習参考書を世に出した。この書では、現代文のマスターには、内容的意味の把握だけでなく、その内容がどのように表現されているか、言い換えれば、何故他ならぬその言葉で表現されなければならなかったのか、その意味を理解する表現的意味の把握、そして最後に内容的意味と表現的意味両方の理解を総合することが必要だとして、それぞれに対応した三段階のコースで用意している。近年の受験国語の現代文と比べれば、目指すべき読解水準は相当に高いと感じるが、この基本方針は、以下に紹介する参考書にも継承された。

次に二人は「『現代文解釈の方法』を出してみると、これと表裏をなす『現代語辞典』というようなものが必要である」と考え、「現代文解釈のうえに役だつところの、辞典をかねた、いわば〈事典〉とでもいうべき種類のもの」を、「高校生をも含めた一般むきを対象」に『新編現代文事典』を昭和三十六年に公刊している。なお、題名に「新編」とあるのは、『現代文事典』(保坂弘司 編、学燈社、昭和二十八年刊)という書が先にあったためである。

この『新編現代文事典』は、ボリュームの異なる二つの部分に分かれている。頁数で大部分を占めるのが、第二部「わかりやすい現代文重要語の解説」である。これは、一般の国語辞典にある説明だけでは理解しにくいが、現代文を読むのに必要な語句を、意味だけにとどまらず、語のニュアンスや「年輪」(歴史)、文中で使われる時の型など、六百以上の頁を割いて解説したもので、近年市場を賑わしている現代文単語集の嚆矢となるものである。

これに対して第一部「現代文の読み方」は、現代文を読むのに必要な着眼点や考え方を六十頁にまとめたものである。そしてこの部分を元に、教科書でもおなじみの「易しい」文章を例題文として集め、解説をより詳しくすることで、高校初年生向け、つまり中学を出たばかりの人のために作り直したものが本書『現代文解釈の基礎』(初版は昭和三十八年三月に刊行)である。

本書の特徴であり、利用する際に注意が必要な点は、この書が学習参考書によくある、まず短い例題文と問いが提示され、それに解答と解説が続くタイプの問題演習書ではないことである。多くの参考書は、テスト問題に正解することを目標に、読者にとにかく問題を解くことを求めるが、これに対して本書がめざすものはもっと先に、あるいはすぐ「手前」にある。すなわち目の前にある文章を、内容のみならず表現についても、そしてその表現を選んだ著者の感性や想像力までも、正確に読むことができるようになることこそ、本書が求め、目指すものである。

そのため本書は、何よりまず例題文を読むことを読者に求める。

着眼と考え方シリーズに共通する構成として、例題文に先立って、何に着目してどのような思考手順を踏んで読んでいけばいいかを「着眼」として提示される。その後、「実践例題」として、要約部分まで含めれば作品全体を鑑賞できるように提示された、かなり長い例題文を読むことを求められる。そして、例題文のそれぞれの箇所について何を読み取ればいいかを指示する課題に続いて、それに応じた読解と、何故そのように解釈できるのかについて思考過程を併せた解説を読み、読者自身の読解と照らし合わせることが求められる。

著者たちが目標とする文章理解は、ただ例題文の作者たちが伝えようとした内容を受け取ることにとどまらない。何故その内容を伝えるのにそのような表現を選んだか、そもそも作者はどのような思想の持ち主であり、何故その内容を選んだかまで分析は進む。本書は文章をどのように読めばいいかにとどまらず、文章を読むこととは、書かれた言葉の何に注目し、拾い上げ、結びつけ、考えていくことなのか、を実演を通じて示し、読者にも同様のことができるよう導こうとする。

『基礎』の著者たちが求める文章読解の水準を言い換えれば、文章を生み出す書き手の思考を、読み手が再現し再体験できることである。『基礎』の著者たちもまた、自身の思考過程を、この本を使って現代文を学ぶ学習者にも再現／再構築できるよう、言葉を尽くして導こうとする。

本書は、現役の学生たちが国語（現代文）のテストで良い点を取ろうという目的を遥かに超えている。これまで自分が読むことに十分な注意を払い、訓練を積んできた読み手さえも、日本語文の読み書き能力について格段に高めることができる教本である。

加えて、この本の読者は、正確に深く読むことができることが、そのまま文章を書く力を底上げすることを体験できるだろう。書き手に回った際にも、何をどれだけ、どのように書くのかについても深い認識が得られることは疑いない。

そうした意味では、本書は他の学習参考書とではなく、ディキンソン『文学の学び方』やナボコフ『ナボコフの文学講義』などと引き比べられるべき、またそれらのプレテキストとして用いられるべき書物であるとさえ言える。まさしく教科としての現代文を超えて、我々の常に必要なスキルとしての現代文を学ぶための書物なのである。

学習参考書には時代の刻印が押されている。

進学率が変わり、学習指導要領が変わり、入学試験の難易度が変わり、出題傾向が変わり、求められるニーズが変われば、かつての名参考書も「ここまでは不要」と言われ、読まれなくなり、やがて市場から消えていく。

しかし稀に、そうした変化に伴う浮き沈みを乗り越え、時代を超えて輝きを保つものがある。

書物は、それを求める人がいる限りなくならない。品切れや絶版、版元の倒産などの憂き目にあっても蘇る。本書『現代文解釈の基礎』はそうした参考書のひとつである。

本書の初版は一九六三年三月（文庫版の底本である新訂版は、一九九一年一月）、中央図書出版社から刊行されました。

本書には、今日の人権意識に照らして不適切と思われる表現がありますが、発表時の時代背景と、著者が故人であることに鑑み、そのままとしました。

また、本書の問題文については、適宜、漢字・かな表記を改めました。

ちくま学芸文庫編集部

教師のためのからだとことば考　竹内敏晴

ことばが沈黙するとき、からだが語り始める。キレる子どもたちと教員の心身状況を見つめ、からだと心の内的調和を探る。（芹沢俊介）

新釈　現代文　高田瑞穂

現代文を読むのに必要な「たった一つのこと」とは……。戦後20年以上も定番であり続けた伝説の大学受験国語参考書が、ついに復刊。（石原千秋）

現代文読解の根底　高田瑞穂

伝説の参考書『新釈　現代文』の著者による、もうひとつの幻のテキストブック。現代文を本当に正しく理解するために必要なエッセンスを根本から学ぶ。

読んでいない本について堂々と語る方法　ピエール・バイヤール　大浦康介訳

本は読んでいなくてもコメントできる！　フランス論壇の鬼才が心構えからテクニックまで、徹底伝授した世界的ベストセラー。現代必携の一冊！

高校生のための文章読本　梅田卓夫／清水良典／服部左右一／松川由博編

夏目漱石からボルヘスまで一度は読んでおきたい文章70篇を収録。読解を通して表現力を磨くテキストとして好評を博した名アンソロジー。（村田喜代子）

高校生のための批評入門　梅田卓夫／清水良典／服部左右一／松川由博編

筑摩書房国語教科書の副読本として編まれた名教材の批評編。気になっていた作家・思想家等の文章を、短文読切り解説付でまとめて読める。（熊沢敏之）

謎解き『ハムレット』　河合祥一郎

優柔不断で脆弱な哲学青年――近年定着したこのハムレット像を気鋭の英文学者が根底から覆し、闇に包まれた謎の数々に新たな光のもと迫った名著。

日本とアジア　竹内好

西欧化だけが日本の近代化の道だったのか。魯迅を敬愛する思想家が、日本の近代化、中国観・アジア観を鋭く問い直した評論集。（加藤祐三）

ホームズと推理小説の時代　中尾真理

ホームズとともに誕生した推理小説。その歴史を黎明期から黄金期まで跡付け、隆盛の背景とその展開を豊富な基礎知識を交えながら展望する。

ちくま学芸文庫

着眼《ちゃくがん》と考《かんが》え方《かた》　現代文解釈《げんだいぶんかいしゃく》の基礎《きそ》〔新訂版《しんていばん》〕

二〇二一年十月十日　第一刷発行
二〇二二年十二月十日　第五刷発行

著　者　遠藤嘉基（えんどう・よしもと）
渡辺実（わたなべ・みのる）

発行者　喜入冬子
発行所　株式会社 筑摩書房
東京都台東区蔵前二―五―三　〒一一一―八七五五
電話番号　〇三―五六八七―二六〇一（代表）
装幀者　安野光雅
印刷所　凸版印刷株式会社
製本所　凸版印刷株式会社

ISBN978-4-480-51073-0　C0181